EL CONOCIMIENTO
DE UNO MISMO

Jiddu Krishnamurti

EL CONOCIMIENTO DE UNO MISMO

14 charlas en Ojai, California, EE.UU. 1949

Numancia, 117-121
08029 Barcelona
www.editorialkairos.com

Título original: TALKS IN OJAI, CALIFORNIA 1949
From the Collected Works of J. Krishnamurti,
Volume V 1948-1949

© 1991 Krishnamurti Foundation America
Post Office Box 1560
Ojai, California 93024
U.S.A.

© Fotografía portada: KFT/KFA

© de la edición en lengua española:
2006 by Editorial Kairós, S.A.

Traducción: Armando Clavier

La presente edición en lengua española ha sido contratada –con la licencia de la Krishnamurti Foundation of America (KFA) (www.kfa.org - e.mail: kfa@kfa org) y la Krishnamurti Foundation Trust Ltd. (FKT) (www.kfoundation.org - e.mail: kft@brockwood.urg.uk)– con la Fundación Krishnamurti Latinoamericana (KFL), Apartado 5351, 08080 Barcelona, España (www.fundacionkrishnamurti.org - e.mail: fkl@fundacionkrishnamurti.org).

Primera edición: Octubre 1999
Octava edición: Septiembre 2024

ISBN-10: 84-7245-451-7
ISBN-13: 978-84-7245-451-4
Depósito legal: B-19.383/2006

Fotocomposición: Pacmer, S. A. 08014 Barcelona
Impresión y encuadernación: Ulzama digital

Todos los derechos reservados. Cualquier forma de reproducción, distribución, comunicación pública o transformación de esta obra solo puede ser realizada con la autorización de sus titulares, salvo excepción prevista por la ley. Diríjase a CEDRO (Centro Español de Derechos Reprográficos, www.cedro.org) si necesita algún fragmento de esta obra.

PRIMERA CHARLA
EN EL ROBLEDAL

Pienso que es muy importante que seamos sumamente intensos. Los que vienen a estas asambleas, y aquéllos que concurren a distintas reuniones de esta clase, creen que son muy serios e intensos. Pero me gustaría averiguar qué entendemos por ser intensos, serios. ¿Es intensidad, revela seriedad ir de un conferenciante o charlista a otro, de un líder a otro, de un maestro a otro, acudir a diferentes grupos o pasar por diferentes organizaciones en la búsqueda de algo? Así, pues, antes de que empecemos a averiguar qué es ser intenso, debemos averiguar, sin duda, qué es eso que estamos buscando.

¿Qué es lo que busca la mayoría de nosotros? ¿Qué es lo que cada uno de nosotros desea? Especialmente en este inquieto mundo donde todos tratan de hallar alguna clase de paz, de felicidad, algún refugio, es importante, sin duda, averiguar qué es lo que intentamos buscar, qué es lo que tratamos de descubrir. Probablemente, casi todos ustedes buscan alguna clase de felicidad, alguna clase de paz; en un mundo dominado por la confusión, por guerras, disputas, luchas, ansiamos un refugio donde pueda haber cierta paz. Pienso que eso es lo que la mayoría de nosotros desea. Y así lo perseguimos, yendo de un líder a otro, de una organización religiosa a otra, de un maestro a otro.

El conocimiento de uno mismo

Ahora bien, ¿es felicidad lo que estamos buscando, o lo que buscamos es alguna clase de satisfacción, y de ella esperamos obtener la felicidad? Por cierto, hay una diferencia entre felicidad y satisfacción. ¿Podemos buscar la felicidad? Quizá podamos encontrar satisfacción, pero no podemos encontrar la felicidad. La felicidad es, ciertamente, derivativa; es un producto derivado de alguna otra cosa. Por lo tanto, antes de dedicar nuestras mentes y nuestros corazones a algo que exige muchísima intensidad, atención, reflexión, cuidado, debemos averiguar qué es lo que estamos buscando, si es felicidad o satisfacción. Queremos sentirnos gratificados, queremos encontrar un sentido de plenitud al final de nuestra búsqueda.

Y bien, ¿por qué vienen ustedes a estas reuniones? ¿Por qué se sientan todos aquí y me escuchan? Sería muy importante descubrir por qué me están escuchando, por qué se toman para ello la molestia de acudir desde grandes distancias en un día tan caluroso como éste. Y, ¿qué es lo que escuchan? ¿Tratan de hallar una solución para sus dificultades, y por eso van de un conferenciante a otro, y pasan por diversas organizaciones religiosas y leen libros, etcétera, o tratan de descubrir la causa de toda la aflicción, la desdicha, las contiendas y las luchas. Por cierto, eso no requiere que lean tanto, que deban asistir a innumerables reuniones o ir a la búsqueda de maestros. Lo que eso requiere es claridad de propósitos, ¿no es así?

Al fin y al cabo, si uno está buscando la paz, puede hallarla con mucha facilidad. Se entrega ciegamente a alguna clase de causa, a una idea, y allí se refugia. Eso, desde luego, no resuelve el problema. El mero aislarse y encerrarse en una idea no nos libera del conflicto. Debemos, pues, averiguar qué es lo que cada uno de nosotros desea, tanto interna como externamente. Si tenemos bien claro eso, entonces no tenemos que ir a ninguna parte, a ningún maestro, a ninguna iglesia, a ninguna organización. De modo que nuestra difiultad radica en estar claros internamente respecto a nuestro propósito. ¿Podemos estarlo? Esa claridad,

Primera charla en El Robledal

¿surge, acaso, por medio de la búsqueda, intentando averiguar lo que dicen otros, desde el más grande de los maestros hasta el predicador común de una iglesia a la vuelta de la esquina? ¿Tienen ustedes que acudir a alguien para descubrir? Sin embargo, eso es lo que hacemos, ¿verdad? Leemos innumerables libros, asistimos a numerosas reuniones y discutimos, ingresamos en diversas organizaciones intentando así encontrar un remedio para el conflicto, para las desdichas que reinan en nuestras vidas. O, si no hacemos nada de eso, pensamos que ya hemos encontrado; esto es, decimos que una organización en particular, un maestro en particular, un libro en particular nos satisface; en eso hemos encontrado todo lo que deseamos, y permanecemos cristalizados y encerrados en eso.

Así, pues, hemos llegado al punto en que nos preguntamos, con verdadera seriedad y profundidad, si la paz, la felicidad, la religión, Dios o como quieran llamarlo, puede llegar a nosotros por intermedio de alguna otra persona. ¿Puede esta incesante búsqueda, este anhelo, darnos ese extraordinario sentido de la realidad, ese estado creativo del ser, que adviene cuando de veras nos comprendemos a nosotros mismos? El conocimiento propio, ¿surge a través de la búsqueda, de seguir a alguien, de pertenecer a alguna organización en particular, de la lectura de libros, etc.? Después de todo, ésa es la cuestión principal, ¿verdad?, que mientras no me comprenda a mí mismo, no tengo base para el pensar, y toda mi búsqueda será en vano. Puedo evadirme hacia un mundo de ilusiones, puedo escapar de la contienda, el conflicto y la lucha, puedo venerar a alguien, puedo buscar mi salvación por intermedio de otra persona. Pero en tanto no me conozca a mí mismo, en tanto ignore el proceso total de mí mismo, no tengo base para el pensamiento, para el afecto, para la acción.

Pero lo último que deseamos es conocernos a nosotros mismos. No obstante, son los únicos cimientos sobre los que podemos construir. Antes de que podamos construir, antes de que podamos transformarnos, antes de que podamos condenar o destruir, debemos conocer bien eso que somos. Por lo tanto, es totalmente inútil salir a buscar instructores, gurúes, cambiar a unos y otros, practicar yoga, respiración, rituales, seguir a los grandes maestros y demás. No tiene sentido, aun cuando las mismas personas a las que seguimos puedan decir: «estúdiate a ti mismo», porque lo que somos, eso es el mundo. Si somos mezquinos, celosos, presumidos, codiciosos, eso es lo que creamos en torno a nosotros, ésa es la sociedad en la que vivimos.

Me parece, pues, que antes de emprender un viaje para encontrar la realidad, para encontrar a Dios, antes de que podamos actuar, antes de que podamos tener relación alguna con otro –lo cual constituye la sociedad–, es sin duda esencial que comencemos por comprendernos a nosotros mismos. Y considero que una persona seria es aquélla que se interesa por completo en esto antes que nada, y no en cómo alcanzar una determinada meta. Porque, si ustedes y yo no nos comprendemos a nosotros mismos, ¿cómo podemos, con nuestra acción, originar una transformación en la sociedad, en la relación, en cualquier cosa que hagamos? Esto no quiere decir, obviamente, que el conocimiento propio se oponga a la relación o se aísle de ella. No significa poner el acento en el individuo, el «yo», como opuesto a la masa u opuesto a otro individuo. Yo no sé si algunos de ustedes han emprendido seriamente el estudio de sí mismos, observando cada palabra y sus respuestas, observando cada movimiento del pensar y del sentir; sólo observándolos, estando conscientes de las respuestas corporales, viendo si actúan desde sus centros físicos o si actúan desde una idea, el modo como responden a las condiciones del mundo. No sé si alguna vez han investigado seriamente todo esto. Quizás algunos de ustedes hayan intentando hacerlo esporádicamente, como último recurso, cuando ha fracasado todo lo demás y están hastiados.

Ahora bien, sin conocernos a nosotros mismos, sin conocer nuestro propio modo de pensar y la razón de que pensemos ciertas cosas, sin conocer el trasfondo de nuestro condicionamiento y por qué tenemos ciertas creencias acerca del arte y la religión,

Primera charla en El Robledal

acerca de nuestro país y nuestro prójimo, y acerca de nosotros mismos, ¿cómo podemos pensar con propiedad acerca de nada? Sin conocer nuestro trasfondo, sin conocer la sustancia de nuestro pensamiento y de dónde proviene, es indudable que nuestra búsqueda es absolutamente inútil, que nuestra acción carece de todo sentido, ¿no es así? Tampoco tiene sentido que uno sea americano o hindú o que tenga tal o cual religión.

Así, antes de que podamos descubrir cuál es el propósito final de la vida, qué significa todo lo que en ella ocurre: guerras, antagonismos y conflictos nacionales, toda la confusión que reina, etc., debemos comenzar con nosotros mismos, ¿no es así? Suena muy simple, pero es extremadamente difícil. Porque, para entendernos a nosotros mismos, para ver cómo opera nuestro pensamiento, debemos estar extraordinariamente alerta, de modo tal que, al irnos dando cuenta más y más de las complejidades de nuestro propio pensar y sentir, de nuestras propias respuestas, empecemos a tener una mayor conciencia, no sólo de nosotros mismos, sino de la persona con la que estamos relacionados. Conocernos a nosotros mismos es estudiarnos en la acción, que es relación. La dificultad está en que somos muy impacientes; queremos avanzar, queremos alcanzar un objetivo, y así no tenemos ni el tiempo ni la ocasión de darnos la oportunidad de observar, de estudiar. O bien nos hemos comprometido en diversas actividades –ganarnos la vida, criar a los hijos-, o hemos asumido ciertas responsabilidades en distintas organizaciones; nos hemos comprometido tanto de diferentes maneras, que difícilmente podemos tener tiempo alguno para reflexionar sobre nosotros mismos, para observar, estudiar. Así, pues, la responsabilidad de la acción depende de uno mismo, no de otro. Y, como sucede en Norteamérica y en todo el mundo, el seguimiento de gurúes y de sus sistemas, la lectura de los libros más recientes sobre esto y aquello, me parece completamente vacuo e inútil; ustedes podrán recorrer toda la Tierra, pero tendrán que volver a sí mismos. Y, como la mayoría de nosotros lo ignora todo con respecto a sí misma, resulta sumamente difícil comenzar a ver con claridad el proceso de nuestro pensar, sentir y actuar. Y eso es lo que voy a considerar durante mis charlas de las próximas semanas.

Cuanto más se conoce uno a sí mismo, tanta más claridad hay. El conocimiento propio no termina jamás; uno no alcanza un logro, no llega a una conclusión. Es un río infinito. A medida que uno lo estudia, que lo investiga a una profundidad cada vez mayor, va encontrando la paz. Sólo cuando la mente está tranquila –gracias al conocimiento propio y no mediante una disciplina autoimpuesta–, sólo entonces, en esa serenidad, en ese silencio, puede manifestarse la realidad. Únicamente así puede haber acción creativa, bienaventuranza. Y me parrece que, sin esta comprensión, sin experimentar esto, el mero leer libros, asistir a charlas, hacer propaganda, ¡es tan infantil! Es una actividad sin mucho sentido, mientras que, si somos capaces de comprendernos a nosotros mismos y, de tal modo, originar esa felicidad creadora, ese experimentar de algo que no pertenece a la mente, entonces, quizá, pueda haber una transformación en la relación cercana a nosotros y, por lo tanto, en el mundo en que vivimos.

Pregunta: ¿Tengo que hallarme en algún nivel especial de conciencia para comprenderle a usted?

KRISHNAMURTI: Para comprender algo, no sólo lo que yo digo, sino cualquier cosa, ¿qué se requiere? Para comprendernos a nosotros mismos, para comprender a nuestra esposa, a nuestro marido, para comprender una pintura, el paisaje, los árboles, ¿qué se requiere? La correcta atención, ¿no es así? Para comprender algo, uno debe dedicarle todo su ser, su atención plena, profunda, no dividida, ¿verdad? ¿Cómo puede haber atención plena, profunda, cuando estamos distraídos? Por ejemplo, cuando ustedes están tomando notas mientras hablo; probablemente atrapan una buena frase y dicen: «por Dios, voy a tomar nota de eso, lo usaré en mi próxima charla». ¿Cómo puede haber atención plena si tan sólo

Primera charla en El Robledal

se interesan en las palabras? Es decir, se interesan en el nivel verbal y, por eso, son incapaces de ir más allá del nivel verbal. Las palabras son tan sólo un medio de comunicación. Pero si ustedes no son capaces de recibir lo que se comunica y sólo se atienen a las palabras, no puede haber atención plena, es obvio; por lo tanto no hay una comprensión apropiada.

De modo que el escuchar es un arte, ¿verdad? Como decíamos, para comprender algo uno debe prestar atención plena, y eso no es posible cuando hay algún tipo de distracción: cuando toman notas o cuando están incómodamente sentados o cuando luchan esforzadamente por comprender. Hacer un esfuerzo para comprender es, obviamente, un obstáculo para la comprensión, porque toda nuestra atención se ha perdido en hacer el esfuerzo. No sé si alguna vez han notado que, cuando se interesan en algo que otro está diciendo, no hacen ningún esfuerzo, no erigen un muro de resistencia contra la distracción. Cuando uno se interesa en algo no hay distracciones; presta atención plena ávidamente, espontáneamente, a lo que se está diciendo. Cuando existe un interés vital hay atención espontánea. Pero casi todos encuentran muy difícil una atención semejante, porque puede ser que, conscientemente, en el nivel superficial, deseen comprender, pero en lo interno haya resistencia; o quizás internamente haya un deseo de comprender, pero haya resistencia en el nivel externo, superficial.

Así, pues, para dedicar atención plena a algo tiene que existir una integración de todo nuestro ser. Porque, en un nivel de conciencia, usted puede querer descubrir, conocer, pero en otro nivel, ese mismo conocer quizás implique destrucción, porque puede obligarle a cambiar toda su vida. En consecuencia, hay una contienda interna, una lucha interna de la que tal vez usted no se dé cuenta. Aunque puede pensar que está prestando atención, en realidad hay distracción, tanto interna como externamente; y ésa es la dificultad.

Por eso he estado sugiriendo, en algunas de las reuniones, que no deberían tomar notas, que no están aquí para hacer propaganda por mí o por ustedes mismos, que deben escuchar con el único fin de comprender. Y nueestra dificultad para comprender radica en que nuestra mente jamás está quieta. Jamás consideramos nada serenamente, en un estado de ánimo receptivo. Los diarios, las revistas, los políticos, los arengadores arrojan mucha basura sobre nosotros; cada predicador a la vuelta de la esquina nos dice qué debemos y qué no debemos hacer. Todo eso se vierte constantemente dentro de nosotros y es natural que haya también una resistencia interna a todo eso. En tanto la mente esté perturbada, no puede haber comprensión; en tanto no esté muy quieta, silenciosa, serena, sensiblemente receptiva, es imposible comprender; y esta sensibilidad de la mente no ha de ser tan sólo con respecto a las capas altas de la conciencia, a la mente superficial. Cuando usted está en presencia de algo muy bello, si se pone a charlar no percibirá su significado. Pero tan pronto queda en silencio, en estado de sensibilidad, la belleza de ello llega a usted. De igual manera, si queremos comprender algo, no sólo debemos estar físicamente quietos, sino que nuestras mentes deben hallarse en un intenso estado de alerta y, no obstante, serenas. Esa pasividad alerta de la mente no adviene mediante la coacción; no podemos adiestrar a la mente para que esté en silencio, porque en tal caso es tan sólo como un mono adiestrado, quieta exteriormente pero hirviendo por dentro. De modo que el escuchar es un arte, y debemos dedicar nuestro tiempo, nuestra reflexión, nuestro ser total a aquello que deseamos comprender.

Pregunta: ¿Puedo comprender más fácilmente lo que usted dice, si lo enseño a otros?

KRISHNAMURTI: Usted puede aprender, hablando de ello a otros, una nueva manera de exponer las cosas, una manera ingeniosa de transmitir lo que usted quiere decir, pero eso no es, por cierto, comprensión. Si usted mismo no comprende, ¿cómo, en nombre

Primera charla en El Robledal

de Dios, puede comunicarlo a otra persona? Eso es, sin duda, mera propaganda, ¿no? Usted no comprende algo, pero habla de ello a otros, y piensa que una verdad puede ser repetida. ¿Cree usted que, si tiene una experiencia, puede comunicarla a otros? Tal vez sea capaz de relatarla verbalmente, pero ¿puede comunicar a otros su experiencia? O sea, ¿puede transmitir *la experiencia* de algo? Puede describir la experiencia, pero no puede comunicar el estado de experimentar. Así, una verdad que se repite deja de ser una verdad. Sólo la mentira puede ser repetida, pero tan pronto "repite" usted una verdad, ésta pierde su significado. Y la mayoría de nosotros se interesa en repetir, pero no experimenta. Aquél que está experimentando algo no se interesa en la mera repetición, en tratar de convertir a otros, en la propaganda. Por desgracia, casi todos se interesan en la propaganda, porque mediante la propaganda no sólo tratamos de convencer a otros, sino que también nos lucramos explotando a otros. Gradualmente, ello se vuelve una superchería.

Si usted no se halla atrapado en la mera verbalización, sino que de veras se interesa en experimentar, entonces usted y yo estamos en comunión. Pero, si desea hacer propaganda –y yo digo que no se puede hacer propaganda de la verdad–, entonces no hay relación entre nosotros. Y me temo que ésta es hoy nuestra dificultad. Usted quiere hablar de esto a otros sin experimentarlo; y, al hablar al respecto, espera experimentar. Eso es mera sensación, mera gratificación; nada significa. Carece de validez, no hay tras ello realidad alguna. Pero una realidad experimentada, si se comunica, no crea esclavitud alguna. Así, pues, el experimentar es mucho más importante y tiene una significación mayor que la comunicación en el nivel verbal.

Pregunta: A mí me parece que el movimiento de la vida se experimenta en relación con personas e ideas. Desapegarse de este estímulo es vivir en un vacío depresivo. Yo necesito distracciones para sentirme vivo.

El conocimiento de uno mismo

KRISHNAMURTI: Esta pregunta contiene todo el problema del desapego y la relación. Y bien, ¿por qué queremos desapegarnos? ¿Qué es este impulso natural que, en la mayoría de nosotros, desea alejarse, apartarse, desapegarse? Quizás en casi todos nosotros, esta idea del desapego haya surgido a causa de que tantos maestros religiosos han hablado al respecto: «debes desapegarte a fin de encontrar la realidad; debes renunciar, abandonar, y sólo entonces darás con la realidad». ¿Podemos estar desapegados en la relación? ¿Qué entendemos por relación? Tendremos, pues, que investigar esta cuestión con cierto cuidado.

¿Por qué tenemos esta respuesta instintiva, este constante acudir al desapego? Los diversos maestros religiosos han dicho que debemos desapegarnos. ¿Por qué? Ante todo, el problema es: ¿por qué estamos apegados? No cómo debemos desapegarnos, sino *por qué* nos apegamos. Si usted puede encontrar la respuesta a eso, no existe, entonces, cuestión alguna de desapego, ¿verdad? ¿Por qué nos apegamos a atracciones, sensaciones, a cosas de la mente o del corazón? Si podemos descubrir por qué nos apegamos, quizás encontremos la respuesta exacta.

¿Por qué esta usted apegado? ¿Qué ocurriría si no lo estuviera? Si no estuviera apegado a su nombre en particular, a su propiedad, a su posición social –usted sabe, todo el cúmulo de cosas que compone su personalidad: sus muebles, su automóvil, sus características personales, su idiosincrasia, sus virtudes, creencias, ideas–, si no estuviera apegado a todo eso, ¿qué ocurriría? Se encontraría en la situación de ser igual que nada, ¿no es así? Si no estuviera apegado a sus comodidades, a su posición, a su vanidad, se sentiría súbitamente perdido. Así, pues, el miedo a la vacuidad, el miedo a ser nada, hace que se apegue a algo, ya sea a su familia, a su esposa, a una silla, a un automóvil, a su país... no importa a qué. El miedo a ser nada hace que uno se aferre a algo y, en el proceso de aferrarse, hay conflicto, dolor. Porque aquello a lo que se aferra pronto se desintegra, muere. Por consiguiente, en el proceso de aferrarse hay dolor, y para evitar el dolor deci-

Primera charla en El Robledal

mos que debemos desapegarnos. Mire dentro de sí mismo y verá que es así. El miedo a la soledad, el miedo a ser nada, el miedo al vacío hace que nos apeguemos a algo, a un país, a una idea, a un Dios, a alguna organización, a un maestro, a una disciplina, a lo que fuere. En el proceso de apego hay dolor; para evitar ese dolor tratamos de cultivar el desapego, y así mantenemos este círculo siempre doloroso en el que la lucha es permanente.

Ahora bien, ¿por qué no podemos ser como nada, una persona sin importancia? No tan sólo en el nivel verbal, sino internamente. Entonces no hay problema de apego o desapego, ¿verdad? Y en ese estado, ¿puede haber relación? Porque eso es lo que desea saber este interlocutor. Él dice que sin relación con las personas y las ideas, uno vive en un vacío depresivo. ¿Es eso lo que ocurre? ¿Es la relación un proceso de apego? Cuando usted está apegado a alguien, ¿está relacionado con esa persona? Si estoy apegado a usted, si me aferro a usted, si lo poseo, ¿estoy relacionado con usted? Usted se convierte para mí en una necesidad, porque sin usted estoy perdido, me siento incómodo, desdichado, solitario. De modo que usted se vuelve una necesidad, una cosa útil, una cosa para llenar mi vacuidad. *Usted* no es importante; lo que importa es que llene mi necesidad. Y ¿existe relación alguna entre nosotros cuando usted es para mí una necesidad, como puede serlo un mueble?

Expresémoslo de otro modo: ¿puede uno vivir sin estar relacionado? Obviamente, no. No hay nada que pueda vivir en aislamiento. A algunos de nosotros quizá nos agradaría vivir aislados, pero uno no puede hacerlo. De modo que la relación llega a ser tan sólo una distracción, la cual les hace sentir como si estuvieran vivos; las riñas, las luchas, las disputas, etcétera, les dan una sensación de vitalidad. Y, como dice el interlocutor, sin distracciones sienten que están muertos. Pero la distracción, ya se trate de la bebida, de ir a los cines, de acumular conocimientos... cualquier forma de distracción, es obvio que embota la mente y el corazón. Una mente embotada, un corazón insensible, ¿cómo pueden relacionarse con otra persona? Sólo una mente sensible, un corazón despierto al afecto, pueden relacionarse con algo.

Así, pues, en tanto traten a la relación como una distracción, están viviendo en un vacío, es evidente, porque temen salir de ese estado. En consecuencia temen cualquier clase de desapego, cualquier clase de separación, mientras que la verdadera relación, que no es una distracción, constituye un estado en el que se hallan en proceso constante de comprenderse a sí mismos con respecto a algo. Es decir, la relación es un proceso de revelación propia, no de distracción, y esta revelación propia es muy penosa, porque en la relación pronto se descubren a sí mismos, si es que están abiertos a este descubrimiento, pero como muy pocos queremos descubrirnos a nosotros mismos, como casi todos quisiéramos más bien escondernos en la relación, ésta se vuelve un proceso doloroso y tratamos de desapegarnos de ella. La relación no es un estímulo. ¿Por qué queremos ser estimulados mediante la relación? Y si lo somos, entonces la relación, como el estímulo, se embota. No sé si han notado que cualquier clase de estímulo, a la larga embota la mente y la sensibilidad del corazón.

De manera que el problema del desapego no tendría que surgir jamás, porque sólo el hombre que posee piensa en renunciar, pero jamás se pregunta por qué posee, cuál es el trasfondo que le hace ser posesivo. Cuando comprende el proceso de poseer, entonces está naturalmente libre de la posesión; no cultiva un opuesto como el desapego. Y la relación será tan sólo un estímulo, una distracción, en tanto estemos usando a otro como un medio de gratificación propia o como una necesidad para escapar de nosotros mismos. Usted se vuelve muy importante para mí porque en mí mismo soy muy pobre, soy nada; por lo tanto, usted lo es todo. Una relación así por fuerza tiene que generar conflicto, dolor; y algo que ocasiona dolor ya no sigue siendo una distracción. Por consiguiente, deseamos escapar de esa relación, y a eso lo llamamos desapego.

Así, pues, en tanto usemos la mente en la relación, no podremos comprender la relación. Porque, a fin de cuentas, es la men-

Primera charla en El Robledal

te la que nos incita al desapego. Tan pronto cesa ese amor comienza el proceso de apego y desapego. El amor no es producto del pensamiento; no podemos pensar acerca del amor. Es un estado de ser, y cuando la mente interfiere con sus cálculos, sus celos, sus múltiples y astutos engaños, se suscita el problema de la relación. La relación sólo tiene un significado cuando es un proceso en el que uno se revela ante sí mismo, y, si en ese proceso uno sigue profundizando amplia y extensivamente, entonces en la relación hay paz; ya no es la contienda, el antagonismo entre dos personas. Sólo en esta quietud, en esta relación donde fructifica el conocimiento propio, hay paz.

16 de julio de 1949

SEGUNDA CHARLA
EN EL ROBLEDAL

Como estuvimos diciendo ayer, deberíamos ser capaces de escuchar lo que se dice, sin aceptarlo ni rechazarlo. Deberíamos poder escuchar de tal modo que, si se dice algo nuevo, no lo rechacemos inmediatamente, lo cual tampoco significa que debamos aceptar todo lo que se dice. Esto sería realmente absurdo, porque entonces no estaríamos sino erigiendo una autoridad, y donde hay autoridad no puede haber un pensar y un sentir libres, verdaderos. No puede haber descubrimiento de lo nuevo. Y, como la mayoría de nosotros se inclina a aceptar algo ansiosamente, sin una genuina comprensión, existe el peligro de que lo aceptemos sin reflexionar ni investigar, sin examinarlo a fondo. Esta mañana quizá diga algo nuevo, o exponga de una manera diferente algo que ustedes pueden pasar por alto si no escuchan con esa serenidad, esa quietud que da origen a la comprensión.

Quiero considerar esta mañana un tema que puede resultar bastante difícil: el problema de la acción, la actividad y la relación. Pero antes de eso tenemos que comprender qué entendemos por actividad y qué entendemos por acción. Porque toda nuestra vida parece basarse en la acción, o más bien en la actividad, quiero diferenciar entre actividad y acción. Parecemos estar muy absortos haciendo cosas, inquietos, consumidos por el movimiento,

Segunda charla en El Robledal

haciendo algo a toda costa, prosperando, obteniendo esto o aquello, intentando alcanzar el éxito. Y ¿qué lugar ocupa la actividad en la relación? Porque, como lo estuvimos diciendo ayer, la vida es un asunto de relación. Nada puede existir en el aislamiento, y si la relación es tan sólo una actividad, muy poco significa. No sé si han notado que, tan pronto dejan de estar activos, hay inmediatamente un sentimiento de aprensión nerviosa; sienten como si no estuvieran vivos, despiertos, y que, por lo tanto, deben mantenerse en movimiento. Y existe el miedo de estar solos, de salir a dar solos un paseo, o estar a solas con un libro, sin una radio, sin charlar, miedo de sentarse quietamente, sin hacer algo todo el tiempo con las manos, la mente o el corazón.

Para comprender, pues, la actividad, debemos comprender la relación, ¿no es así? Si consideramos que la relación es una distracción, un escape respecto de alguna otra cosa, entonces la relación no es sino una actividad. Y ¿acaso nuestra relación no es, en su mayor parte, una mera distracción y, por lo tanto, nada más que una serie de actividades envueltas en ella? Como dije, la relación tiene verdadero significado sólo cuando es un proceso de revelación propia, cuando nos descubrimos a nosotros mismos al actuar en esta relación. Pero la mayoría de nosotros no quiere revelarse en la relación. Por el contrario, usamos la relación como un medio de encubrir nuestra propia insuficiencia, nuestras propias angustias e incertidumbres. Así, la relación se vuelve mero movimiento, mera actividad. No sé si han notado que la relación es muy penosa y que, en tanto no sea un proceso revelador de descubrimiento propio, es tan sólo un recurso para escapar de uno mismo.

Pienso que es importante comprender esto porque, como vimos ayer, la cuestión del conocimiento propio radica en el desarrollo de la relación, ya sea con las cosas, las personas o las ideas. ¿Puede la relación basarse en una idea? Por cierto, cualquier acto basado en una idea debe, por fuerza, ser la continuación de esa idea, lo cual constituye una actividad. La acción no se basa en

El conocimiento de uno mismo

una idea. La acción es inmediata, espontánea, directa, no involucra el proceso de pensamiento. Pero cuando basamos la acción en una idea, se convierte en una actividad, y, si la base de nuestra acción es una idea, entonces es obvio que una relación semejante no es más que una actividad carente de comprensión. Consiste en llevar a la práctica una fórmula, un modelo previo, una idea. Debido a que queremos obtener algo de la relación, una relación así es siempre restrictiva, limitadora.

La idea es el resultado de un anhelo, un deseo, un propósito, ¿verdad? Si estoy relacionado con una persona porque la necesito, fisiológica o psicológicamente, esa relación se basa, entonces, en una idea, es obvio, porque deseo algo de esa persona. Y una relación así, basada en una idea, no puede ser un proceso atorrevelador. Es tan sólo un impulso psicológico, una actividad, una monotonía en la que se ha establecido el hábito. En consecuencia, una relación semejante implica siempre tensión, pena, contienda, lucha, y es causa permanente de angustia.

¿Es posible estar relacionados sin la idea, sin exigencias, sin sentido de propiedad, de posesión? ¿Podemos, acaso, estar en comunión mutua –que es verdadera relación en todos los diferentes niveles de la conciencia– si nos relacionamos por medio de un deseo, de una necesidad física o psicológica? Y ¿puede haber relación sin estas causas condicionantes que se originan en el deseo? Como dije, éste es un problema muy difícil. Uno tiene que investigarlo bien a fondo y con mucha serenidad. No es una cuestión de aceptar o rechazar.

Sabemos qué es nuestra relación en la actualidad; contienda, lucha, angustia o mero hábito. Si podemos comprender plena, completamente, la relación con un solo ser humano, entonces quizás haya posibilidad de comprender la relación con los muchos, o sea con la sociedad. Si no comprendo mi relación con uno solo, es indudable que no comprenderé mi relación con muchos, con la sociedad, con todos. Si mi relación con un ser humano se basa en una necesidad, en la gratificación; mi relación

Segunda charla en El Robledal

con la sociedad debe forzosamente ser igual. Por lo tanto, han de seguir la contienda con el uno y con los muchos. Y ¿es posible vivir, tanto con uno como con muchos, sin exigir nada? Ése es, por cierto, el problema, ¿no es así? No entre mí y el otro, sino entre mí y la sociedad.

Para comprender ese problema, para investigarlo profundamente, tenemos que examinar la cuestión del conocimiento propio, porque sin conocernos a nosotros mismos tal como somos, sin conocer exactamente *lo que es,* resulta imposible tener una buena relación con otro. Haga uno lo que hiciere: escapar, adorar, leer, asistir a los cines, encender la radio, etc., en tanto no se comprenda a sí mismo, no podrá tener una verdadera relación. De aquí las disputas, las batallas, el antagonismo, la confusión, no sólo dentro de uno, sino fuera y alrededor de uno. En tanto usemos la relación tan sólo como un medio de gratificarnos, de escapar, de distraernos –lo cual es mera actividad–, no puede haber conocimiento propio. Pero el conocimiento propio se comprende, se descubre, su proceso se revela a través de la relación; es decir, si uno está deseoso de examinar este problema de la relación y de exponerse a sí mismo en ella. Porque, al fin y al cabo, no podemos vivir sin relación. Pero nosotros queremos usar esa relación para sentirnos cómodos, para gratificarnos, para ser algo. Esto es, usamos la relación que se basa en una idea, lo cual implica que el papel importante en la relación lo juega la mente. Y como la mente se interesa siempre en protegerse a sí misma, en permanecer siempre con lo conocido, reduce toda relación al nivel del hábito o de la seguridad, y la relación se convierte, por lo tanto, en una mera actividad.

Vemos, pues, que la relación, si se lo permitimos, puede ser un proceso autorrevelador, pero dado que no se lo permitimos, la relación se vuelve nada más que una actividad gratificadora. En tanto la mente siga usando la relación para su propia seguridad, esta relación está obligada a generar confusión y antagonismo. Y ¿es posible vivir en relación sin idea alguna de exigencia, deseo,

El conocimiento de uno mismo

gratificación? O sea, ¿es posible amar sin que interfiera la mente? Amamos con la mente, nuestros corazones están llenos con las cosas de la mente, pero las fabricaciones de la mente no pueden ser, desde luego, amor. No podemos pensar acerca del amor. Podemos pensar en la persona que amamos, pero ese pensamiento no es amor, y así, gradualmente, el pensamiento va ocupando el lugar del amor. Y, cuando la mente llega a ser lo más importante, lo supremo, es obvio que no puede haber efecto. Éste es, sin duda alguna, nuestro problema, ¿verdad?

Hemos llenado nuestros corazones con las cosas de la mente. Y las cosas de la mente son, en esencia, ideas: lo que debería ser y lo que no debería ser. ¿Puede la relación basarse en una idea? Y si lo hace, ¿no es ésa una actividad autolimitadora y, por lo tanto, es inevitable que haya contienda, lucha y desdicha? Pero si la mente no interfiere, entonces no erige una barrera, no se disciplina, reprime o sublima. Esto es extremadamente difícil, porque no es por medio de la determinación, la práctica o la disciplina que la mente puede dejar de interferir; lo hace sólo cuando comprende plenamente su propio proceso. Sólo entonces es posible tener una verdadera relación con el uno y con los muchos, una relación libre de disputas y de discordia.

Pregunta: Deduzco claramente de lo que usted dice, que el aprendizaje y el conocimiento son obstáculos. ¿En relación con qué son obstáculos?

KRISHNAMURTI: Obviamente, el conocimiento y el aprendizaje son un obstáculo para la comprensión de lo nuevo, de lo intemporal, de lo eterno. Es indudable que el desarrollo de una técnica perfecta no hace que uno sea creativo. Uno podrá saber cómo pintar maravillosamente, pero puede que no sea un pintor creativo. Puede saber cómo escribir poemas sumamente perfectos desde el punto de vista técnico, pero no ser un poeta. Ser poeta implica, ¿no es así?, ser capaz de recibir lo nuevo, ser lo sufi-

Segunda charla en El Robledal

cientemente sensible como para responder a algo nuevo, original. pero casi todos nosotros nos hemos aficionado al aprendizaje, al conocimiento, y pensamos que conociendo seremos creativos. Una mente atestada, encajonada en datos, en conocimientos, ¿es capaz de recibir algo nuevo, súbito, espontáneo? Si su mente está abarrotada con lo conocido, ¿hay en ella espacio alguno que pueda recibir algo que pertenece a lo desconocido? El conocimiento es siempre con respecto a lo conocido, y con lo conocido tratamos de comprender lo desconocido, aquello que está más allá de toda medida.

Tomemos, por ejemplo, algo muy común que ocurre con la mayoría de nosotros; las personas religiosas –cualqier cosa que, por el momento, pueda significar esa palabra– tratan de imaginar qué es Dios o de pensar acerca de Dios. Han leído innumerables libros, han leído sobre las experiencias de diversos santos, sobre los Maestros, mahatmas y demás, y tratan de imaginar, de sentir en qué consiste la experiencia de otro. Es decir, con lo conocido intentan abordar lo desconocido. ¿Puede uno hacer eso? ¿Puede pensar en algo incognoscible? Sólo es posible pensar en algo que uno conoce. Pero actualmente tiene lugar en el mundo esta perversión extraordinaria: pensamos que comprenderemos poseyendo más información, más libros, más datos, más material impreso.

Por cierto, para percibir algo que no sea la proyección de lo conocido, es preciso que, mediante la comprensión, el proceso de lo conocido sea eliminado. ¿Por qué la mente se aferra siempre a lo conocido? ¿No es, acaso, porque está buscando constantemente certidumbre, seguridad? ¿Cómo es posible, entonces, que una mente así, cuyos cimientos se asientan sobre el pasado, sobre el tiempo, experimente lo intemporal? Puede concebir, formular, representarse lo desconocido, pero todo eso es absurdo. Lo desconocido puede revelarse únicamente cuando comprendemos, disolvemos, desechamos lo conocido. Y eso es sumamente difícil, porque tan pronto tenemos una experiencia de algo, la mente la traduce en términos de lo conocido y la rebaja al nivel del pa-

El conocimiento de uno mismo

sado. No sé si han notado que toda experiencia es traducida inmediatamente a lo conocido, recibe un nombre, es clasificada y registrada. El conocimiento es, pues, el movimiento de lo conocido. Y, evidentemente, tal conocimiento, tal aprendizaje es un obstáculo.

Supongamos que usted jamás hubiese leído un libro, religioso o psicológico, y tuviera que descubrir el sentido, el significado de la vida. ¿Como procedería al respecto? Suponga que no hubiese Maestros ni organizaciones religiosas ni Buda ni Cristo y usted tuviera que empezar desde el principio. ¿Cómo lo haría? En primer lugar, tendría que comprender su propio proceso del pensar y no proyectarse a sí mismo con sus pensamientos hacia el futuro, creando de ese modo un Dios de su agrado, lo cual sería sumamente infantil. Así, pues, ante todo debería comprender el proceso de su pensar. Ése es el único modo de descubrir algo nuevo, ¿verdad?

Cuando decimos que el aprendizaje o el conocimiento son una traba, un obstáculo, es obvio que no incluimos el conocimiento tecnológico: cómo manejar un automóvil, hacer funcionar una maquinaria, etc., ni nos referimos a la eficiencia que genera tal conocimiento. Tenemos en mente algo muy distinto: ese sentido de felicidad creativa que ninguna cantidad de conocimientos o aprendizaje podrá producir. Y ser creativo en el más genuino sentido de esa palabra es estar libre del pasado de instante en instante. Porque el pasado está ensombreciendo todo el tiempo el presente. Aferrarnos tan sólo a la información, a las experiencias de otros, a lo que alguien, por grande que sea, ha dicho, y tratar de aproximar a ello nuestra acción... todo eso es conocimiento, ¿no es así? Pero, para descubrir algo nuevo, tenemos que comenzar por nuestra propia cuenta; debemos emprender un viaje despojados de todo, en especial de conocimientos. Es muy fácil tener experiencias basadas en el conocimiento y la creencia, pero tales experiencias no son sino productos de autoprotección y, por lo tanto, son completamente falsas, irreales. Y, si uno ha de

Segunda charla en El Robledal

descubrir por sí mismo qué es lo nuevo, resulta inútil llevar la carga de lo viejo, sobre todo del conocimiento, del conocimiento de otra persona, por importante que ésta sea o haya sido. Ahora bien, uno usa el conocimiento como medio de autoprotección, de seguridad, y quiere estar muy seguro de que tiene las mismas experiencias de Buda, de Cristo o de X. Pero un hombre que se protege constantemente a sí mismo mediante el conocimiento, no es, evidentemente, un buscador de la verdad.

No hay sendero que conduzca hacia el descubrimiento de la verdad. Uno debe penetrar en el mar desconocido; esto no es desalentador, no es aventurado. Cuando queremos descubrir algo nuevo, cuando experimentamos con algo, nuestra mente tiene que estar muy quieta, ¿verdad? Pero si está repleta, abarrotada de datos, conocimientos, éstos actúan como un obstáculo para lo nuevo, y nuestra dificultad radica en que, para la mayoría de nosotros, la mente ha adquirido tanta importancia, es tan predominantemente significativa, que interfiere todo el tiempo con cualquier cosa que pueda ser nueva, que pueda existir simultáneamente con lo conocido. Así, pues, el conocimiento y el aprendizaje son obstáculos para aquellas personas que quieran buscar la verdad, que quieran comprender lo intemporal.

Pregunta: De varias charlas suyas infiero que el pensamiento debe cesar antes de que pueda haber comprensión. ¿Cuál es el pensar que debe llegar a su fin? ¿Qué entiende usted por pensar y qué por pensamiento?

KRISHNAMURTI: Espero que todo esto les interese. Al fin y al cabo, debería interesarles, porque eso es lo que hacen: pensar. El único instrumento que tenemos es la mente, el pensamiento; y ¿qué entendemos por pensar? ¿Qué entendemos por pensamiento? ¿Cómo surge? ¿Cuál es su función? Investiguémoslo juntos.

¿Qué es el pensamiento? Es el producto del pasado, ¿no es así? El pensamiento se basa en la reacción del pasado, del ayer,

El conocimiento de uno mismo

de muchos, muchos ayeres. Ustedes no serían capaces de pensar si no hubiese ayeres. Así, el pensamiento es el resultado de respuestas condicionadas que se han establecido en la mente como el pasado. La mente *es* el producto del pasado. O sea, el pensar es la respuesta de la memoria. Si usted no tuviera memoria, no habría pensar. Si no tuviera memoria acerca del camino a su casa, no podría llegar allá. Por consiguiente, el pensar es la respuesta de la memoria, y la memoria es un proceso, un residuo de experiencias, inmediatas o pertenecientes al ayer. El contacto, la sensación y el deseo crean la experiencia. Esa experiencia, ya sea agradable o desagradable, provechosa o improductiva, deja un residuo al que llamamos memoria. Desde ese residuo surge una respuesta, llamada el pensar, que se halla condicionada conforme a diferentes influencias ambientales, etc. En una palabra, la mente –no sólo los niveles superficiales de la conciencia, sino el proceso total– es el residuo del pasado. A fin de cuentas, ustedes y yo somos el producto del pasado. Todo nuestro proceso consciente del vivir se basa en el pasado, y la mayoría de nosotros vive en los niveles de conciencia que corresponden a la mente superficial. Ahí estamos activos, ahí es donde tenemos nuestros problemas, las innumerables disputas, las actividades cotidianas; y con eso estamos satisfechos. Pero lo que está en la superficie, lo poco que se muestra no es, por cierto, el contenido total de la conciencia. Para comprender la totalidad de ese contenido, la mente superficial debe estar quieta, así sea por unos pocos minutos, aun por unos pocos segundos. Entonces es posible recibir lo desconocido.

Si el pensamiento no es sino la respuesta del pasado, entonces el proceso del pensamiento debe cesar para que se manifieste algo nuevo, ¿no es así? Si el pensamiento es el resultado del tiempo –como lo es–, entonces, para que pueda insinuarse lo intemporal, algo que no conocemos, el proceso del pensamiento debe llegar a su fin, ¿verdad? Para recibir algo nuevo, lo viejo debe cesar. Si tengo una pintura moderna y no la entiendo, no puedo en-

Segunda charla en El Robledal

cararla con mi preparación clásica; al menos por el momento debo dejarla a un lado para comprender lo nuevo. De igual manera, si uno ha de comprender aquello que es nuevo, intemporal, entonces la mente, que es el instrumento del pensar, que es el residuo del pasado, debe llegar a su fin; y el proceso de terminación del pensamiento –aunque eso pueda sonar más bien absurdo– no llega por obra de la disciplina, de la así llamada "meditación". Discutiremos luego, en las próximas semanas, qué es la verdadera meditación y demás. Pero podemos ver que, cualquier acción de la mente para poner fin a su propia actividad, sigue siendo un proceso de pensamiento.

Por lo tanto, éste es un problema bastante difícil y muy sutil. Porque no puede haber felicidad ni alegría ni bienaventuranza, a menos que haya una renovación creativa; y ésta no puede ocurrir si la mente está proyectándose todo el tiempo hacia el futuro, hacia el mañana, hacia el segundo siguiente. Y, como siempre está haciendo eso, no somos creativos. Podemos producir bebés, pero para ser internamente creativos, para tener ese sentido extraordinario de renovación en el que hay constantemente novedad, frescura, en el que existe una ausencia total de la mente, es preciso que ésta deje de proyectarse todo el tiempo hacia el futuro, hacia el mañana. Por eso es importante comprender todo el proceso del pensamiento, sus sutilezas, sus variaciones, su profundidad. Si no comprenden eso, no pueden dar con lo otro. Podrán hablar al respecto, pero deben dejar de pensar, aunque esto suene fantástico. Para tener esa renovación, esa frescura, ese extraordinario sentido de "lo otro", la mente debe comprenderse a sí misma. Por eso es indispensable que haya una más profunda y amplia percepción alerta, la cual surge del conocimiento propio.

Pregunta: Concuerdo con usted en que el conocimiento no nos ha traído la felicidad. He estado intentando ser receptivo, intuitivo, ansioso de recibir las insinuaciones de lo interno. ¿Estoy en la senda correcta?

El conocimiento de uno mismo

KRISHNAMURTI: Para comprender esta cuestión debemos comprender qué entendemos por conciencia, porque lo que usted llama intuición puede ser la proyección de su propio deseo. Hay demasiadas personas que afirman: «Yo creo en la reencarnación. Siento que existe. Mi intuición me lo dice». Se trata, obviamente, del propio deseo que ellas tienen de prolongarse, de continuar. Por estar espantadas de la muerte quieren asegurarse de que hay una próxima vida, otra oportunidad, etc. En consecuencia, sienten "intuitivamente" que la teoría de la reencarnación es correcta. Para comprender, pues, esta cuestión, debemos comprender qué entendemos por lo interno y por lo externo. ¿Es posible recibir insinuaciones de aquello que es interno, cuando usted está buscando continuamente un objetivo, cuando desea lograr, cultivar, ser feliz? Por cierto, para recibir insinuaciones de lo interno, la mente, la mente superficial, debe estar por completo libre de enredos y prejuicios, libre de todo deseo, de todo nacionalismo; de lo contrario, sus "insinuaciones" lo convertirán a usted en el más grande de los nacionalistas y en un terror para el resto del mundo.

Nuestro interrogante es, entonces, el siguiente: ¿Cómo es posible recibir la insinuación de lo desconocido sin falsearla, sin traducirla conforme a nuestro condicionado patrón de pensamiento? Para comprender esto debemos examinar la cuestión de la conciencia, qué es la conciencia. ¿Qué entendemos por estar consciente? ¿Cuál es el proceso de la conciencia? ¿Cuándo dice usted que está consciente? Desde luego, dice: «estoy consciente» cuando está experimentando, ¿no es así? Cuando hay una experiencia –no viene al caso si es agradable o desagradable–, existe una percepción de su ser estando consciente de esa experiencia. Después, desde ese experimentar, el paso siguiente es nombrar, calificar la experiencia, ¿verdad? Usted dice: «es placer, no es placer: esto lo recuerdo, aquello no lo recuerdo». Así lo nombra. Entonces lo registra, ¿no? Mediante el proceso mismo de nombrarlo, lo registra. ¿Están siguiendo todo esto, o es demasiado para una mañana de domingo?

Segunda charla en El Robledal

Hay, pues, conciencia sólo cuando existen el experimentar, calificar y registrar. No acepten lo que estoy diciendo; obsérvenlo en sí mismos y verán cómo opera. Esto ocurre en todos los niveles y todo el mundo, consciente o inconscientemente. Y, en los ninveles más profundos de la conciencia, el proceso es casi instantáneo, como en el nivel superficial; pero la diferencia radica en que, en el nivel superficial hay opción, elección; en el nivel más amplio y profundo hay reconocimiento instantáneo sin opción alguna. Y la mente superficial puede recibir la insinuación sólo cuando llega a su fin este proceso de calificar o nombrar o registrar; esto ocurre cuando el problema es demasiado grande o demasiado difícil. Tratamos de resolver un problema, y no hay respuesta. Entonces lo dejamos tranquilo. En el momento en que lo dejamos tranquilo, hay una respuesta, una insinuación, porque la mente, la mente consciente, ya no está luchando, tratando de encontrar una respuesta. Está quieta. El agotamiento mismo es un proceso de quietud; debido a eso, la mente es capaz de recibir la insinuación. Pero la así llamada intuición, que tiene la mayoría de la gente, es en realidad la satisfacción de su propio deseo. Por eso hay tantas guerras, creencias organizadas, antagonismos, disputas; porque cada uno piensa que su intuición es tan verdadera que por ella está dispuesto a morir o a tratar cruelmente a otros.

Me temo que la persona que cree estar siguiendo su intuición está en la mala senda, porque para comprender todo esto, uno debe trascender el razonamiento. Para ello debe saber primero qué es el proceso del razonar. Uno no puede ir mas allá de algo que no conoce; para ir más allá debe saber qué es eso, tiene que comprender todo el significado de la razón –cómo razona, cómo examina algo–; no puede saltar más allá. Eso no significa que deba tener un cerebro muy ingenioso, que deba ser un gran investigador, algún erudito. Se requiere sinceridad en el pensar, claridad, deseo de estar abierto a lo nuevo, de invitar a *lo que es* sin temer al sufrimiento. Entonces deja de existir la barrera entre lo interno y lo externo. Lo interno es lo externo y lo externo es lo interno. Pero para que exista esa integración es indispensable comprender el proceso de la mente.

Pregunta: Por favor, explique claramente qué papel juega la memoria en nuestra vida. Usted parece distinguir entre dos formas de memoria. De hecho, ¿no existe solamente la memoria, siendo ésta nuestro único medio de conciencia y lo que nos hace percatarnos del tiempo y del espacio? Por lo tanto, ¿podemos, acaso, prescindir de la memoria, como usted parece sugerir?

KRISHNAMURTI: Investiguemos la cuestión de nuevo. Olvidemos lo que se ha dicho antes y tratemos de descubrir su significado. Esta mañana dijimos que el pensamiento es un producto del pasado. No puede haber pensamiento sin que estemos conscientes y, como dije, la conciencia es un proceso de experimentar, nombrar, registrar. Es lo que hacemos todo el tiempo. Si usted ve eso *(señala un árbol)*, lo llama árbol, lo nombra, y piensa que ha tenido una experiencia. Este proceso de nombrar forma parte de la memoria, ¿no es así? Y es una forma muy conveniente de experimentar. Usted piensa que ha experimentado algo nombrándolo. Me llama hindú y piensa que ha comprendido a todos los hindúes; lo llamo americano, y en eso se terminó la cosa. Pensamos, pues, que comprendemos algo si le damos un nombre. Lo nombramos a fin de reconocerlo, de reconocerlo como especie, como esto o aquello, pero eso no es comprender, experimentar algo. Hacemos eso por negligencia: es mucho más fácil hacer caso omiso de las personas dándoles un nombre, un rótulo.

Así, pues, este proceso de experimentar –que es contacto, sensación, deseo, identificación y experiencia–, este proceso, junto con el nombrar, se considera que es la conciencia, ¿verdad? Una parte de esta conciencia está despierta y la otra parte se halla en estado latente. Nuestra mente de todos los días, el nivel superficial, consciente, está despierto. El resto duerme. Ahora bien, cuando dormimos, la mente consciente, superficial, está en silen-

Segunda charla en El Robledal

cio, y por eso es capaz de recibir sugerencias, insinuaciones que se traducen en sueños, pero éstos requieren una interpretación ulterior.

El interlocutor desea saber qué entendemos por memoria, cuál es la función de ésta y si podemos prescindir de ella. De modo que la verdadera pregunta es: ¿qué función tiene el pensamiento? La memoria no tiene función alguna aparte del pensar. ¿Cuál es, entonces la función del pensamiento? ¿Puede éste dividirse? ¿Es posible prescindir de él?

Decimos que el pensamiento es la respuesta de la memoria, tal como de hecho lo es: y la memoria es experiencia incompleta, nombrada y pensada con fines de autoprotección, etcétera. Ahora bien, si el pensamiento es el resultado de la memoria, ¿qué función tiene el pensamiento en la vida? ¿Cuándo usamos el pensamiento? Me pregunto si alguna vez han considerado esto. Usan el pensamiento cuando quieren volver a sus casas, ¿no es así? Piensan cómo llegar allá. Ésta es una clase de pensamiento. ¿Cuándo funciona nuestro pensamiento? Cuando nos protegemos a nosotros mismos, ¿verdad? Cuando buscamos seguridad económica, social, psicológica. ¿No es así? Cuando queremos salvaguardarnos. Es decir, el pensamiento funciona cuando existe el impulso de autoprotección. Cuando sienten afecto por alguien, ¿es eso un proceso de pensamiento? Cuando aman a una persona y usan ese amor como medio de enriquecerse internamente, es obvio, entonces, que se trata de un proceso de pensamiento; eso ya no es más amor.

Luego el proceso de pensamiento surge cuando hay miedo, cuando existe el deseo de poseer, cuando hay conflicto; en otras palabras, cuando el "sí mismo", el "yo", adquiere importancia. Porque, al fin y al cabo, el pensamiento está relacionado con el "yo"; cuando el "yo" predomina, comienza el proceso de pensamiento como impulso de autoprotección. De lo contrario no pensamos, no tenemos conciencia de nuestro proceso de pensamiento, ¿verdad? Sólo somos conscientes de él cuando hay conflicto;

pensamos ya sea para proteger o para descartar, para aceptar o para rechazar.

Ahora bien, el interlocutor quiere saber qué papel juega la memoria en nuestra vida. Si comprendemos que el proceso de pensamiento comienza sólo cuando el "yo" se vuelve importante, y que ese "yo" es importante sólo cuando existe el deseo de autoprotección, entonces vemos que gastamos la mayor parte de nuestra vida en protegernos a nosotros mismos. Por lo tanto, el pensamiento juega un papel muy importante en nuestra vida, porque casi todos nos interesamos en nosotros mismos. Nos interesamos en cómo protegernos, cómo ganar, cómo llegar, cómo alcanzar, cómo volvernos perfectos, cómo tener esta o aquella virtud, cómo descartar, cómo rechazar, cómo desapegarnos, cómo hallar la felicidad, cómo ser más hermosos, cómo amar, cómo ser amados... ustedes saben de qué modo nos interesamos en nosotros mismos.

Nos consumimos, pues, en el proceso de pensamiento. *Somos* el proceso de pensamiento; no estamos separados del pensamiento. Y el pensamiento es memoria, cómo ser "más" de algo. Es decir, cuando existe el impulso por lo "más" o por lo "menos", por lo "positivo" o por lo "negativo", surge el proceso de pensamiento. Este proceso no surge cuando hay reconocimiento de *lo que es*. Un hecho no requiere un proceso de pensamiento, pero si queremos evitar un hecho, entonces comienza el proceso. Si acepto que soy lo que soy, no hay pensamiento, sino que tiene lugar otra cosa cuando acepto *lo que es*. Surge a la existencia un proceso por completo diferente, que no es el proceso del pensamiento. O sea, en tanto existe el deseo por lo "más" o lo "menos", tiene que haber pensamiento, tiene que existir el proceso de la memoria. Después de todo, si deseo ser un hombre muy rico, un hombre poderoso, popular, o un hombre de Dios, si deseo llegar a ser algo, necesito tener memoria, es decir, tengo que pensar en ello; la mente debe agudizarse constantemente para "llegar a ser".

Segunda charla en El Robledal

Ahora bien, ¿qué papel desempeña en la vida ese "llegar a ser", ese devenir? Por cierto, en tanto deseamos ser alguna cosa, tiene que haber contienda; en tanto nuestro deseo, nuestro impulso, nuestra búsqueda, es para ser lo "más" o lo "menos", lo "positivo" o lo "negativo", tiene que haber lucha, antagonismo; pero es extremadamente arduo, difícil, no ser lo "más" o lo "menos". Verbalmente puedo desecharlo y decir: «soy nadie», pero eso es vivir tan sólo en el nivel verbal; significa muy poco, es mera tontería. Por eso tiene uno que comprender el proceso del pensamiento, el cual es la conciecia e implica todo el problema del tiempo, del ayer, del mañana. Un hombre que se halla atrapado en el ayer, jamás puede comprender aquello que es intemporal. Y la mayoría de nosotros está atrapada en la red del tiempo. En esa red se encuentra básicamente enredado nuestro pensamiento; él *es* la red del tiempo. Y con ese proceso de pensamiento, pensamiento educado, cultivado para ser agudo, penetrante, sutil, queremos dar con algo que está más allá del pensamiento.

Vamos de un instructor a otro, de un héroe a otro, de un Maestro a otro. Nuestra mente se agudiza con todo esto y espera, de ese modo, encontrar lo que está más allá. Pero el pensamiento no puede jamás encontrar lo que está más allá, porque el pensamiento es el resultado del tiempo, y lo que pertenece a lo conocido no puede recibir lo desconocido. En consecuencia, el hombre enredado en lo conocido nunca es creativo; puede tener momentos de creatividad, como ocurre con algunos pintores, algunos músicos, algunos escritores; pero éstos terminan por enredarse en lo conocido: la popularidad, el dinero, un centenar de cosas, y entonces están perdidos. Por eso, los que tratan de comprenderse a sí mismos deben dejar de buscar. Todo cuanto pueden hacer es comprenderse, comprender las intrincaciones, la extraordinaria sutileza de su pensamiento y de su ser. Y eso pueden comprenderlo únicamente en la relación, que es acción, y esa acción es negada cuando la relación se basa en una idea. En tal caso, la relación es mera actividad, no es acción, y la actividad no hace sino

El conocimiento de uno mismo

embotar el corazón y la mente. Sólo mediante la acción, la mente se torna alerta y el corazón sutil, y de ese modo son capaces de recibir, de ser sensibles. Por eso, antes de cualquier búsqueda, es indispensable que haya conocimiento propio. Si uno busca, encontrará, pero eso no será la verdad. Por lo tanto, esta manía, este temor, esta ansiedad por llegar, buscar, encontrar, tiene que terminarse; entonces, por el conocimiento propio cada vez más amplio y profundo, adviene ese sentido de la realidad que no puede ser invitado. Se manifiesta a sí mismo, y sólo entonces hay felicidad creadora.

17 de julio de 1949

TERCERA CHARLA
EN EL ROBLEDAL

El sábado y domingo anteriores estuvimos considerando la importancia del conocimiento propio, porque, como se explicó, no veo cómo podemos tener una base para el recto pensar si no hay conocimiento propio, cómo cualquier acción, por inclusiva, colectiva o individualista que sea, puede ser una acción armoniosa y verdadera si uno no se conoce plenamente a sí mismo. Sin conocimiento propio no hay posibilidad alguna de descubrir realmente qué es lo verdadero, qué es significativo, cuáles son los genuinos valores de la vida. Sin conocernos a nosotros mismos no podemos ir más allá de las ilusiones autoproyectadas de la mente. El conocimiento propio, como lo explicamos, implica no sólo la acción que se desarrolla en la relación que sostenemos con la sociedad, y sin este conocimiento no puede haber una sociedad integrada, armoniosa. Es, por lo tanto, muy importante y significativo que uno se conozca a sí mismo de la manera más completa y plena que pueda. ¿Es posible este conocimiento? ¿Puede uno conocer integralmente el proceso total de sí mismo? Porque, como se dijo, sin conocimiento propio no hay base para pensar. Uno queda atrapado en ilusiones, políticas, sociales, religiosas... las ilusiones son ilimitadas, interminables. ¿Cómo es posible, pues, que uno se

El conocimiento de uno mismo

conozca a sí mismo, cuáles son los medios, los pasos a dar, los procesos?

Pienso que, para averiguar cuáles son los medios, uno debe descubrir primeramente cuáles son los impedimentos. Al estudiar qué es lo que consideramos importante en la vida, las cosas que hemos aceptado, los valores, las normas, las creencias, las innumerables cosas a que nos aferramos... al examinar todo eso, quizá descubriremos las modalidades de nuestro propio pensar y, con eso, lleguemos a conocernos. Es decir, al comprender cuáles son las cosas que aceptamos, al cuestionarlas, al investigarlas, mediante ese proceso mismo conoceremos las modalidades de nuestro pensar, nuestras respuestas, nuestras reacciones, y, a través de ellas, nos conoceremos tal como somos. Ése es, sin duda, el único modo de descubrir el comportamiento de nuestro pensar, nuestras respuestas: estudiando, examinando a fondo los valores, las normas, las creencias que hemos aceptado durante generaciones. Y, viendo detrás de estos valores, habremos de conocer el modo como respondemos, como reaccionamos a ellos; de tal manera, quizá seremos capaces de poner al descubierto las modalidades de nuestro propio pensar.

En otras palabras, conocernos a nosotros mismos es estudiar las respuestas, las reacciones que uno tiene en relación con algo. No podemos conocernos en el aislamiento. Éste es un hecho evidente. Uno podrá retirarse a una montaña, dentro de una caverna, o perseguir alguna ilusión en las orillas de un río, pero si se aísla, no puede haber relación, y el aislamiento es muerte. Únicamente en la relación puede uno conocerse tal como es. En resumen, al estudiar las cosas que hemos aceptado, al investigarlas a fondo, no superficialmente, quizá seremos capaces de comprendernos a nosotros mismos.

Ahora bien, me parece que una de las cosas que más ávidamente aceptamos y damos por sentadas, es la cuestión de las creencias. No estoy atacando las creencias. Lo que tratamos de hacer esta tarde es averiguar por qué aceptamos las creencias; si

Tercera charla en El Robledal

podemos comprender los motivos, las causas de la aceptación, quizá podremos no sólo comprender por qué lo hacemos, sino que también nos liberaremos de ello. Porque podemos ver cómo las creencias políticas y religiosas, las creencias nacionales y otros diversos tipos de creencias, separan realmente a las personas, generan conflicto, confusión y hostilidad; es un hecho obvio y, sin embargo, no estamos dispuestos a abandonarlas. Están la creencia hindú, la creencia cristiana, la budista, innumerables creencias sectarias y nacionales, diversas ideologías políticas... todas disputando entre sí, tratando unas de convertir a las otras. Podemos ver, es obvio, que la creencia separa a los seres humanos creando intolerancia. ¿Es posible, pues, vivir sin creencias? Uno puede descubrirlo sólo si se estudia a sí mismo en relación con una creencia. ¿Es posible vivir en este mundo sin una sola creencia; no cambiando de creencias, no sustituyendo una creencia por otra, sino enteramente libres de todas las creencias, de manera tal que uno pueda enfrentarse a la vida de nuevo a cada instante? Esto, al fin y al cabo, es la verdad: ser capaces de afrontarlo todo de un modo nuevo, de instante en instante, sin la reacción condicionante del pasado, de manera que no exista el efecto acumulativo que actúa como una barrera entre uno mismo y *lo que es*.

Evidentemente, la mayoría de nosotros acepta o adopta creencias porque, ante todo, hay miedo. Sentimos que sin una creencia estaríamos perdidos. Entonces usamos la creencia como un sistema de conducta, una norma conforme a la cual dirigimos nuestras vidas. Y también pensamos que, mediante la creencia, es posible emprender una acción colectiva. En otras palabras, pensamos que la creencia es necesaria para la acción. ¿Es así? ¿Es necesaria la creencia para la acción? O sea, siendo la creencia una idea, ¿es necesaria la ideación para actuar? ¿Qué viene primero, la idea o la acción? Por cierto, primero está la acción, la que puede ser placentera o dolorosa, y de acuerdo con eso elaboramos varias teorías. La acción viene invariablemente primero,

¿no es así? Y, cuando hay miedo, cuando hay deseo de creer a fin de actuar, entonces interviene la ideación.

Ahora bien si lo consideran verán que una de las razones para el deseo de aceptar una creencia, es el miedo. Porque, si no tuviésemos creencias, ¿qué ocurriría? ¿No estaríamos muy atemorizados de lo que podría suceder? Si no tuviésemos una norma de acción basada en una creencia –ya sea en Dios, en el comunismo, en el socialismo, en el imperialismo, o en alguna clase de fórmula religiosa, en algún dogma al que estamos condicionados–, nos sentiríamos completamente perdidos, ¿verdad? Y la aceptación de una creencia, ¿no es, acaso, una manera de disimular ese miedo, el miedo a ser realmente nada, a estar vacíos? A fin de cuentas, una copa es realmente útil cuando está vacía; y una mente repleta de creencias, dogmas, aseveraciones, citas, es de hecho una mente no creativa, es tan sólo una mente repetitiva. Y uno de los motivos por los que aceptamos tan ansiosa y ávidamente las creencias es, por cierto, para escapar de ese miedo, el miedo al vacío interno, el miedo a la soledad, al estancamiento, al no llegar, al no triunfar, al no realizarnos, al no ser o no llegar a ser esto o aquello.

Cuando aceptamos una creencia, ¿nos comprendemos a nosotros mismos? Al contrario: una creencia, religiosa o política, traba la comprensión de nosotros mismos. Actúa como una pantalla a través de la cual nos miramos. Y ¿podemos mirarnos sin las creencias? Si eliminamos esas creencias, las múltiples creencias que tenemos, ¿queda allí algo que pueda mirar? Si no tenemos creencias con las que la mente se ha identificado, entonces la mente, sin identificación, es capaz de mirarse y verse tal como es, y eso implica, sin duda, el principio de la comprensión de nosotros mismos. Si uno tiene miedo, si hay miedo disimulado por una creencia, y si, al comprender las creencias, uno se enfrenta cara a cara con el miedo, sin la pantalla de las palabras, ¿no es posible, entonces, estar libre de esa creación del miedo? O sea, ¿es posible saber que uno tiene miedo y permanecer con eso sin

Tercera charla en El Robledal

escape alguno? Estar con *lo que es* resulta, por cierto, mucho más significativo, mucho más valioso que escapar de *lo que es* valiéndonos de una creencia.

Así comienza uno a ver que hay muchas formas de escapar de nosotros mismos, de nuestra propia vacuidad, de nuestra propia pobreza del ser; escapes tales como el conocimiento, la diversión, distintas formas de aficiones y distracciones, tanto cultas como estúpidas, ingeniosas o inútiles. Estamos rodeados por estas cosas, *somos* estas cosas, y si la mente puede ver el significado de las cosas a las que se aferra, entonces, quizás, estaremos cara a cara con lo que somos, sea ello lo que fuere, y pienso que tan pronto seamos capaces de hacer eso, habrá una verdadera transformación. Porque entonces no hay problema de miedo, ya que el miedo existe únicamente en relación con algo. Cuando estoy relacionado con alguna cosa, y me desagrada eso con lo que estoy relacionado y trato de evitarlo, hay miedo. Pero cuando soy esa cosa misma, no es cuestión de evitar nada. Un hecho genera miedo únicamente cuando le agregamos una reacción emocional, pero cuando el hecho es afrontado tal como es, no hay miedo. Y cuando ya no nombramos eso que llamamos "miedo", sino que tan sólo lo miramos sin calificarlo, entonces tiene lugar una revolución; entonces ya no existe ese sentimiento que nos impulsa a evitar o aceptar determinadas cosas.

Para comprender la creencia, no superficialmente sino a fondo, uno debe descubrir por qué la mente se apega a diversas formas de creencias, por qué éstas se han vuelto tan significativas en nuestras vidas: la creencia acerca de la muerte, acerca de la vida, acerca de lo que sucede después de la muerte, creencias respecto de la existencia o no existencia de Dios, de la realidad, y múltiples creencias políticas. ¿Acaso no denotan todas ellas nuestra propia pobreza interna? ¿No revelan un proceso de escape, no actúan como una defensa? Y, al estudiar nuestras creencias, ¿no empezamos a conocernos tal como somos, no sólo en los niveles superficiales de nuestra mente, de nuestra conciencia, sino en los

El conocimiento de uno mismo

más profundos? Así, cuanto más nos estudiamos en relación con otra cosa, tal como las creencias, más quieta se halla la mente, sin regulación, sin coacción alguna. Cuanto más se conoce la mente a sí misma, más serena está, es obvio. Cuanto más conocemos algo, cuanto más nos familiarizamos con ello, tanta más quietud reina en la mente. Y la mente debe estar de veras quieta, no aquietada. Hay, sin duda, una diferencia enorme entre una mente que ha sido aquietada, y una mente quieta. Uno puede, mediante las circunstancias, mediante diversas disciplinas, trucos, etc., obligar a la mente a aquietarse. Eso no es quietud, no es paz; es muerte. Pero una mente quieta, silenciosa, porque comprende las diversas formas de miedo y porque se comprende a sí misma, es una mente creativa, una mente que se renueva de manera constante. Sólo se estanca una mente encerrada en sus propios miedos, en sus creencias. Pero una mente que comprende su relación con los valores que la rodean, que no impone un patrón de valores, sino que comprende *lo que es*, una mente así se aquieta, *es* una mente quieta. Entonces es capaz de percibir lo real de instante en instante. La realidad no es algo que haya de alcanzarse al final, no es el resultado final de una acción acumulativa. La realidad puede ser percibida sólo de instante en instante, cuando no existe el efecto acumulativo del pasado proyectándose sobre el momento presente, el ahora.

Hay muchas preguntas y contestaré algunas.

Pregunta: ¿Por qué habla usted?

KRISHNAMURTI: Pienso que esta pregunta es muy interesante, tanto para que la responda yo como para que la respondan ustedes: no sólo por qué hablo, sino por qué escuchan. Es en serio; si yo hablara para expresarme a mí mismo, les estaría explotando. Si mi hablar es para mí una necesidad de sentirme halagado, una necesidad egocéntrica, autoafirmativa, etc., entonces tengo que usarlos; entonces ustedes y yo no tenemos re-

Tercera charla en El Robledal

lación alguna, porque ustedes son una necesidad para mi egoísmo. Los necesito para apoyarme en ustedes, para sentirme internamente rico, libre, aplaudido por tantas personas que me escuchan. Entonces los estoy usando, nos usamos el uno al otro. Es obvio, pues, que no hay relación alguna entre nosotros, porque ustedes son útiles para mí. Cuando los uso, ¿qué relación tengo con ustedes? Ninguna. Y, si hablo porque tengo una serie de ideas que deseo comunicarles, son las ideas las que adquieren mucha importancia; y no creo que las ideas puedan producir alguna vez un cambio radical, fundamental, una revolución en la vida. Las ideas jamás pueden ser nuevas, jamás pueden originar una transformación, una oleada creativa, porque las ideas son tan sólo la respuesta a un pasado continuo; pueden modificarse o alterarse, pero siguen perteneciendo al pasado. Si hablo porque quiero que ustedes cambien, o que acepten mi particular manera de pensar, o se conviertan en mis discípulos, entonces ustedes, como individuos, nada significan, ya que sólo me interesa transformarlos conforme a una opinión en particular. Entonces ustedes carecen de importancia, lo importante es el modelo según el cual quiero transformarlos.

Y bien, ¿por qué hablo? Si no es por ninguna de estas cosas, entonces, ¿por qué es? Responderemos a eso dentro de poco. Después, está la pregunta: ¿Por qué escuchan ustedes? ¿No es ésta igualmente importante? Tal vez más. Si escuchan para obtener algunas ideas nuevas o una nueva manera de considerar la vida, entonces se decepcionarán, porque no voy a darles nuevas ideas. Si escuchan para experimentar algo que, según piensan, yo he experimentado, entonces tan sólo están imitando, esperando capturar algo que creen que tengo. Por cierto, las cosas verdaderas de la vida no pueden ser experimentadas indirectamente, por intermedio de otro. O, debido a que se hallan en dificultades, a que tienen innumerables conflictos que les ocasionan aflicción, sufrimiento, vienen aquí para encontrar la manera de salirse de ellos. Me temo que no puedo ayudarles. Todo cuanto puedo hacer es señalarles su propia dificultad, y entonces podremos discutirla juntos, pero son ustedes quienes tienen que ver.

Por lo tanto, es indispensable que ustedes mismos descubran por qué vienen aquí y escuchan, ya que si tienen un propósito, una intención distinta de la mía, jamás nos encontraremos. En tal caso no hay relación entre ustedes y yo, no hay comunión. Ustedes desean ir al norte, y yo voy al sur. Tan sólo nos cruzaremos en el camino. Pero ésa no es, evidentemente, la intención de estas reuniones. Lo que intentamos hacer es emprender un viaje juntos y experimentar juntos a medida que avanzamos; no es que yo les imparta una enseñanza y ustedes me escuchen, sino que estamos explorando juntos, si es posible, de modo que cada uno no sea sólo el maestro sino también el discípulo en el descubrimiento y la comprensión. Entonces no existe división alguna de lo superior y lo inferior, del instruido y el ignorante, del que se ha realizado y del que todavía se encuentra en el camino de la realización. Tales divisiones deforman, sin duda, la relación, y, sin comprender la relación, es imposible comprender la realidad.

Les he dicho por qué hablo. Quizá piensen que los necesito a fin de descubrir. No es así, por cierto. Tengo algo que decir; pueden tomarlo o dejarlo. Y, si lo toman, no es que lo estén tomando de mí. Yo tan sólo actúo como un espejo en el que se ven a sí mismos. Quizá no les guste este espejo y, por eso, lo descarten, pero cuando miren en el espejo, miren claramente, sin emotividad, sin empañarlo con sentimentalismo. Y es, sin duda, importante que descubran por qué vienen aquí y escuchan. Si es simplemente un entretenimiento para la tarde, si en vez de ir al cine vienen aquí, eso carece totalmente de valor. Si lo hacen tan sólo para argumentar, o para capturar nuevas series de ideas a fin de usarlas cuando disertan por ahí o escriban un libro o discutan, eso también carece de todo valor. Pero si vienen para descubrirse de veras a sí mismos en la relación con los demás, entonces eso es valioso, tiene significación, entonces esta reunión no será como muchas otras a las que asisten. Desde luego, estas reuniones es-

Tercera charla en El Robledal

tán destinadas no a que ustedes me escuchen a mí, sino a que se vean reflejados en el espejo que intento describir. No tienen que aceptar lo que ven, eso sería tonto. Pero, si miran en el espejo desapasionadamente, tal como escucharían música, o como se sentarían debajo de un árbol a contemplar las sombras de un anochecer, sin condenar nada, sin ninguna clase de justificación –simplemente mirando en el espejo–, esa percepción misma de *lo que es* produce una cosa sumamente extraordinaria si no hay resistencia. Eso es, por cierto, lo que tratamos de hacer en todas estas charlas. Así es como adviene la verdadera libertad, pero no mediante el esfuerzo. El esfuerzo jamás puede originar libertad; sólo puede producir sustitución, represión o sublimación, y ninguna de estas cosas es libertad. La libertad adviene únicamente cuando ya no nos esforzamos por llegar a ser alguna cosa. Entonces, actúa la verdad de *lo que es*, y esa acción es libertad.

Pregunta: ¿Hay alguna diferencia entre mi intención de escucharle a usted, y la de ir de un instructor a otro?

KRISHNAMURTI: Es usted quien tiene que descubrirlo, ¿no es así? ¿Por qué va de un instructor a otro, de una organización a otra, de una creencia a otra? O ¿por qué está usted tan bloqueado por una creencia, cristiana o la que fuere? ¿Por qué? ¿Por qué hacemos esto? No sólo en Norteamérica, sino en todo el mundo, tiene lugar este terrible desasosiego, este deseo de "encontrar". ¿Por qué? ¿Piensa que buscando encontrará? Antes de que pueda buscar, debe contar con el instrumento de la búsqueda. Para tener esa capacidad de buscar, ha de comprenderse a sí mismo, es obvio. ¿Cómo puede buscar sin conocerse primero a sí mismo, sin saber qué está buscando, y qué es lo que en usted emprende la búsqueda? Los hindúes –yoguis, swamis, etc.– vienen aquí desde la India y ofrecen su mercadería, y ustedes van allá y predican y convierten. ¿Por qué? Éste sería un mundo dichoso si no hubiera ni maestros ni discípulos.

El conocimiento de uno mismo

¿Qué es lo que en realidad buscamos? ¿Es que estamos aburridos de la vida, aburridos de un conjunto de ceremonias, de una serie de dogmas, de rituales eclesiásticos, y entonces recurrimos a otra cosa porque es algo nuevo, más excitante: palabras sánscritas, hombres barbudos, togas y demás? ¿Es ésa la razón? ¿O queremos hallar un refugio, un escape, en el budismo o en alguna otra creencia religiosa organizada? ¿O lo que buscamos es satisfacción? Es muy difícil discernir y darnos cuenta de lo que realmente buscamos. Variamos de un período a otro; cuando estamos aburridos, cansados, cuando nos sentimos desdichados, deseamos algo supremo, perdurable, final, absoluto. Sólo muy pocos son consecuentes en su búsqueda, mejor dicho, en su investigación. La mayoría de nosotros quiere distraerse. Si somos intelectuales, queremos una distracción intelectual, y así sucesivamente.

Entonces, ¿puede uno genuinamente, auténticamente, descubrir por sí mismo qué es lo que necesita? No lo que uno debería tener, o lo que piensa que debería tener, sino descubrir por uno mismo qué es lo que necesita internamente, qué es lo que busca de manera tan incesante. Y ¿puede uno descubrir cuando busca? Por cierto, encontraremos aquello que estamos buscando, pero cuando obtenemos lo que deseamos, esto pronto se marchita, se convierte en cenizas. En consecuencia, antes de ponernos a buscar, de obtener lo que deseamos, es indispensable descubrir quién es el buscador que busca, porque si el buscador no se comprende a sí mismo, lo que encuentre será tan sólo una ilusión autoproyectada. Y podrá vivir dichosamente en esa ilusión por el resto de su vida, pero eso no dejará de ser una ilusión.

Así que, antes de buscar, antes de ir de maestro en maestro, de organización en organización, de creencia en creencia, es fundamental descubrir quién es la persona que está buscando y qué es lo que busca; no limitarse a ir de tienda en tienda, esperando encontrar la camisa apropiada. Lo que tiene importancia primordial, pues, es conocernos a nosotros mismos, no salir y ponernos

Tercera charla en El Robledal

a buscar; eso no quiere decir que usted deba volverse un introvertido y eludir toda acción, lo cual es imposible. Podrá conocerse a sí mismo únicamente en la relación, no en el aislamiento. ¿Cuál es, entonces, la diferencia entre la intención que uno tiene al venir aquí y escuchar, y la de acudir a otro instructor? No hay ninguna diferencia si uno viene aquí tan sólo para obtener algo: pacificación, consuelo, ideas nuevas, o que lo persuadan para que ingrese en una organización o para que la abandone... y Dios sabe qué otras cosas.

Evidentemente, aquí no hay refugio, no hay ninguna organización. Aquí, ustedes y yo tratamos, si es posible, de ver exactamente *lo que es*, de vernos a nosotros mismos tal como somos. Y eso es sumamente difícil a causa de nuestra astucia; ya conocen ustedes todos los inumerables trucos que nos jugamos a nosotros mismos. Aquí tratamos de desnudarnos internamente y de vernos, porque en esa desnudez del ser adviene la sabiduría, y esa sabiduría es la que trae consigo felicidad. Pero si nuestra intención es encontrar consuelo, algo que nos oculte de nosotros mismos, que nos ofrezca un escape, entonces, obviamente, hay numerosas maneras de hacerlo: mediante la religión, la política, las diversiones, los conocimientos... ya conocen ustedes toda la gama. Y yo no creo cómo forma alguna de afición, de distracción, de escape –por placentera que sea y a la cual uno se acomoda tan ávidamente porque promete una recompensa al final–, puede originar ese conocimiento propio tan esencial, ya que es lo único capaz de darnos una paz creativa.

Pregunta: Nuestra mente conoce tan sólo lo conocido. ¿Qué es lo que en nosotros nos impulsa a encontrar lo desconocido, la realidad, Dios?

KRISHNAMURTI: El impulso de su mente, ¿es hacia lo desconocido? ¿Hay en nosotros un impulso por lo desconocido, por la realidad, por Dios? Reflexionen seriamente al respecto, por favor. Ésta no es una cuestión retórica, sino que intentaremos realmente descubrirlo. ¿Existe, en cada uno de nosotros, un impulso interno por encontrar lo desconocido? ¿Existe? ¿Cómo podemos encontrar lo desconocido? Si no lo conocemos, ¿cómo podemos encontrarlo? No hago de esto un juego de ingenio, así que, por favor, no lo desechen como tal. ¿Hay un impulso por la realidad? ¿O se trata tan sólo de un deseo por lo conocido, lo conocido ampliado? ¿Entienden lo que quiero decir? He conocido muchas cosas; no me han traído felicidad, satisfacción, alegría, De modo que ahora deseo otra cosa que me dará mayor alegría, mayor felicidad, mayor vitalidad, mayor esperanza... lo que fuere. Y ¿puede lo conocido, que es mi mente –porque mi mente es lo conocido, el resultado de lo conocido, el producto del pasado–, buscar lo desconocido? Si no conozco la realidad, lo desconocido, ¿cómo puedo buscarlo? Ello debe venir a mí, es obvio. Yo no puedo ir tras ello. Si voy tras ello, estoy yendo tras algo que es lo conocido proyectado desde mí mismo.

Así, pues, nuestro problema no consiste en saber qué es lo que en nosotros nos impulsa a encontrar lo desconocido; eso está bastante claro: es nuestro propio deseo de sentirnos más seguros, más permanentes, más estables, más felices, de escapar del alboroto, de la pena, de la confusión. Ése es, por cierto, nuestro impulso. Y, cuando existe ese impulso, ustedes encontrarán un escape, un refugio maravilloso, en Buda, en Cristo, en consignas políticas, etc. Pero, desde luego, eso no es la realidad, no es lo incognoscible, lo desconocido. En consecuencia, el impulso por lo desconocido debe llegar a su fin, la búsqueda de lo desconocido debe terminar; eso implica que debemos comprender lo conocido acumulativo, que es la mente. La mente debe comprenderse a sí misma, puesto que es todo cuanto conoce. No es posible pensar acerca de algo que no conocemos; uno sólo puede pensar en lo que conoce.

Nuestra dificultad está en lograr que la mente no prosiga su curso dentro de lo conocido, y eso sólo es posible cuando la

Tercera charla en El Robledal

mente se comprende a sí misma y ve cómo todo su movimiento se proyecta desde el pasado, a través del presente, hacia el futuro. Es un movimiento continuo de lo conocido. ¿Puede ese movimiento llegar a su fin? Puede hacerlo sólo cuando comprendemos el mecanismo de nuestro propio proceso, cuando la mente se comprende a sí misma en su funcionamiento, en sus modalidades, propósitos, búsquedas, exigencias; no sólo las exigencias superficiales, sino los profundos impulsos y motivos internos. Ésta es una tarea bastante ardua; no es asistiendo a una reunión o a una charla, o leyendo un libro, como ustedes van a descubrir. Por el contrario, ello requiere un alerta constante, una constante percepción de cada movimiento del pensar, y no sólo cuando están despiertos, sino cuando duermen. Es indispensable que haya un proceso total, no sólo un proceso parcial, esporádico.

Además, la intención debe ser legítima. Es decir, debe cesar la superstición de que internamente todos deseamos lo desconocido. Es una ilusión pensar que todos buscamos a Dios; no lo buscamos. No tenemos que buscar la luz. Habrá luz cuando no haya oscuridad; no podemos dar con la luz por medio de la oscuridad. Todo cuanto podemos hacer es eliminar esas barreras que generan oscuridad, y el eliminarlas depende de nuestra intención. Si queremos eliminarlas con el fin de ver la luz, no estamos eliminando nada, sólo sustituimos la palabra *oscuridad* por la palabra *luz*. Incluso el mirar más allá de la oscuridad es escapar de la oscuridad.

Tenemos que considerar, pues, no lo que nos impulsa, sino por qué existe en nosotros tal confusión, tal desorden, tanta lucha y antagonismo, todas las estúpidas cosas de nuestra existencia. Cuando ellas no existen, hay luz, no tenemos que buscarla. Cuando desaparece la estupidez, hay inteligencia. Pero el hombre estúpido que trata de volverse inteligente, sigue siendo estúpido. La estupidez jamás puede convertirse en sabiduría, es obvio; sólo cuando cesa la estupidez hay inteligencia, sabiduría. Pero aquél

El conocimiento de uno mismo

que es estúpido y trata de volverse inteligente, sabio, jamás podrá serlo. Para saber qué es la estupidez, uno debe investigarla, no superficialmente sino de manera plena, completa, profunda; debe examinar todas las diferentes capas de la estupidez. Y, cuando se termina esa estupidez, hay sabiduría.

Por consiguiente, es esencial descubrir, no si hay algo más, algo más grande que lo conocido, algo que nos impulsará hacia lo desconocido, sino ver qué es lo que en nosotros genera confusión, o sea las guerras, las diferencias de clase, el esnobismo, la persecución de la fama, la acumulación de conocimientos, los escapes por medio de la música, del arte, de múltiples maneras. Es importante, por cierto, ver estas cosas tal como son, y no engañarnos con respecto a nosotros mismos. Y a partir de ahí podemos proseguir. Entonces resulta relativamente fácil librarse de lo conocido. Cuando la mente está en silencio, cuando su deseo de algo ya no la proyecta hacia el futuro, hacia el mañana, cuando de veras está quieta, profundamente en paz, lo desconocido se revela por sí mismo. Usted no tiene que ir en su busca. No puede invitarlo. Sólo puede invitar aquello que usted conoce. Pero no puede conocer lo desconocido, Dios, la realidad o como quiera llamarlo. Ello debe venir a usted. Y puede venir únicamente cuando el campo está en correctas condiciones, cuando el suelo ha sido cultivado. Pero si lo cultiva para que ello venga, entonces no lo tendrá.

Así, pues, nuestro problema no es buscar lo desconocido, sino comprender los procesos acumulativos de la mente, que está siempre con lo conocido. Y, como decíamos, es una tarea ardua; exige un estado constante de percepción alerta en el que no haya sentido alguno de distracción, de identificación, de condena; ello implica permanecer con *lo que es*. Sólo entonces la mente puede estar en silencio. Ninguna cantidad de meditación, de disciplina, puede estar en silencio. Ninguna cantidad de meditación, de disciplina, puede hacer que la mente se aquiete en el verdadero sentido de la palabra. Sólo cuando la brisa se de-

Tercera charla en El Robledal

tiene, el lago se aquieta. De modo que nuestra tarea no consiste en perseguir lo incognoscible, sino en comprender la confusión, el desorden, la desdicha que reinan en nosotros mismos, y entonces ese algo se revela misteriosamente; y en ello hay júbilo, bienaventuranza.

23 de julio de 1949

CUARTA CHARLA
EN EL ROBLEDAL

Quisiera considerar esta mañana qué es la simplicidad, la sencillez, y tal vez desde allí podamos llegar al descubrimiento de la sensibilidad. Pensamos, al parecer, que la sencillez es tan sólo una expresión exterior, un apartarse de ciertas cosas: tener pocas posesiones, vestir un taparrabo, no tener casa, o tener pocas ropas, una cuenta bancaria pequeña... Eso, por cierto, no es sencillez. Es nada más que una exhibición exterior. Y, a mi entender, la sencillez es esencial, pero sólo puede surgir cuando empezamos a comprender el significado del conocimiento propio, el cual hemos considerado anteriormente y seguiremos discutiendo aquí hasta fines de agosto.

La sencillez no es el mero ajuste a un modelo. Ser sencillo, simple, requiere mucha inteligencia y no tan sólo adaptarse a un determinado modelo, por meritorio que éste pueda ser en su aspecto externo. Por desgracia, la mayoría de nosotros empieza por ser simple en lo externo, en las cosas exteriores. Es comparativamente fácil tener pocas cosas y satisfacerse con ellas, estar contentos con poco, y tal vez hasta compartir ese poco con otros. Pero una mera expresión externa de simplicidad en las cosas, en las posesiones, no implica ciertamente la simplicidad de nuestro ser interno. Porque, tal como es el mundo en la actualidad, más y más

Cuarta charla en El Robledal

cosas se precipitan sobre nosotros desde lo externo. La vida se está volviendo cada vez más compleja, y, para escapar de eso, tratamos de desapegarnos de las cosas o de renunciar a ellas: a los automóviles, a las casas, a las organizaciones, a los cines, a las innumerables circunstancias que se imponen sobre nosotros. Pensamos que, al apartarnos de ellas, seremos sencillos. Muchísimos santos, maestros, han renunciado al mundo, y me parece que semejante renuncia por parte de alguno de nosotros no resuelve el problema. La sencillez verdadera, fundamental, sólo puede surgir internamente y, a partir de allí, hay una expresión externa. El problema es, por lo tanto, cómo ser sencillo, porque esa sencillez nos vuelve más y más sensibles. Una mente sensible, un corazón sensible, son esenciales, porque entonces nuestra percepción y nuestra capacidad receptiva son rápidas y penetrantes.

Así, pues, uno sólo puede ser internamente simple si comprende los innumerables obstáculos, apegos y temores que lo aprisionan. Pero a casi todos nos agrada estar aprisionados, ya sea por personas, posesiones o ideas. Nos gusta ser prisioneros. Aunque exteriormente parezcamos muy sencillos, en lo interno somos prisioneros; prisioneros de nuestros deseos, anhelos, ideales, de nuestras innumerables motivaciones. Y no podemos dar con la sencillez a menos que seamos internamente libres. En consecuencia, la sencillez debe empezar por lo interno, no por lo externo.

Ayer por la tarde estuvimos considerando la libertad respecto de las creencias. Hay, por cierto, una libertad extraordinaria cuando uno comprende todo el proceso de la creencia, la razón de que la mente se apegue a una creencia. Y cuando nos liberamos de la creencia, hay sencillez. Pero esta sencillez requiere inteligencia, y para ser inteligentes debemos darnos cuenta de nuestros propios obstáculos. Y esto implica estar constantemente alerta, sin establecernos en determinada rutina, en algún patrón particular de pensamiento o acción. Porque, después de todo, lo que uno es internamente, de hecho afecta a lo externo. La sociedad, o cualquier forma de acción, es la proyección de nosotros mismos, y si

El conocimiento de uno mismo

no nos transformamos internamente, la mera legislación significa muy poco para lo externo; puede originar ciertas reformas, ciertos ajustes, pero lo que somos internamente se impone siempre sobre lo externo. Si uno es internamente codicioso, ambicioso, si persigue ciertos ideales, esta complejidad interna trastorna, desbarata finalmente a la sociedad, por cuidadosamente planeada que ésta pueda estar.

No hay duda, pues, de que uno debe empezar por lo interno, pero no exclusivamente, no rechazando lo externo. Se llega a lo interno comprendiendo lo externo, descubriendo cómo el conflicto, la lucha, el dolor, existen exteriormente. Y, a medida que uno lo investiga más y más, penetra naturalmente en los estados psicológicos que dan origen a los conflictos e infortunios exteriores. La expresión externa es tan sólo una indicación de nuestro estado interno, pero para comprender el estado interno, uno debe abordarlo a través de lo externo. Y al comprender lo interno –no de manera excluyente, no rechazando lo externo, sino comprendiendo lo externo y, de ese modo, dando con lo interno–, encontraremos que, a medida que proseguimos investigando las complejidades internas de nuestro ser, nos volvemos cada vez más sensibles, más libres.

Esta sencillez interna es la que resulta tan esencial. Porque en ella se origina la sensibilidad. Una mente que no es sensible, alerta, perceptiva, es incapaz de receptividad alguna, no puede generar ninguna acción creativa. Por eso dije que el amoldamiento a un patrón de sencillez, como recurso para volvernos sencillos, lo que en realidad hace es que la mente y el corazón se emboten y se vuelvan insensibles. Cualquier forma de coacción autoritaria impuesta por el gobierno, por uno mismo, por el ideal de realización personal, etc., cualquier forma de amoldamiento debe contribuir, por fuerza, a la insensibilidad, a que no seamos internamente sencillos. Exteriormente, uno puede amoldarse y dar la apariencia de sencillez, como hacen muchas personas religiosas. Practican diversas disciplinas, ingresan en tal o cual organización, meditan de

Cuarta charla en El Robledal

una manera particular, etc., dando con todo eso una apariencia de sencillez. Pero un amoldamiento semejante no contribuye a la sencillez. La coacción, de cualquier clase que sea, jamás puede conducirnos a la sencillez. Por el contrario, cuanto más reprimimos, sustituimos, sublimamos, tanto menos sencillez hay; pero, cuanto más comprendemos el proceso de sublimación, represión, sustitución, más grande es la posibilidad de ser sencillos.

Nuestros problemas, sociales, ambientales, políticos, religiosos, son tan complejos que podemos resolverlos únicamente siendo sencillos, no volviéndonos extraordinariamente eruditos e ingeniosos. Porque una persona sencilla, simple, puede ver de manera mucho más directa, puede experimentar más directamente que una persona compleja. Y nuestras mentes se hallan tan atestadas con un conocimiento infinito de datos acerca de lo que otros han dicho, que nos hemos vuelto incapaces de ser simples y tener una experiencia directa de nosotros mismos. Estos problemas exigen que los abordemos de un modo nuevo, y esto sólo es posible cuando somos sencillos, verdaderamente sencillos en lo interno. Esa sencillez surge tan sólo por obra del conocimiento propio, de comprendernos a nosotros mismos: las modalidades y movimientos de nuestro pensar y sentir, nuestras respuestas a los retos, el modo como, debido al miedo, nos amoldamos a la opinión pública, a lo que dicen los demás, a lo que han dicho Buda, Cristo y los grandes santos, todo lo cual denota nuestra naturaleza propensa a amoldarse, a estar a salvo, segura. Y cuando uno busca la seguridad, se halla en estado de temor, es obvio; por lo tanto, no hay sencillez.

Sin ser sencillo, uno no puede ser sensible a los árboles, a los pájaros, a las montañas, al viento, a todas las cosas que ocurren alrededor de nosotros en el mundo. Y si no somos sencillos, no podemos ser sensibles a las insinuaciones que provienen de lo interno. Casi todos vivimos muy superficialmente, en el nivel más externo de nuestra conciencia; allí tratamos de ser reflexivos o inteligentes, lo cual es sinónimo de ser religioso; allí tratamos de hacer, mediante la coacción, mediante la disciplina, que nuestras mentes sean sencillas. Pero esto no es sencillez. Cuando forzamos a la mente superficial para que sea sencilla, esta coacción no hace sino endurecerla, no la vuelve flexible, clara, rápida. Ser sencillos en el proceso íntegro, total de nuestra conciencia, es sumamente difícil, porque, para investigar el proceso de nuestro ser, no tiene que haber ninguna reserva interna, sino un deseo vehemente de descubrir, lo cual implica estar despiertos para cada insinuación, para cada sugerencia de lo profundo, estar alerta a nuestros temores, a nuestras esperanzas, e investigarlo todo y liberarnos de ello más y más y más. Sólo entonces, cuando la mente y el corazón son de veras sencillos, simples, somos capaces de resolver los múltiples problemas a los que estamos enfrentados.

El conocimiento no va a resolver nuestros problemas. Ustedes pueden conocer, por ejemplo, que la reencarnación existe, que hay una continuidad después de la muerte. Pueden conocerlo –no digo que lo hagan– o pueden estar convencidos de ello. Pero eso no resuelve el problema. La muerte no puede ser postergada indefinidamente por obra de la teoría o de la información o de la convicción que tengan. Es mucho más misteriosa, más profunda, más creativa que eso.

Uno debe tener, pues, la capacidad de investigar todas estas cosas de nuevo, porque sólo mediante la experiencia directa serán resueltos nuestros problemas, y para experimentar directamente es necesario que haya sencillez, lo cual implica que debe haber sensibilidad. Una mente se embota por el peso del conocimiento; se embota por obra del pasado y del futuro. Sólo la que es capaz de ajustarse al presente de instante en instante puede hacer frente a las poderosas influencias y presiones que nos impone constantemente el medio en que vivimos.

Así, pues, una persona religiosa no es, en realidad, la que viste una túnica, o un taparrabo, o vive con una comida al día, o la que ha tomado innumerables votos para ser esto y no ser aquello; es religiosa la persona internamente sencilla, la que no pre-

Cuarta charla en El Robledal

tende llegar a ser cosa alguna. Una mente así es capaz de una receptividad extraordinaria, ya que no hay barreras, no hay miedo, no hay un dirigirse hacia algo determinado; en consecuencia, es capaz de recibir la gracia, la verdad, de recibir a Dios como quieran llamarlo. Pero una mente que va en persecución de la realidad no es una mente sencilla. Una mente que busca, escoge, que anda a tientas, una mente agitada, no es sencilla. Una mente que se adapta a algún patrón de autoridad, interna o externa, no puede ser sensible. Y sólo cuando una mente es de veras sensible, alerta, cuando se da cuenta de sus propias actividades, de sus respuestas, de sus pensamientos, cuando ya no está deviniendo, cuando no se amolda para ser esto o aquello, sólo entonces es capaz de recibir la verdad. Únicamente así puede haber felicidad, porque la felicidad no es un objetivo, es la consecuencia de la realidad.

Y cuando la mente y el corazón se hayan vuelto sencillos y, por lo tanto, sensibles (no mediante forma alguna de coacción, dirección o imposición), comprobaremos que nuestros problemas pueden ser abordados muy simplemente. Por complejos que sean, seremos capaces de verlos y encararlos de una manera nueva, diferente. Y eso es lo que se necesita en la actualidad, ¿no es así?, personas capaces de hacer frente a esta confusión externa, a este desorden, a este antagonismo, de un modo creativo, simple; no con teorías, fórmulas, ya sean de la izquierda o de la derecha. Y, si no somos sencillos, no podremos encarar todo eso de un modo nuevo.

Ahora bien, un problema sólo puede ser resuelto cuando lo abordamos de este modo. Pero no podemos hacerlo si pensamos en función de ciertos patrones de pensamiento, religiosos, políticos o de otra clase. Y, para estar libres de todas estas cosas, debemos ser sencillos. Por eso es importante estar alerta, tener la capacidad de comprender el proceso de nuestro propio pensar, conocernos totalmente a nosotros mismos; y de ello adviene una sencillez, una humildad, que no es una virtud adquirida ni es el resultado de una práctica. La humildad adquirida deja de ser humildad. Una mente que se vuelve deliberadamente humilde, ya no es más una mente humilde. Y sólo cuando hay humildad, no una humildad cultivada, puede uno afrontar las cosas tan apremiantes de la vida, porque entonces "uno" no es importante, no mira a través de sus propias urgencias y de su sentido de importancia; considera el problema en sí, y así es capaz de resolverlo.

Pregunta: He sido miembro de diversas organizaciones religiosas, pero usted las ha destruido todas. Estoy completamente hastiado, y trabajo porque el hambre me obliga a hacerlo. Me es difícil levantarme por la mañana y no tengo ningún interés en la vida. Me doy cuenta de que simplemente existo de día en día, sin sentido alguno de valor humano, y no puedo experimentar ni una pizca de entusiasmo por nada. Tengo miedo de cometer suicidio. ¿Qué diantres debo hacer? (Risas).

KRISHNAMURTI: Aunque se rían, ¿no estamos casi todos en esta situación? Ya sea que sigan perteneciendo a muchas organizaciones –religiosas, políticas o de otra clase– o que hayan renunciado a todas ellas, ¿no experimentan, acaso, la misma desesperación interna? Pueden acudir al psicoanalista o a la confesión y así tranquilizarse por un tiempo, pero ¿no existe en ustedes el mismo dolor de la soledad, un sentimiento de pérdida, una desesperación inacabable? El hecho de ingresar en organizaciones, de entregarse a distintas formas de diversión, de aficionarse al conocimiento, de practicar rituales cotidianos y demás, nos permite escapar de nosotros mismos, pero cuando esas cosas han cesado, cuando han sido inteligentemente desechadas y no reemplazadas por otras formas de escape, uno llega a esto, ¿no es verdad? Pueden haber leído muchos libros, pueden estar rodeados por la familia, por los hijos, por riquezas: un auto nuevo cada año, la literatura más reciente, el fonógrafo más novedoso, y todas esas cosas. Pero, cuando descartan inteligentemente la dis-

Cuarta charla en El Robledal

tracción, tienen que enfrentarse inevitablemente con este sentimiento, el sentimiento de frustración interna, de irremediable e inacabable desesperación. Tal vez la mayoría no es consciente de ese sentimiento o, si lo es, escapa de él. Pero está ahí. Entonces, ¿qué hemos de hacer?

Ante todo, me parece que es muy difícil llegar a una situación interna así, a estar tan alerta que seamos capaces de enfrentarnos directamente con esa cosa. Muy pocos tenemos la capacidad de afrontar eso directamente, tal como es, porque resulta sumamente doloroso, y cuando sí lo afrontamos, estamos tan ansiosos por salir de ello, que podríamos hacer cualquier cosa, incluso cometer suicidio, o escapar lejos hacia alguna ilusión, alguna distracción. De modo que la primera dificultad radica en estar plenamente conscientes de que nos enfrentamos con eso. Desde luego, uno debe sentirse desesperado por encontrar algo. Cuando ha intentado todo cuanto está a su alcance, cuando ha probado todas las puertas a través de las cuales poder escapar y ninguna de ellas le ofrece una escapatoria, tiene que llegar por fuerza a este punto.

Ahora bien, si usted se encuentra en este punto, realmente, de hecho –no imaginariamente, no deseando estar allí a fin de hacer otra cosa–, si de veras se enfrenta con eso, entonces podemos proseguir y discutir qué se puede hacer. Entonces vale la pena proseguir. Si ha dejado de sustituir una escapatoria por otra, de abandonar una organización para ingresar en otra diferente, de perseguir una cosa tras otra... si todo eso se ha terminado –y a la larga *debe* terminar para toda persona inteligente–, entonces, ¿qué? Si usted se encuentra en esa situación, ¿cuál es la próxima respuesta? Cuando ya no escapa más, cuando ya no busca una salida, una manera de eludir eso, ¿qué ocurre? Si observa verá que, a causa del temor que ello nos ocasiona, porque deseamos entenderlo, le damos un nombre. ¿No es así? Decimos: «me siento solo, estoy desesperado, me pasa esto, quiero entenderlo». Es decir, al darle un nombre, establecemos cierta relación entre nosotros y esa cosa que llamamos soledad, vacío.

El conocimiento de uno mismo

Espero que comprendan de qué estoy hablando. Al verbalizar nuestra relación con eso, le damos un significado tanto neurológico como psicológico. Pero si no lo nombramos, si tan sólo lo miramos, si lo consideramos, entonces estableceremos con ello una relación diferente; entonces eso no se encuentra lejos de nosotros, *somos* eso. Decimos, por ejemplo: «eso me da miedo». El miedo existe sólo en relación con algo; ese algo surge cuando lo reprimimos, cuando le damos un nombre, como el decir que «nos sentimos solos». Debido a eso existe el sentimiento de que uno y esa soledad son dos cosas separadas. Pero ¿es así? Uno, el observador, está observando el hecho, y lo llama «sentirse solo». El observador ¿es diferente de aquello que él observa? Lo es sólo mientras le da un nombre; pero si no lo nombra, el observador es lo observado. El nombrar, el calificar, actúa tan sólo para dividir, y entonces surge la batalla con aquello que nombramos. Pero si no hay división, si hay integración entre el observador y lo observado, la cual existe sólo si no nombramos –pueden intentarlo y lo verán–, entonces desaparece por completo el sentimiento de miedo. El miedo es lo que nos impide mirar el hecho cuando decimos que nos sentimos vacíos, que somos esto, que somos aquello, que estamos desesperados. Y el miedo existe únicamente como memoria, la cual surge cuando nombramos; pero, cuando somos capaces de mirar algo sin nombrarlo, entonces esa cosa somos nosotros mismos.

Así pues, cuando usted llega a ese punto, cuando ya no nombra más la cosa que le causa miedo, usted *es* esa cosa. Cuando es esa cosa no hay problema, ¿verdad? El problema sólo aparece cuando usted no quiere ser esa cosa, o cuando quiere hacer que esa cosa sea diferente de lo que es. Pero si usted es eso, entonces el observador es lo observado, son un fenómeno conjunto, no son fenómenos separados; en tal caso no hay problema, ¿verdad?

Por favor, experimente con esto y verá cuán rápidamente se resuelve y trasciende esa cosa, y cómo tiene lugar algo diferente. Nuestra dificultad consiste en llegar a ese punto en que podemos

Cuarta charla en El Robledal

mirar la cosa sin miedo, y el miedo sólo surge cuando comenzamos a reconocerla dándole un nombre, cuando queremos hacer algo al respecto. Pero cuando el observador ve que no es diferente de la cosa que llama "vacío", "desesperación", entonces la palabra ya no significa nada. La palabra ha cesado de existir; eso ya no es más "desesperación". Cuando eliminamos la palabra con todas sus implicaciones, no hay sentimientos de miedo ni desesperación. Entonces, si proseguimos más allá, cuando no hay miedo ni desesperación, cuando la palabra ya ha dejado de ser importante, hay una liberación tremenda, hay libertad; y en esa libertad existe el ser creativo que da un sentido nuevo a la vida.

Para expresarlo de una manera diferente: nosotros abordamos este problema de la desesperación a través de los canales acostumbrados. Es decir, traemos nuestros recuerdos del pasado para traducir este problema; y el pensamiento, que es el resultado de la memoria, que se basa en el pasado, jamás puede resolver este problema, porque es un problema nuevo. Cada problema es un problema nuevo, y cuando lo abordamos con la carga del pasado, el problema no puede resolverse. No podemos abordarlo a través de la pantalla de las palabras, que es el proceso del pensar; pero cuando la verbalización se detiene –la abandonamos porque comprendemos todo el proceso que ella implica–, somos capaces de enfrentarnos al problema de una manera nueva; entonces el problema no es lo que uno piensa que es.

Y bien, al final de todo esto usted podrá decir: «¿Qué he de hacer? Aquí estoy, debatiéndome en la desesperación, en la confusión, en el dolor; usted no me ha dado un método que pueda seguir para liberarme». Pero, si ha comprendido lo que he hecho, la llave está ahí, sin ninguna duda; y si es capaz de usarla, es una llave que abre mucho más de lo que usted imagina. Puede ver entonces cómo las palabras juegan un papel extraordinariamente importante en nuestras vidas; palabras tales como Dios, nación, líder político, comunismo, catolicismo... palabras, palabras, palabras. ¡Qué significado extraordinario tienen en nuestra vida! Y estas palabras son las que nos impiden comprender de un modo nuevo nuestros problemas. Ser verdaderamente sencillos es no estar obstruidos por todas estas impresiones, por las palabras y su significado, y abordar el problema de una manera nueva. Y, se lo aseguro, pueden hacerlo; si lo hacen, verán que es bastante entretenido, porque revela muchísimo. Y yo siento que es el único modo de habérnoslas con cualquier problema fundamental. Si el problema es muy profundo, deben abordarlo profundamente, no en el nivel superficial. Y este problema de la desesperación, de la soledad, con el cual, en cierto modo, casi todos estamos familiarizados, no es una cosa que pueda ser disuelta escapando meramente de ella hacia alguna clase de distracción o culto. Está siempre ahí hasta que somos capaces de habérnoslas con ella y de experimentarla directamente, sin ninguna verbalización, sin pantalla alguna entre nosotros y ella.

Pregunta: ¿Qué puede usted decirle a una persona que, en momentos de serenidad, ve la verdad de lo que usted sostiene, que anhela mantenerse despierta, pero que se descubre repetidamente perdida en un mar de impulsos y deseos triviales?

KRISHNAMURTI: Esto es lo que nos ocurre a la mayoría de nosotros, ¿no es así? Por momentos estamos despiertos; en otros momentos estamos dormidos. Por momentos vemos todas las cosas con claridad, vemos su significación; en otros momentos todo es confuso, oscuro, brumoso. A veces hay extraordinarios niveles de júbilo, sin relación alguna con cualquier clase de acción; en otros momentos luchamos por ello. Entonces, ¿qué es lo que hemos de hacer? ¿Debemos memorizar, mantenernos despiertos para esas cosas de las que hemos captado una vislumbre y aferrarnos inflexiblemente a ellas? ¿O deberíamos tratar con los pequeños deseos e impulsos, con las cosas oscuras de nuestra vida, a medida que surgen de instante en instante? Sé que la mayoría de nosotros prefiere aferrarse a ese júbilo; hacemos un esfuerzo,

Cuarta charla en El Robledal

nos disciplinamos para resistir, para superar las pequeñas cosas, y tratamos de mantener los ojos fijos en el horizonte. Eso es lo que desea la mayoría de nosotros, ¿no es así? Porque eso es muchísimo más fácil; al menos, pensamos que lo es. Preferimos acudir a una experiencia pasada que nos ha producido gran deleite, júbilo, y aferrarnos a ella, como hacen algunas personas ancianas que recurren a los recuerdos de su juventud, o como otras personas que recurren al futuro, a la próxima vida, a alguna grandeza que van a alcanzar la próxima vez, mañana o de aquí a cien años. Es decir, están los que sacrifican el presente al pasado, enriqueciendo el pasado; y están los que enriquecen el futuro. Unos y otros son la misma cosa. Emplean conjuntos diferentes de palabras, pero es el mismo fenómeno el que tiene lugar.

Y bien, ¿qué hemos de hacer? Ante todo, averigüemos por qué queremos aferrarnos a una experiencia agradable. ¿Por qué pasamos por este proceso de mantenernos asidos a algo que nos ha brindado un gran placer, física o psicológicamente? *¿Por qué* lo hacemos? ¿Por qué tiene una importancia mucho mayor una experiencia que ya ha pasado? ¿Acaso no es porque sentimos que, sin esa experiencia extraordinaria, no hay nada en el presente? El presente es un terrible fastidio, una molestia; por lo tanto, ¡pensemos en el pasado! O el presente es tedioso, incómodo, irritante; en consecuencia, al menos seamos algo en el futuro: un Buda, un Cristo, o Dios sabe qué.

Así pues, el pasado y el futuro sólo se vuelven útiles o placenteros cuando no comprendemos el presente. Contra el presente nos disciplinamos, al presente lo resistimos. Porque, si nos quitan el pasado, todas nuestras experiencias, nuestro conocimiento, nuestras acumulaciones, nuestros enriquecimientos psicológicos, ¿qué somos sin eso? Con el pasado nos enfrentamos al presente. O sea, jamás nos estamos enfrentando al presente; tan sólo eclipsamos el presente por medio del pasado o del futuro. Y nos disciplinamos para comprender el presente. Decimos: «no debo pensar en el pasado, no debo pensar en el futuro; voy a con-

El conocimiento de uno mismo

centrarme en el presente». Ustedes ven lo falso, lo absurdo, lo infantil que es pensar en uno mismo como alguna entidad maravillosa en el mañana o en el pasado, y dicen: «debo comprenderlo». ¿Pueden comprender algo mediante la disciplina, mediante la coacción? Pueden obligar a un chico a que se tranquilice exteriormente disciplinándolo, pero por dentro él sigue hirviendo, ¿verdad? De igual manera, cuando nos forzamos a comprender, ¿hay comprensión alguna? Pero si podemos ver la verdadera futilidad, el significado real de nuestro apego al pasado o de nuestro deseo de llegar a ser algo en el futuro, si de veras comprendemos eso, tal comprensión genera la sensibilidad mental que nos permite encarar el presente.

Nuestra dificultad no está, pues, en comprender el presente. Nuestra dificultad es nuestro apego al pasado o al futuro, por lo cual debemos investigar por qué nos apegamos. ¿Por qué el pasado es tan importante para las personas ancianas, como el futuro lo es para otras? ¿Por qué nos apegamos al pasado? Porque pensamos –¿no es así?– que las experiencias nos han enriquecido; por eso el pasado significa tanto para nosotros. Cuando uno era joven captaba una luz en la oscuridad del mar, una vislumbre de algo; había una frescura que ahora se ha desvanecido. Pero al menos uno puede recordar ese centelleo, ese brío extraordinario, ese sentimiento de "lo otro", que experimentaba en la juventud. Por eso vuelve atrás y vive ahí. O sea, vive en una experiencia muerta. Eso se terminó, está muerto, ha desaparecido; no obstante, uno le da vida pensando en ello, viviendo en ello. Pero es algo muerto. Por lo tanto, cuando uno hace eso, también está muerto en el presente como tantos lo están. En otras palabras, uno teme ser nada en el presente, ser sencillo, sensible al presente; por eso desea enriquecerse con las experiencias de ayer. ¿Es enriquecimiento eso? ¿Son enriquecedoras las experiencias de ayer? Por cierto, las conservamos en la memoria. ¿Es enriquecedora la memoria? ¿O tan sólo consiste en palabras con muy poco contenido? Desde luego, esto pueden verlo por sí mismos si lo experi-

Cuarta charla en El Robledal

mentan. Cuando recurrimos al pasado para enriquecernos, estamos viviendo a base de palabras. Damos vida al pasado, el cual carece de vida propia; sólo adquiere vida en relación con el presente. Y cuando el presente es desagradable, revivimos el pasado, y eso no es enriquecimiento. Cuando tenemos conciencia de que somos ricos, no hay duda de que somos pobres. El estar conscientes de nosotros mismos como siendo alguna cosa, es obvio que niega aquello que somos. Si estamos conscientes de que somos virtuosos, ya no somos más virtuosos; si estamos conscientes de ser felices, ¿dónde está la felicidad? La felicidad adviene únicamente cuando nos olvidamos de nosotros mismos, cuando no existe el sentido de importancia del "yo". Pero el "yo" se vuelve importante cuando adquieren suma importancia el pasado o el futuro. Así, pues, el mero disciplinarnos para ser alguna cosa jamás puede originar ese estado en el que no existe conciencia de uno mismo como "yo".

Pregunta: A mí nada me interesa, pero la mayoría de la gente está ocupada en muchos intereses. Yo no tengo que trabajar, así que no lo hago. ¿Debería emprender alguna tarea útil?

KRISHNAMURTI: Convertirse en un trabajador social o en un activista político o religioso, ¿de eso se trata? Debido a que no tiene otra cosa que hacer, ¡se convierte en un reformador! (*Risas*). Señor, si no tiene nada que hacer, si está aburrido, ¿por qué no estar aburrido? ¿Por qué no ser eso? Si siente tristeza, esté triste. No trate de encontrar una salida a la tristeza. Porque el hecho de que esté aburrido tiene una significación inmensa si usted puede comprenderlo, vivir con ello. Pero si dice: «estoy aburrido, por lo tanto, haré alguna otra cosa», tan sólo está escapando del aburrimiento. Y, como la mayoría de nuestras actividades son escapes, usted hace mucho más daño socialmente y en cualquier otra forma. El daño es mucho mayor cuando uno escapa que cuando uno es lo que es y sigue con ello. La dificultad radica,

El conocimiento de uno mismo

precisamente, en cómo seguir con ello y no escapar; y como nuestras actividades son, en su mayoría, un proceso de escape, es inmensamente difícil para nosotros dejar de escapar y enfrentarnos al hecho. De modo que me alegra si usted está realmente aburrido, y digo: «Deténgase, permanezcamos ahí, mirémoslo. ¿Por qué debería usted hacer algo? ¿Cómo sabe que en ese estado, cuando escapa, no causa mucho más daño a la gente? Escapa hacia algo que es una ilusión, y cuando penetra en una ilusión y propaga esa ilusión, está causando mucho más perjuicio que si sigue simplemente aburrido. Señor, si está aburrido y sigue así, ¿qué puede hacer?» Esta persona dice que tiene suficiente dinero para vivir, de modo que por ahora no tiene ese problema.

Si usted está aburrido, ¿por qué lo está? ¿Qué es la cosa llamada aburrimiento? ¿Por qué no se interesa usted en nada? Debe haber razones y causas que lo han embotado: sufrimientos, escapes, creencias, una actividad incesante, han insensibilizado la mente y vuelto poco dúctil el corazón. Descubrir cuáles son esas causas no es analizar. Ése es un problema por completo diferente que consideraremos en otra ocasión. Pero, si usted pudiera descubrir por qué está aburrido, por qué le falta el interés, es indudable que sería capaz de resolver el problema, ¿no es así? Entonces se despertaría el interés. Pero si no se interesa por la causa de su aburrimiento no puede forzar en usted el interés por una actividad limitándose a hacer alguna cosa, como una ardilla que recorre el interior de la jaula. Sé que ésta es la clase de actividad en que se complace la mayoría de nosotros. Pero podemos descubrir internamente, psicológicamente, por qué vivimos en este estado de completo aburrimiento; podemos ver por qué casi todos nos hallamos en este estado: nos hemos agotado emocional y mentalmente, hemos probado tantas cosas, tantas sensaciones, tantas diversiones, tantos experimentos, que hemos terminado por insensibilizarnos, por quedar exhaustos. Nos afiliamos a un grupo, hacemos todo lo que se nos requiere, y lo abandonamos; después recurrimos a otra cosa y probamos eso. Si fracasamos con un psi-

Cuarta charla en El Robledal

cólogo, acudimos a algún otro, o al sacerdote; si eso falla, recurrimos a otro maestro, y así sucesivamente; siempre estamos yendo de una cosa a otra. Este proceso de constante tira y afloja es agotador, ¿verdad? Como todas las sensaciones, pronto embota la mente.

Eso es, entonces, lo que hemos hecho: hemos ido de sensación en sensación, de excitación en excitación, hasta que llegamos a un punto en el que estamos realmente exhaustos. Ahora bien, cuando usted se da cuenta de eso, no vaya más allá, tómese un descanso. Quédese quieto. Deje que la mente recupere energías por sí misma, no la fuerce. Tal como el suelo se renueva a sí mismo durante la época invernal, de igual modo, cuando permitimos que la mente permanezca quieta, ésta se renueva a sí misma. Pero es muy difícil permitir a la mente que permanezca quieta, dejarla en barbecho después de todo esto, porque la mente desea hacer algo todo el tiempo. Y cuando uno llega a ese punto donde se permite a sí mismo ser realmente como es –aburrido, feo, horrible, o lo que fuere–, entonces hay una posibilidad de habérselas con ello.

¿Qué sucede cuando aceptamos algo, cuando aceptamos lo que somos? Cuando uno acepta que es lo que es, ¿dónde está el problema? Sólo existe un problema cuando no aceptamos una cosa tal como es y deseamos transformarla (lo cual no quiere decir que yo esté abogando por contentarnos con eso; al contrario). Así pues, si aceptamos lo que somos, vemos que la cosa que nos causaba temor, eso que llamábamos aburrimiento, o desesperación, o miedo, ha experimentado un cambio completo. Hay una transformación total de aquello que nos atemorizaba.

Por eso es indispensable, como dije, comprender el proceso, las modalidades de nuestro propio pensar. El conocimiento de uno mismo no puede ser adquirido por intermedio de nadie, de ningún libro, de ninguna confesión, de ningún psicólogo ni psicoanalista. Usted mismo tiene que dar con él, porque se trata de su vida, y sin la ampliación y profundización de ese conocimiento

El conocimiento de uno mismo

acerca de uno mismo, cualquier cosa que hagamos, cualquier circunstancia o influencia externa o interna que modifiquemos, habrá siempre un terreno donde se criarán la desesperación, la pena, el dolor. Para ir más allá de las actividades autolimitadoras de la mente, usted debe comprenderlas, y comprenderlas es estar atento a cómo actúa uno en la relación, en la relación con las cosas, las personas y las ideas. En esa relación, que es el espejo, comenzamos a vernos a nosotros mismos sin justificación ni condena alguna, y desde ese conocimiento, cada vez más amplio y profundo, acerca de las modalidades de nuestra propia mente, podemos proseguir más allá; entonces es posible para la mente estar quieta y recibir aquello que es real.

24 de julio de 1949

QUINTA CHARLA
EN EL ROBLEDAL

Durante las últimas cuatro charlas o discusiones hemos estado considerando la cuestión del conocimiento propio. Porque, como dijimos, sin tener conciencia de nuestro propio proceso de pensamiento y sentimiento, no es posible actuar o pensar rectamente. Por lo tanto, el propósito esencial de estas asambleas, o discusiones, o reuniones es ver por nosotros mismos, experimentar de manera directa el proceso de nuestro propio pensar y tener una percepción integral de él. La mayoría de nosotros lo percibe superficialmente, en el nivel exterior o superficial de la conciencia, pero no como un proceso total. Este proceso total, y no el parcial, es el que origina libertad, comprensión. Algunos de nosotros quizá nos conozcamos parcialmente, al menos pensamos que nos conocemos un poco, pero ese poco no basta, porque si uno se conoce ligeramente, eso actúa como un obstáculo antes que como una ayuda. Y sólo cuando nos conocemos a nosotros mismos como un proceso total –fisiológica y psicológicamente, tanto las capas más profundas, inconscientes, ocultas, como las capas superficiales–, sólo entonces somos capaces de habérnoslas con los problemas que inevitablemente surgen, abordándolos no parcialmente sino como una totalidad.

El conocimiento de uno mismo

Ahora bien, tal aptitud para habérnoslas con el proceso total es lo que me gustaría discutir esta tarde, y también si es cuestión de cultivar una determinada capacidad, lo cual implica cierta clase de especialización. Uno se pregunta si la comprensión, la felicidad, la realización de algo que está más allá de las sensaciones físicas, advienen por obra de alguna especialización. Porque la capacidad implica especialización. En un mundo de especialización en permanente aumento, dependemos de los especialistas. Si alguna cosa anda mal en el automóvil, recurrimos al mecánico; si algo anda mal físicamente, acudimos al médico. Cuando hay un desajuste psicológico, corremos a ver –si tenemos el dinero y los medios– a un psicólogo, o bien al sacerdote, etc. Es decir, en nuestros fracasos y desdichas recurrimos al especialista en busca de ayuda.

Ahora bien, la comprensión de nosotros mismos, ¿requiere especialización? El especialista sólo conoce su especialidad, cualquiera que sea el nivel. Y ¿requiere especialización el conocimiento propio? No lo creo; al contrario. La especialización implica una limitación de lo total, ¿no es así?; una reducción del proceso total de nuestro ser a un punto en particular, para especializarnos en ese punto. Puesto que debemos comprendernos a nosotros mismos como un proceso total, no podemos especializarnos, ya que la especialización implica exclusión mientras que el conocernos no requiere ninguna clase de exclusión. Por el contrario, exige una percepción completa de nosotros mismos como un proceso integral; por eso la especialización es un obstáculo.

Al fin y al cabo, ¿qué es lo que debemos hacer? Conocernos a nosotros mismos, lo cual implica conocer nuestra relación con el mundo, no sólo con el mundo de las ideas y de las personas, sino también con la naturaleza, con las cosas que poseemos. Eso es nuestra vida, siendo la vida relación con lo total. Para comprender esa relación, ¿es preciso especializarse? Obviamente no. Lo que se requiere es una percepción alerta capaz de enfrentarse a la vida como una totalidad. Ése es nuestro problema: cómo tener

Quinta charla en El Robledal

esa percepción alerta, si puedo usar estas palabras sin que ellas signifiquen una especialización. ¿Cómo ha de tener uno la aptitud para encarar la vida como algo total? Eso implica no sólo la relación personal con nuestro prójimo, sino también con la naturaleza, con las cosas que poseemos, con las ideas y con todo lo que la mente elabora como ilusiones, deseos, etc. ¿Cómo ha de darse cuenta uno de todo este proceso de la relación? Por cierto, se trata de nuestra vida, ¿no es así? No hay vida sin relación, y comprender esta relación no implica aislarse, como he estado explicando e insistiendo una y otra vez. Al contrario, exige darnos cuenta plenamente del proceso total de la relación.

Ahora bien, ¿cómo hemos de darnos cuenta? ¿Cómo nos damos cuenta de cualquier cosa? ¿Cómo se da cuenta uno de la relación que tiene con una persona? ¿Cómo se dan cuenta ustedes de estos árboles, del mugido de aquella vaca? ¿Cómo se dan cuenta de sus reacciones cuando leen un diario, si es que leen un diario? Y ¿nos damos cuenta de las respuestas de la mente, tanto de las superficiales como de las internas? ¿Cómo nos damos cuenta de algo? Primero nos damos cuenta de la reacción a un estímulo, ¿no es así?, lo cual es un hecho obvio; veo algo y hay una reacción, luego la sensación, el contacto, la identificación y el deseo. Ése es el proceso corriente, ¿verdad? Podemos observar lo que de hecho ocurre; para eso no tenemos que estudiar libro alguno.

A causa de la identificación experimentamos placer y dolor. Y nuestra "capacidad" es este interés respecto del placer y de la evitación del dolor, ¿no es así? Si estoy interesado en algo, si ello me da placer, instantáneamente hay "capacidad", un inmediato darme cuenta de ese hecho; y si es algo doloroso, la "capacidad" se ha desarrollado para evitarlo. Así, pues, en tanto recurramos a la "capacidad" para comprendernos a nosotros mismos, pienso que fracasaremos, porque esa comprensión no depende de la "capacidad". No es una técnica que podamos desarrollar, cultivar e incrementar a través del tiempo, aguzándola constantemente. Este darnos cuenta, esta percepción alerta respecto de nosotros mismos, puede ser puesta a prueba en las acciones de la relación, con el modo como hablamos, como nos comportamos. Después de la reunión, finalizada ésta, obsérvense a sí mismos durante la comida; sólo obsérvense, sin identificación alguna, sin comparar, sin censurar; simplemente observen, y verán que ocurre algo extraordinario. No sólo han puesto fin a una actividad inconsciente –ya que nuestras actividades son, en su mayoría inconscientes–, sino que además se dan cuenta de los motivos de esa actividad sin tener que investigar, que escudriñar en ella.

Ahora bien, cuando nos damos cuenta vemos todo el proceso de nuestro pensar y actuar, pero ello puede ocurrir solamente cuando no condenamos. O sea, cuando condeno algo no lo comprendo, y ese condenar es una forma de eludir cualquier posibilidad de comprensión. Creo que la mayoría de nosotros lo hace deliberadamente; condenamos de inmediato algo y pensamos que lo hemos comprendido. Si, en vez de condenar, lo consideramos, si estamos atentos a ello, entonces el contenido, el significado de esa acción comienza a hacerse accesible. Experimenten con esto y lo verán por sí mismos. Sólo estén atentos, sin ninguna clase de justificación, lo cual puede parecer negativo, pero no lo es. Por el contrario, tiene esa condición de pasividad que es acción directa.

Después de todo, si queremos comprender algo, tenemos que estar en una disposición de ánimo pasiva, ¿no es así? No podemos continuar pensando, especulando al respecto, o cuestionándolo. Tenemos que ser lo bastante sensibles como para recibir su contenido. Es como ser una placa fotográfica sensible. Si quiero comprender a alguien tengo que estar pasivamente atento; entonces esa persona comienza a revelármelo todo acerca de su contenido interno. Por cierto, esto no es una cuestión de capacidad o especialización. En este proceso empezamos a comprendernos a nosotros mismos; no sólo las capas superficiales de nuestra conciencia, sino las muy profundas, que son mucho más importantes, porque allí están nuestros motivos e intenciones, nuestras exigencias y ansiedades, nuestros miedos y apetitos más

Quinta charla en El Robledal

secretos y confusos. Exteriormente podemos tener todas estas cosas bajo control, pero siguen hirviendo internamente. Hasta que hayan sido completamente comprendidas gracias a la percepción alerta, es obvio que no puede haber libertad, ni puede haber felicidad, ni hay inteligencia.

La inteligencia, ¿es un asunto de especialización, siendo la inteligencia la total percepción de nuestro proceso? Y esta inteligencia, ¿puede ser cultivada mediante alguna forma de especialización? Porque eso es lo que está sucediendo, ¿verdad? Ustedes me escuchan pensando, probablemente, que soy un especialista... ¡espero que no! el sacerdote, el médico, el ingeniero, el industrial, el hombre de negocios, el profesor... tenemos en nuestra mente todas esas especializaciones. Y pensamos que, para realizar la más alta forma de inteligencia –que es la verdad, Dios, aquello que no puede ser descrito–, tenemos que convertirnos en especialistas. Estudiamos, buscamos a tientas, descubrimos cosas, y con la mentalidad del especialista, o acudiendo al especialista, nos estudiamos a nosotros mismos con el fin de desarrollar una capacidad que habrá de ayudarnos a que nos deshagamos de nuestros conflictos, de nuestras desdichas.

Si estamos, pues, muy atentos, vemos que nuestro problema consiste en averiguar si los conflictos y las desdichas y los sufrimientos de nuestra existencia cotidiana pueden ser resueltos por otro; y si no pueden serlo, ¿de qué modo podemos abordarlos? Comprender un problema requiere, evidentemente, cierta inteligencia, y esa inteligencia no podemos obtenerla o cultivarla por medio de la especialización. Se manifiesta y actúa tan sólo cuando estamos pasivamente atentos a todo el proceso de nuestra conciencia, lo cual implica darnos cuenta de nosotros mismos sin que en ello intervenga la opción, sin escoger entre lo bueno y lo malo. Porque, cuando estén pasivamente atentos de ese modo, verán que desde esa pasividad –que no es indolencia ni sopor, sino un intenso estado de alerta–, el problema tiene una significación por completo diferente; ustedes ya no se identifican más con el problema y, por ende, no juzgan; en consecuencia, el problema comienza a revelar su contenido. Si son capaces de hacer eso constantemente, sin interrupción, entonces cada problema puede ser resuelto fundamentalmente, no de un modo superficial.

Y ésa es la dificultad, porque muy pocos somos capaces de estar pasivamente alerta, dejando que el problema mismo nos cuente su historia sin que nosotros la interpretemos. No sabemos cómo considerar un problema desapasionadamente, si les gusta usar esa palabra. Por desgracia no somos capaces de hacer eso, porque queremos obtener del problema un resultado, una respuesta, tenemos un fin a la vista; o intentamos traducir el problema según nuestro placer o dolor; o ya tenemos una respuesta previa, sabemos cómo tratar con el problema. Por lo tanto, abordamos un problema, que es siempre nuevo, con las viejas pautas. El reto es siempre lo nuevo, pero nuestra respuesta es siempre lo viejo, y nuestra dificultad radica en afrontar el reto adecuadamente, o sea plenamente. El problema es siempre un problema de relación, no hay otro problema, y, para hacer frente de modo apropiado, correcto, al problema de la relación, con sus exigencias que varían constantemente, uno debe estar pasivamente alerta. Esta pasividad no es un asunto de determinación, voluntad o disciplina; debemos comenzar por darnos cuenta de que nuestro estado no es pasivo, darnos cuenta de que queremos una respuesta determinada a un determinado problema. Ése es, por cierto, el comienzo: conocernos a nosotros mismos en relación con el problema y descubrir el modo de abordarlo. Entonces, al empezar a conocernos en relación con el problema –cómo respondemos, cuáles son nuestros diversos prejuicios, nuestras exigencias y búsquedas, al enfrentarnos a ese problema–, esta percepción alerta revelará el proceso de nuestro propio pensar, de nuestra naturaleza interna, y en eso hay una liberación.

De modo que la vida es un asunto de relación, y para comprender esa relación, que no es estática, debe haber una percep-

Quinta charla en El Robledal

ción flexible, una percepción pasivamente alerta, no agresivamente activa. Y, como dije, esta percepción pasiva no surge mediante ninguna forma de disciplina, de práctica. Consiste en estar simplemente atentos, de instante en instante, a nuestro pensar y sentir, no sólo cuando nos hallamos despiertos; porque, a medida que vayamos penetrando en ello a mayor profundidad, veremos que comenzamos a soñar, a proyectar toda clase de símbolos que traducimos en la forma de sueños. Así abrimos la puerta a lo oculto, que entonces se convierte en lo conocido; pero, para dar con lo desconocido, debemos ir más allá de la puerta, y ésa es nuestra dificultad. La realidad no es algo que la mente pueda conocer, porque la mente es el resultado de lo conocido, del pasado; en consecuencia, la mente debe comprenderse a sí misma y su funcionamiento, su verdad, y sólo entonces puede revelarse lo desconocido.

Pregunta: Todas las religiones han insistido en alguna clase de autodisciplina para moderar los instintos brutales del hombre. Los santos y los místicos han afirmado que, gracias a la autodisciplina, alcanzaron la divinidad. Ahora bien, usted parece sugerir que tales disciplinas son un obstáculo para la realización de Dios. Estoy confundido. ¿Quién tiene la razón en esto?

KRISHNAMURTI: No se trata, por cierto, de quién tiene la razón en esto. Lo que importa es descubrir la verdad al respecto, descubrirla por nosotros mismos, no conforme a determinado santo o a una persona que viene de la India o de algún otro lugar, cuanto más exótico mejor. Así que examinemos esto juntos.

Y bien, usted está atrapado entre ambos: alguien dice "disciplina", otro dice "no disciplina". Por lo general ocurre que ustedes escogen lo que es más conveniente, más satisfactorio: les gusta la persona, su apariencia, su idiosincrasia, su favoritismo personal y demás. Así que, dejando de lado todo eso, examinemos esta cuestión directamente y descubramos por nosotros mismos la verdad al respecto. Porque esto implica muchísimo, y tenemos que abordarlo cautelosa y experimentalmente.

Casi todos queremos que alguien investido de autoridad nos diga qué debemos hacer. Buscamos una dirección en la conducta porque nuestro instinto es estar a salvo, no sufrir más. Hay alguien de quien se dice que ha alcanzado la felicidad, la bienaventuranza o como prefieran llamarlo, y esperamos que él nos diga qué debemos hacer para alcanzar ese estado. Eso es lo que deseamos; deseamos la misma felicidad, la misma quietud y alegría interior; en este mundo demente, confuso, queremos que alguien nos diga qué es lo que debemos hacer. Éste es, en realidad, el impulso natural en la mayoría de nosotros, y de acuerdo con este impulso ajustamos nuestra acción. ¿Acaso Dios, esa cosa suprema, innominable y que las palabras no pueden medir, es asequible por medio de la disciplina, siguiendo una determinada pauta de acción? Por favor, estamos considerando esto juntos (que la lluvia no les inquiete por ahora). Si están interesados, investiguémoslo. Cuando queremos alcanzar una meta, un objetivo en particular, pensamos que por medio de la práctica, de la disciplina, reprimiendo o liberando, sublimando o sustituyendo, podremos encontrar aquello que buscamos.

¿Qué implica la disciplina? ¿Por qué nos disciplinamos, si es que lo hacemos? Pongo en duda que lo hagamos, pero ¿por qué lo hacemos? *(Risas)*. No, en serio, ¿por qué? ¿Pueden marchar juntas la disciplina y la inteligencia? Investiguémoslo plenamente y veamos hasta dónde (si es que la lluvia nos lo permite), podemos profundizar en esta cuestión. El sentir de la mayoría de la gente es que, mediante alguna clase de disciplina, debemos subyugar al bruto, esa cosa temible que llevamos dentro de nosotros. ¿Puede esa cosa temible, ese bruto, controlarse por medio de la disciplina? ¿Qué entendemos por disciplina? Un curso de acción que promete una recompensa, un curso de acción que, si lo seguimos, nos dará lo que deseamos, que puede ser positivo o negativo. Un modelo de conducta que, si lo practico diligentemen-

Quinta charla en El Robledal

te, asiduamente, con ardor, al final me dará lo que deseo. Es un proceso que puede resultar doloroso, pero estoy dispuesto a pasar por él para obtener aquello.

Es decir, el "yo", que es agresivo, egoísta, hipócrita, ansioso, temeroso –ustedes saben, todo eso–, ese "yo" que es la causa del bruto en nosotros, es lo que queremos transformar, subyugar, destruir. Y ¿cómo puede hacerse esto? ¿Por medio de la disciplina, o gracias a una inteligente comprensión del pasado de ese "yo", comprendiendo qué es, cómo surge, etc.? O sea, ¿destruiremos al bruto en el hombre mediante la compulsión o por obra de la inteligencia? Y la inteligencia, ¿es una cuestión de disciplina? Olvidemos por ahora lo que han dicho los santos y las demás personas (no sé si los santos han dicho eso; no soy un experto en santos). Investiguemos la cuestión por nosotros mismos, como si estuviésemos considerando este problema por primera vez; entonces quizá tengamos algo creativo al final, no tan sólo citas de lo que otras personas han dicho, lo cual es todo muy vano y de nada sirve.

Digamos, en primer lugar, que en nosotros hay conflicto: el negro contra el blanco, la codicia contra la falta de codicia, etc. Soy codicioso, lo cual engendra aflicción, y para verme libre de esa codicia tengo que disciplinarme. Esto es, tengo que resistir cualquier forma de conflicto que me ocasione aflicción, conflicto al que en este caso llamo codicia. Entonces digo que eso es antisocial, que no es ético, que no es virtuoso, y así sucesivamente: las múltiples razones sociorreligiosas que damos para resistirlo. La coacción, ¿destruye o elimina de nosotros la codicia? Primero examinemos el proceso que implica la represión, la coacción, la eliminación, la resistencia. ¿Qué ocurre cuando hacemos eso, cuando resistimos a la codicia? ¿Qué es la cosa que ofrece resistencia a la codicia? Ésa es la primera pregunta, ¿verdad? ¿Por qué la resistimos, y quién es la entidad que dice: «tengo que librarme de la codicia»? La (entidad que dice: «tengo que librarme» es también codicia, ¿no? Porque, hasta ahora, la codi-

El conocimiento de uno mismo

cia le había resultado provechosa, pero ahora le ocasiona dolor; por lo tanto, esa entidad dice: «tengo que librarme de la codicia». El motivo para librarse sigue siendo un proceso de codicia, porque la entidad quiere ser algo que ella no es. La falta de codicia es ahora provechosa, de modo que persigo la falta de codicia; pero el motivo, la intención, es todavía ser alguna otra cosa, ser falta de codicia, lo cual es, otra vez, una forma negativa del énfasis puesto en el "yo".

Encontramos, pues, que ser codicioso ocasiona dolor por diversas razones que son obvias. En tanto disfrutamos la codicia, en tanto nos rinde beneficios ser codiciosos, no hay problema. La sociedad nos estimula de distintas formas para que seamos codiciosos; también las religiones nos estimulan para ello de diferentes maneras. En tanto la codicia sea provechosa, en tanto no nos cause sufrimiento, la buscamos. Pero tan pronto se vuelve dolorosa, queremos resistirla. Esta resistencia es lo que llamamos disciplinarnos contra la codicia; pero, ¿estamos libres de la codicia mediante la resistencia, la sublimación, la represión? Cualquier acto por parte del "yo" que desea librarse de la codicia, sigue siendo codicia. Por lo tanto, cualquier acción, cualquier respuesta de mi parte en relación con la codicia, no es, evidentemente, la solución.

Ante todo, para comprender algo tiene que haber una mente quieta, no perturbada, especialmente para comprender algo que no conozco, algo en lo que mi mente no puede penetrar y que, según dice este interlocutor, es Dios. Para comprender cualquier cosa, cualquier problema complejo –de la vida o de la relación, en realidad cualquier problema– tiene que existir en la mente cierta quieta profundidad. Y esta quieta profundidad, ¿puede lograrse mediante alguna forma de coacción? La mente superficial puede forzar dentro de ella la quietud, pero una quietud semejante es la quietud del deterioro, de la muerte. Esa mente es incapaz de adaptarse, de ser dúctil, sensible. De modo que la resistencia no es el camino.

Quinta charla en El Robledal

Ahora bien, ver eso requiere inteligencia, ¿verdad? Ver que la mente se embota por obra de la compulsión, que la disciplina no es sino amoldamiento a una pauta de acción, amoldamiento debido al miedo, ver eso es ya el comienzo de la inteligencia, ¿no es así? Porque eso es lo que implica el disciplinarnos: miedo de no obtener lo que deseamos. Y ¿qué sucede cuando disciplinamos la mente, cuando disciplinamos nuestro ser? La mente se vuelve muy rígida, inflexible, pierde rapidez, capacidad de ajuste. ¿No conocen ustedes a personas que se han disciplinado a sí mismas? El resultado es, obviamente, un proceso de deterioro. Hay un conflicto interno que ellas disimulan, ocultan, pero está ahí, ardiendo.

Vemos que la disciplina, que es resistencia, tan sólo crea un hábito, y es obvio que el hábito, la práctica, jamás fructifica en inteligencia. Uno puede volverse muy habilidoso con sus dedos practicando el piano todos los días, haciendo algo con sus manos, pero se requiere inteligencia para dirigir las manos; ahora estamos investigando esa inteligencia.

Ustedes ven que alguien a quien consideran un hombre feliz o que ha conseguido su propósito, hace ciertas cosas, y entonces, deseando esa felicidad, lo imitan. Esta imitación se llama disciplina, ¿no es así? Imitan con el fin de recibir algo que el otro tiene; copian con el fin de ser felices, como piensan que él lo es. La felicidad, ¿puede encontrarse mediante la disciplina? Y, al practicar cierta norma, cierta disciplina, un modelo de conducta, ¿somos libres alguna vez? Por cierto, para que haya descubrimiento tiene que haber libertad, ¿no es así? Si quieren descubrir algo, tienen que estar libres internamente, es obvio. ¿Están libres cuando moldean la mente de una manera particular que llaman disciplina? Evidentemente no. Son tan sólo máquinas repetitivas que resisten de acuerdo con cierta conclusión previa, con cierto modelo de conducta. Así pues, la libertad no puede llegar por medio de la disciplina. Sólo puede surgir con la inteligencia, y esa inteligencia se despierta, o tenemos esa inteligencia, tan pronto vemos que cualquier forma de compulsión, interna o externa, niega la libertad.

El conocimiento de uno mismo

De modo que el primer requerimiento es, obviamente, la libertad; y sólo la virtud nos da esa libertad. La codicia es confusión, la amargura es confusión. Cuando lo vemos, estamos libres de todo eso; no se trata de resistirlo, sino de ver que sólo en libertad podemos descubrir, que cualquier forma de compulsión no es libertad y, por lo tanto, niega el descubrimiento. Lo que la virtud hace es darnos libertad. La persona no virtuosa es una persona confusa, y ¿cómo podemos descubrir cosa alguna en medio de la confusión? ¿Cómo pueden ustedes hacerlo? Así pues, la virtud no es el producto final de una disciplina, sino que la virtud *es* libertad, y la libertad no puede llegar a través de ninguna acción que, en sí misma, no sea virtuosa, verdadera. Nuestra dificultad radica en que casi todos hemos leído muchísimo, hemos seguido numerosas disciplinas: levantarnos cada mañana a una hora determinada, sentarnos en cierta postura, procurar sujetar de cierto modo nuestras mentes... ustedes saben, práctica, práctica, disciplina. Porque les han dicho que, si hacen estas cosas, triunfarán; si las practican durante un número de años, al final de ello tendrán a Dios. Tal vez lo expongo crudamente, pero ésa es la base de nuestro pensar. Por cierto, Dios no llega tan fácilmente como todo eso. Dios no es una cosa meramente comercial: yo hago esto y recibo aquello.

Casi todos estamos tan condicionados por influencias externas, por doctrinas, creencias religiosas y por nuestra propia exigencia interna de llegar a algo, de obtener algo, que es muy difícil para nosotros pensar en este problema de una manera nueva, sin hacerlo desde el punto de vista de la disciplina. Por eso primero debemos ver muy claramente las implicaciones de la disciplina, cómo limita la mente, cómo reduce sus alcances, cómo la fuerza a determinada acción conforme a nuestro deseo, a la influencia y demás; y una mente condicionada, por "virtuoso" que sea este condicionamiento, no tiene posibilidad de ser libre y, por lo tanto, no puede comprender la realidad. Y Dios, la realidad, o como quieran llamarlo –el nombre carece de importancia–, se revela

Quinta charla en El Robledal

únicamente cuando hay libertad; y no hay libertad donde hay coacción, positiva o negativa, a través del temor. No hay libertad si vamos tras un objetivo, porque estamos atados a ese objetivo. Podremos estar libres del pasado, pero nos sujeta el futuro, y eso no es libertad. Pero sólo en libertad podemos descubrir algo: una idea nueva, un nuevo sentimiento, una nueva percepción. Y, sin duda, cualquier forma de disciplina que se basa en la coacción niega esta libertad, ya sea política o religiosa. Puesto que la disciplina, o sea, el amoldamiento a una acción con un fin a la vista, nos ata, la mente jamás puede ser libre. Puede funcionar sólo dentro de ese surco, como ocurre con un disco de gramófono.

Así pues, mediante la práctica, el hábito, el cultivo de un modelo previo, la mente sólo alcanza lo que tiene a la vista. Por lo tanto, no es libre y, en consecuencia, no puede realizar aquello que es inconmensurable. Darnos cuenta de todo ese proceso: por qué nos estamos disciplinando constantemente según dicta la opinión pública, según ciertos santos... ustedes saben, todo este asunto de amoldarnos a la opinión, ya sea de un santo o del vecino, es todo lo mismo; darnos cuenta de este amoldamiento que tiene lugar por medio de la práctica, de sutiles recursos para someternos, para negar, afirmar, reprimir, sublimar –todo eso implica amoldamiento a una norma de acción–, darnos cuenta de eso es ya el comienzo de la libertad, y en la libertad tiene su origen la virtud. La virtud no es, por cierto, el cultivo de una idea determinada. La falta de codicia, por ejemplo, si se la busca como un objetivo, ya no es más una virtud, ¿verdad? Es decir, si uno es consciente de ser un codicioso, ¿es virtuoso? Sin embargo, eso es lo que hacemos al recurrir a la disciplina.

Así, la disciplina, el amoldamiento, la práctica, sólo acentúan la conciencia de uno mismo, la importancia del "yo". La mente practica la falta de codicia y, al hacerlo, no está libre de su propia conciencia de ser no codiciosa, de modo que, en realidad, no es no codiciosa. Tan sólo se ha puesto un nuevo manto al que llama «falta de codicia». Podemos ver el proceso total que esto impli-

El conocimiento de uno mismo

ca: la motivación, el deseo de un objetivo, el amoldamiento a una norma, el ansia de estar seguros siguiendo un modelo... todo lo cual es tan sólo un movimiento de lo conocido a lo conocido, siempre dentro de los límites del proceso por el que la mente se encierra en sí misma.

Ver todo esto, darse cuenta de ello, es el comienzo de la inteligencia; y la inteligencia no es ni virtuosa ni no virtuosa; no es posible encajarla en un molde, ya sea como virtud o como falta de virtud. La inteligencia trae libertad, que no es libertinaje ni desorden. Sin esta inteligencia no puede haber virtud; la virtud es libertad y, cuando somos libres, la realidad revela su existencia. Si ustedes ven este proceso completamente, íntegramente, encontrarán que ya no hay conflicto. Debido a que estamos en conflicto y a que no podemos escapar de ese conflicto, recurrimos a diversas formas de disciplinas, rechazos y amoldamientos. Pero cuando vemos qué es el proceso de conflicto, entonces no es cuestión de disciplina, porque comprendemos, de instante en instante, las modalidades del conflicto. Esto requiere un intenso estado de alerta, observarnos a nosotros mismos todo el tiempo; y lo curioso de esto es que, aun cuando uno pueda no estar alerta todo el tiempo, hay un proceso de registro que se desarrolla internamente una vez que la intención está ahí: la sensibilidad, la sensibilidad interna, está captando constantemente la situación, de modo tal que la intención interna proyecta esta situación tan pronto uno está quieto, silencioso.

Tampoco esto es una cuestión de disciplina. La sensibilidad no puede surgir jamás mediante la compulsión. Uno puede obligar a un niño a que haga algo: lo pone en un rincón, y él quizá se quede quieto, pero es probable que internamente esté hirviendo, mirando hacia afuera por la ventana, haciendo algo para escaparse. Y eso es lo que seguimos haciendo nosotros. De modo que la cuestión de la disciplina, quién tiene razón y quién no la tiene, sólo puede ser resuelta por usted mismo. Porque esto involucra mucho más que lo que acabo de decir.

Quinta charla en El Robledal

Además, vean, tenemos miedo de equivocarnos porque anhelamos el éxito. El miedo está en el fondo de nuestro deseo de disciplinarnos, pero lo desconocido no puede ser atrapado en la red de la disciplina. Por el contrario, para lo desconocido es indispensable la libertad, y no el patrón de nuestra mente. Por eso es esencial que la mente esté serena. Pero cuando la mente tiene conciencia de que está serena, ya no sigue estando serena; cuando la mente tiene conciencia de que es no codiciosa, que está libre de codicia, se reconoce a sí misma en el nuevo ropaje de la no codicia, pero esto no implica que esté libre de codicia. Por eso también debemos comprender el problema que contiene esta cuestión del que controla y lo controlado. No son, por cierto, fenómenos separados, sino un fenómeno conjunto: el controlador y lo controlado son una sola cosa. Es un engaño pensar que son dos procesos diferentes, pero esto lo discutiremos en otra ocasión.

Pregunta: ¿Cómo diablos podemos amansar al tigre que hay en nosotros y en nuestros hijos, sin el patrón de un propósito y una causa claros y sostenidos por una práctica vigorosa?

KRISHNAMURTI: Esto implica que usted conoce su propósito y también conoce la causa, ¿no es así? ¿Conoce usted el propósito? ¿Conoce el propósito de la vida, la finalidad de la vida y el modo de alcanzarla? ¿Por eso necesita tener un vigoroso curso de acción basado en la disciplina, en la práctica? ¿Para obtener lo que desea? ¿No es muy difícil descubrir lo que desea, el propósito que tiene a la vista? Los partidos políticos puede ser que tengan un propósito, pero aun así lo encuentran extremadamente difícil de realizar. Y usted, ¿puede decir: «conozco el propósito»? ¿Hay tal cosa como un propósito? Por favor, uno tiene que examinar esto muy cuidadosamente; no es que yo esté poniendo en duda sus propósitos. Debemos comprenderlos. En cierto período de nuestra vida tenemos un propósito: ser maquinista, conductor de tranvía, bombero, esto o aquello; luego, llegamos a tener un propósito diferente. A medida que crecemos y nos hacemos adultos, otra vez cambia nuestro propósito. El propósito varía todo el tiempo según nuestras penas y alegrías, ¿no es así? Usted puede tener el propósito de ser un hombre muy rico, muy poderoso, pero, desde luego, no es eso lo que estamos discutiendo aquí por ahora. El hombre ambicioso puede tener un propósito, pero él es antisocial; jamás puede dar con la realidad. Un hombre ambicioso es alguien que tan sólo se proyecta hacia el futuro y desea ser algo, espiritual o secularmente. Un hombre así es incapaz de dar con la realidad, porque su mente tan sólo se interesa en el éxito, en alcanzar una meta, en llegar a ser alguna cosa. Él sólo se preocupa de sí mismo en relación con lo que desea. Pero casi todos nosotros, aunque somos un tanto ambiciosos –deseamos un poco más de dinero, un poco más de amistad, un poco más de amor, de belleza, de esto y aquello, muchas cosas–, ¿sabemos lo que deseamos fundamentalmente, no sólo según nuestros estados de ánimo pasajeros?

Las personas religiosas, en su mayoría, dicen que sí, que lo saben: desean la realidad, desean a Dios, desean lo supremo. Pero para desear lo supremo tienen que saber lo que es; puede ser muy diferente de lo que suponen, y probablemente lo sea. Por lo tanto, usted no puede desear eso. Si lo desea, ésa es otra forma de ambición, otra forma de seguridad. Por consiguiente, no es la realidad lo que desea. Así, cuando pregunta: «¿cómo podemos amansar al tigre que hay en nosotros y en nuestros hijos, sin el patrón de un propósito y una causa claros y sostenidos por la práctica?», lo que quiere decir es cómo puede vivir en relación los demás y no ser antisocial, egoísta, limitado por sus propios prejuicios, etc. Para amansar al tigre, primero debemos saber de qué está compuesto. Por lo tanto, si lo llama tigre, ya es de antemano un tigre, porque usted tiene la imagen, la representación de lo que es un tigre (o de lo que es la codicia). Pero si no lo nombra, si tan sólo mira eso que llama tigre, entonces, sin duda, eso tiene un significado por completo diferente. No sé si está si-

Quinta charla en El Robledal

guiendo todo esto. Discutiremos el mismo problema varias veces, ya que se trata de un solo problema que se expresa de diferentes maneras.

Así, pues, sin llamarlo "tigre", sin decir: «tengo un propósito, y para cumplirlo debo disciplinarme», investiguemos todo el proceso. No lo abordemos con una conclusión porque, como dije, el problema es siempre nuevo, y requiere ser considerado con una mente nueva, una mente que no se verbalice, lo cual es sumamente difícil, ya que sólo podemos pensar en palabras –nuestro pensamiento es palabra–. Trate de pensar sin palabras y verá lo difícil que es.

De modo que nuestro problema es «cómo amansar al tigre» sin practicar la disciplina, ya sea en nosotros o en nuestros hijos, si es que somos padres. Para amansar algo, usted debe comprenderlo, conocerlo. Cuando no conoce algo, siente temor de ello. Dice: «siento que en mí hay un conflicto, un deseo contrario, al que llamo tigre; ¿cómo puede ser amansado, calmado?». Sólo comprendiéndolo, y puedo comprenderlo únicamente cuando lo miro. No puedo mirarlo si lo condeno o le doy un nombre o me identifico con ello. Puedo comprenderlo sólo cuando estoy pasivamente atento a *lo que es*, y esa atención pasiva es imposible si condeno aquello que miro. Por lo tanto, mi problema es comprender la cosa, no nombrarla. Y debo comprender por qué condeno. Lo hago porque es mucho más fácil condenar primero, ¿no es así? Es una de las maneras de desembarazarme de ello, de apartarlo, llamándolo alemán, japonés, hindú, cristiano, comunista o Dios sabe qué otras cosas, y así apartarlo. Y pensamos que, dándole un nombre, lo hemos comprendido. Así es como el nombre, el nombrar, impide la comprensión. Eso es un hecho.

Lo que también impide comprender es el juzgar, porque al considerar una cosa ya hay una predisposición, un prejuicio, un deseo, una exigencia previa. La consideramos porque queremos obtener de ella un resultado. Tenemos un propósito, queremos amansarla, queremos controlarla, a fin de poder convertirla en algo diferente. En el momento en que vemos eso, nuestra mente está pasivamente serena, observando el hecho. Ya no nombramos al tigre como "tigre"; ese hecho carece de nombre y, por lo tanto, nuestra relación con él es directa, no a través de palabras. El miedo surge porque no nos relacionamos directamente con el hecho. En el instante en que estamos relacionados con algo, en que lo experimentamos de manera directa, inmediata, plena, no hay miedo, ¿verdad? Hemos eliminado, pues, la causa del miedo y, por lo tanto, somos capaces de comprenderlo; en consecuencia, podemos resolverlo. Lo que uno ha comprendido se resuelve; lo que no comprendemos continúa siendo un problema. Esto es un hecho. Y nuestra dificultad está en ver siempre *lo que es*, sin interpretarlo, porque la función de la mente es comunicar, almacenar, traducir de acuerdo con sus tendencias y deseos; su función no es comprender. Para que haya comprensión no debe tener lugar ninguna de estas cosas. Tiene que haber quietud, y una mente ocupada en juzgar, condenar, traducir lo que ve, no es una mente quieta.

Pregunta: Yo no puedo controlar mis pensamientos. ¿Debo controlarlos? ¿No implica opción esto? Y ¿cómo puedo confiar en mi juicio a menos que tenga un modelo basado en las enseñanzas de los Grandes Seres?

KRISHNAMURTI: Y bien, para comprender cómo controlar sus pensamientos, usted primero debe saber qué son sus pensamientos, ¿verdad? Ése es el problema. Usted dice: «no puedo controlar mis pensamientos» Para averiguar por qué no puede controlar los pensamientos, primero debe darse cuenta de lo que es el pensar. ¿Qué es el pensar? Y ¿quién es el pensador? Por cierto, ésa es la pregunta, ¿verdad? ¿Quién es el pensador? Y los pensamientos, ¿son diferentes del pensador? En tal caso, surge para el pensador el problema de controlar sus pensamientos. Si el pensador y el pensamiento son un solo proceso y no dos procesos separa-

Quinta charla en El Robledal

dos, entonces no se suscita el problema del pensador que controla sus pensamientos. Así, pues, usted tiene que descubrir primero si el pensador está separado de su pensamiento. Sin pensador, ¿hay un pensamiento? Si usted no tiene pensamientos, ¿existe ahí un pensador? El pensador no existe, pues, aparte de su pensamiento; sólo tenemos pensamiento. Los pensamientos han creado al pensador; entonces el pensador, para hacerse permanente, seguro y demás, dice: «yo estoy separado de los pensamientos, los cuales deben ser controlados». Por lo tanto, hasta que resuelva usted este problema, hasta que tenga una experiencia directa de este problema –si el pensador está separado del pensamiento–, existirá la cuestión del control; pero tan pronto ve, experimenta directamente que el pensador *es* el pensamiento, se halla ante un problema por completo diferente.

Luego, la cuestión siguiente es: cuando usted controla los pensamientos –una serie de pensamientos como opuesta a otra–, hay opción. Escoge ciertos pensamientos y desea concentrarse en éstos y no en otros; ¿por qué? Nos estamos ocupando del pensar, no de una serie de pensamientos en particular. Si usted dice: «prefiero este pensamiento a aquél», entonces surge la opción; pero ¿por qué prefiere usted? Y ¿qué es lo que en usted prefiere? Señores, esto no es muy complicado, no son palabras grandes ni metafísicas; sólo mírenlo y verán la dificultad. Antes de que podamos resolver la dificultad, primero tenemos que verla. Cuando escogemos, ¿quién es el que escoge? Y, si quien escoge tiene un modelo conforme a las pautas de los maestros, entonces está cultivando, acentuando la existencia del escogedor.

Señor, planteemos el problema un poco más simplemente. Mis pensamientos divagan por todas partes. Quiero pensar serenamente en un tema determinado, pero mis pensamientos se disparan en diferentes direcciones. ¿Por qué lo hacen? Porque mis pensamientos se interesan también en otras cosas, no sólo en esa única cosa. Eso es un hecho, ¿verdad? De lo contrario no divagarían. Mi mente no divaga ahora, porque estoy interesado en lo que hablo. No hay cuestión de esfuerzo, no hay cuestión de disciplina ni de control; ninguna otra cosa me interesa.

Debemos descubrir, pues, el significado de cada interés y no excluir otros intereses en favor de uno determinado. Si puedo descubrir el significado y valor de cada interés, entonces mi mente no divagará. Pero lo hará si resisto los diversos intereses y trato de concentrarme en uno solo. De modo que digo: «muy bien, que divague.» Considero todos los intereses a medida que surgen, uno tras otro, de manera que mi mente se hace flexible al abarcar en su movimiento la totalidad de los intereses, y no se limita concentrándose en un interés específico. ¿Qué ocurre entonces? Veo que mi mente es tan sólo un haz de intereses que se oponen a otros intereses; ella elige para acentuar un interés y excluir a todos los demás.

Cuando la mente reconoce que es un haz de intereses, entonces cada interés tiene importancia; por lo tanto, no hay exclusión, no es cuestión de elegir; en consecuencia, la mente comienza a comprender lo total, la totalidad de su propio proceso. Pero si usted tiene un modelo elegido en conformidad con los Grandes Seres, y basándose en él trata de vivir, ¿qué ocurre? Pone énfasis en el pensador, o sea, el que opta, ¿no es así? Evidentemente. Ahora bien, el que opta, ¿está separado de la opción? Como dije, no hay un pensador separado del pensamiento; separarse en el pensador y el pensamiento es un truco de la mente. Cuando de veras comprendamos eso, cuando veamos su significado real, cuando lo experimentemos –no afirmándolo verbalmente, porque en tal caso no tiene sentido–, comprobaremos que hay en nosotros una completa transformación y jamás formularemos esta pregunta. El modelo de los grandes maestros, las enseñanzas de los Grandes Seres o cualquier otra cosa... usted es el resultado de todo eso, ¿no es así? Es el resultado de la totalidad, es el producto del proceso total del hombre, no sólo de Norteamérica, sino del mundo. Usted es el modelo, y es un truco de la mente separarse siempre a sí misma.

Quinta charla en El Robledal

Debido a que usted ve que todo es transitorio, temporal, desea sentir que al menos existe la permanencia del "yo". Dice: «yo soy distinto.» En esa acción separada de la mente hay conflicto; ella crea su propio aislamiento y después dice: «Soy diferente de mi pensamiento. Debo controlar mi pensamiento. ¿Cómo he de controlarlo?» Una pregunta así carece de validez. Si la examina, verá que usted es un manojo de intereses, un haz de pensamientos, y elegir un pensamiento descartando los demás, escoger un interés y resistir otro, es seguir jugando el truco de separarse uno mismo del pensamiento, mientras que, si usted reconoce que la mente es interés, que la mente es pensamiento, que no hay pensador y pensamiento, entonces abordará este problema de una manera enteramente nueva. Verá que no hay conflicto entre el pensador y el pensamiento; entonces, cada interés tiene importancia y es desarrollado, examinado plena y completamente. En consecuencia, no existe el problema de un interés central como causa de distracción.

30 de julio de 1949

SEXTA CHARLA
EN EL ROBLEDAL

Esta mañana quisiera discutir qué es la verdadera religión, pero a fin de descubrir qué es, primero debemos examinar nuestra vida y no superponerle algo que, según pensamos, es espiritual, romántico, sentimental. Examinemos, pues, nuestra vida para averiguar qué entendemos por religión, y si hay un modo de descubrir qué es la verdadera religión.

Ante todo, para la mayoría de nosotros la vida está llena de conflictos: vivimos en medio de la pena, en medio del dolor. Nuestra existencia es aburrida, vacía, y siempre está la muerte y están las innumerables explicaciones. La vida es, en su mayor parte, una constante repetición de hábitos. Tomada en su conjunto es penosa y aburrida, dolorosa y agotadora, y éste es el destino de la mayoría de nosotros. Para escapar de esto acudimos a las creencias, a los rituales, al conocimiento, a las diversiones, a la política, a la actividad: acogemos con beneplácito cualquier cosa que nos permita escapar de nuestra fastidiosa, cansadora rutina cotidiana. Estos escapes, ya sean políticos o religiosos, deben, por su misma naturaleza, volverse igualmente tediosos, una cuestión de rutina, de hábito. Nos movemos de sensación en sensación y, finalmente, toda sensación debe volverse aburrida, tediosa. Como nuestra vida es principalmente una respuesta que

Sexta charla en El Robledal

proviene de nuestros centros físicos, y como causa perturbación, angustia, tratamos de escapar hacia lo que llamamos religión, hacia los reinos espirituales.

Ahora bien, en tanto estemos buscando cualquier forma de sensación, ésta debe conducir finalmente al aburrimiento, porque uno se harta, se cansa de eso, lo cual es, nuevamente, un hecho obvio. Cuantas más sensaciones tenemos, tanto más agotadoras terminan por ser, tanto más aburridas, más habituales. Y la religión, ¿es un asunto de sensaciones, siendo religión la búsqueda de la realidad y el descubrimiento, la comprensión o la experiencia directa de lo supremo? ¿Es una cuestión de sentimiento, de súplica? Para la mayoría de nosotros la religión es una serie de creencias, dogmas, rituales, una constante repetición de fórmulas organizadas, etc. Si examinamos estas cosas, veremos que también son el resultado del deseo de sensación. Acudimos a las iglesias, a los templos, a las mezquitas, y repetimos ciertas frases, nos complacemos en ciertas ceremonias. Son todas estimulaciones, provocan determinado tipo de sensación, y nos satisfacemos con esa sensación, le damos un nombre altisonante, pero, en esencia, es sensación. Estamos atrapados en la sensación, nos agradan las impresiones, el sentimiento de que somos buenos, la repetición de ciertas oraciones, etc. Pero, si uno lo investiga profunda e inteligentemente, encuentra que, en lo fundamental, son sólo sensación; y aunque puedan variar en expresión e impresionarnos como algo nuevo, son esencialmente sensación y, por eso, a la larga aburren, cansan, forman hábito.

Así, pues, obviamente, la religión no es ceremonia. La religión no es dogma. La religión no es la continuación de ciertos principios o de ciertas creencias que nos inculcan desde la infancia. El hecho de que uno crea en Dios no lo convierte en una persona religiosa. El hombre que arroja una bomba atómica y destruye en pocos minutos a miles y miles de personas puede que crea en Dios, y también la persona que lleva una vida torpe e insensible, pero no son, por cierto, seres humanos religiosos. La creencia no tiene nada que ver con la búsqueda de la realidad o con el descubrimiento y la experiencia de esa realidad; esto sí es religión. Religión es, entonces, la experiencia de la realidad, la cual no descansa en ninguna creencia organizada, en ninguna iglesia, en ningún conocimiento, oriental ni occidental. La religión es la capacidad de experimentar directamente lo inconmensurable, aquello que no puede ser expresado con palabras; pero no podemos experimentar lo inconmensurable mientras estemos escapando de la vida, de la vida que hemos convertido en algo tan insensible y vacío, que hemos reducido tanto a una mera cuestión de rutina. La vida, que es relación, se ha vuelto un asunto de rutina porque internamente falta intensidad creativa, porque somos internamente pobres y, en consecuencia, tratamos de llenar exteriormente esta vacuidad con conocimientos, con distintas formas de excitación.

Esa vacuidad, esa pobreza interna sólo puede llegar a su fin cuando dejamos de escapar, y dejamos de escapar cuando ya no buscamos más la sensación. Entonces somos capaces de enfrentarnos a esa vacuidad, la que no es diferente de nosotros; *somos* la vacuidad. Como lo estuvimos discutiendo ayer, el pensamiento no es diferente del pensador. La vacuidad no es diferente del observador que siente esa vacuidad. El observador y lo observado son un fenómeno conjunto, y cuando ustedes experimenten eso directamente, encontrarán que la cosa temida que conocían como vacuidad –que les hace querer escapar hacia diversas formas de sensación, incluidas las religiones– se termina, y pueden enfrentarse a eso y ser eso.

A causa de que no hemos comprendido el significado de los escapes, cómo surgen, y debido a que no los hemos examinado, investigado plenamente, estos escapes se han vuelto mucho más importantes y significativos que *lo que es*. Los escapes nos han condicionado y, a causa de ellos, no somos internamente creativos. Hay creatividad en nosotros cuando estamos experimentando constantemente la realidad; *constantemente*, no conti-

Sexta charla en El Robledal

nuamente, porque hay una diferencia entre la continuidad y el experimentar de instante en instante. Lo que continúa se deteriora. Lo que se experimenta de instante en instante no conoce la muerte, el deterioro. Si podemos experimentar algo de instante en instante, ello tiene vitalidad, vida; si podemos afrontar la vida de nuevo todo el tiempo, en eso hay creatividad. Pero haber tenido una experiencia y desear continuarla, en eso hay decadencia, deterioro.

Son muchísimas las personas que han tenido alguna clase de experiencia agradable y desean que esa experiencia continúe. Regresan, pues, a ella, la reviven, la buscan, la anhelan, se sienten desdichadas porque no continúa; por eso tiene lugar un continuo proceso de deterioro, mientras que, si hay un experimentar de instante en instante, hay renovación. Esa renovación es creativa, y no podemos tener esa renovación, ese brío creador, si nuestra mente está ocupada en escapes y aprisionada en esas cosas que hemos dado por sentadas.

Por eso tenemos que reexaminar todos los valores que hemos adquirido, y uno de los principales valores en nuestra vida es la religión, que se halla tan organizada. Pertenecemos a una u otra de las diversas religiones organizadas, a los grupos, a las sectas o a las congregaciones, porque ello nos proporciona un cierto sentido de seguridad. Estar identificados con la organización más grande, o con la más pequeña o la más exclusiva, nos produce satisfacción. Sólo cuando somos capaces de reexaminar todas estas influencias que nos condicionan, que nos ayudan a escapar de nuestro propio aburrimiento, de nuestra propia vacuidad, de nuestra propia falta de responsabilidad y alegría creativas, sólo cuando hemos examinado estas cosas y, volviendo atrás, las hemos desechado y nos enfrentamos a *lo que es*, sólo entonces somos capaces de investigar verdaderamente todo el problema acerca de lo que es la verdad. Porque, al hacerlo, hay una posibilidad de llegar al conocimiento propio. La totalidad del proceso es conocimiento propio, y sólo cuando existe el conocimiento de este pro-

El conocimiento de uno mismo

ceso, es posible pensar, sentir y actuar rectamente. No podemos practicar el recto pensar con el fin de librarnos del proceso de pensamiento; para ser libre, uno debe conocerse a sí mismo. El conocimiento propio es el principio de la sabiduría, no puede haber sabiduría sin conocimiento propio. Puede haber conocimiento, sensación, pero la sensación es agotadora, tediosa, mientras que la sabiduría, que es eterna, jamás puede deteriorarse, jamás puede llegar a su fin.

Pregunta: Encuentro que, mediante el esfuerzo, puedo concentrarme. Puedo reprimir o descartar pensamientos que llegan sin que se los invite. No advierto que la represión sea un obstáculo para mi bienestar interno. Desde luego sueño, pero puedo interpretar los sueños y resolver el conflicto. Un amigo me dice que me estoy volviendo presumido; ¿cree usted que él pueda estar en lo cierto? (Risas).

KRISHNAMURTI: Bien, primero veamos qué entendemos por esfuerzo y qué entendemos por concentración. ¿Comprendemos cosa alguna mediante el esfuerzo? El esfuerzo es el ejercicio de la voluntad, la acción de la voluntad, la cual es deseo. ¿Comprendemos, acaso, mediante la acción de la voluntad, o sea, esforzándonos deliberadamente? ¿O la comprensión es algo completamente distinto, y llega no por obra del esfuerzo sino de la pasiva percepción alerta, que no es una acción de la voluntad? ¿Cuándo comprende usted? ¿Lo ha examinado alguna vez? ¿Cuándo comprende? No cuando está luchando con algo, con algún objeto que usted desea comprender. Por cierto, no hay comprensión cuando uno está continuamente indagando, preguntando, desmenuzando, analizando las cosas; en eso no hay comprensión. Sólo cuando la mente se halla en un estado pasivo de atención y alerta, o sea, en contacto inmediato o experimentando esa cosa, hay posibilidad de comprenderla. Por favor, para algunos de ustedes lo que estoy diciendo puede resultar

Sexta charla en El Robledal

fantástico o nuevo, pero experimenten con ello, no lo rechacen de entrada.

¿Hay comprensión cuando combatimos el uno con el otro, cuando estamos en conflicto? Sólo cuando usted y yo nos sentamos y discutimos las cosas, tratando de descubrir, hay posibilidad de comprender. De modo que el esfuerzo es nocivo para la comprensión. Es decir, usted tiene tal vez un problema; puede examinarlo, preocuparse por él, desmenuzarlo, considerarlo desde ángulos diferentes. En ese proceso no hay comprensión. Sólo cuando la mente deja el problema tranquilo, cuando lo suelta, cuando se queda quieta en relación con el problema, sólo así lo comprende. Pero la cuestión de si el conflicto, el análisis, es un paso necesario en la comprensión, constituye un problema por completo diferente que examinaremos en seguida.

Después está la concentración. ¿Qué entendemos por concentración? Fijar la mente en un determinado objeto con exclusión de otros intereses, ¿verdad? Eso es lo que entendemos por concentración: fijar la mente en una idea, una imagen, un interés, y excluir todos los demás intereses, lo cual es una forma de represión. Y el interlocutor dice que eso no le causa ningún perjuicio; aunque tiene sueños, puede interpretarlos fácilmente y descartarlos.

Ahora bien, ¿qué hace una concentración semejante? ¿Qué hace la exclusión? ¿Cuál es el resultado de la exclusión? Evidentemente, es el conflicto, ¿no? Puedo tener la capacidad de concentrarme en una cosa y excluir otras, pero las otras siguen ahí deseando intervenir. Por lo tanto, hay en marcha un conflicto; lo que importa no es si soy o no soy consciente de él, sino que hay conflicto. Y en tanto ese conflicto continúa, no hay comprensión. Puedo ser capaz de concentrarme, pero mientras subsista en mí el conflicto entre lo que atrae mi atención y lo que estoy excluyendo, tiene que haber un efecto indebido. Porque la represión, de cualquier clase que sea, por fuerza debe desgarrar psicológicamente, haciendo que me enferme desde el punto de vista psicoló-

El conocimiento de uno mismo

gico o que quede mentalmente desequilibrado. Lo que se reprime, a la larga tiene que salir, y una manera de hacerlo es a través de los sueños.

El interlocutor dice que puede interpretar los sueños y, de tal modo, liberarse de ellos. Aparentemente, siente que está satisfecho con esto y quiere saber si es presumido. En tanto uno se satisface con el resultado, es obvio que debe ser presumido. Casi todos detestamos sentirnos descontentos, y, estando descontentos internamente, como la mayoría lo está, encontramos medios y arbitrios de encubrir ese descontento, esa cosa que arde dentro de nosotros. Y, uno de los escapes, uno de los mejores modos de encubrir este descontento, es aprender concentración a fin de poder ocultarlo con éxito. Entonces uno puede fijar su mente en un interés e ir en pos de él sintiendo que, al menos, ha conquistado, ha canalizado su descontento. Pero el descontento no puede ser canalizado por la mente, porque la mente es, por su propia naturaleza, descontento. Debido a eso, la mera concentración, que es exclusión, no origina libertad respecto del descontento, libertad que consiste en comprenderlo. Mediante la concentración, es decir, mediante el proceso de exclusión, no es posible comprender; pero, como lo estuve explicando ayer, si voy tras cada interés a medida que surge y lo examino, lo investigo, lo comprendo, entonces puedo llegar a una clase diferente de atención, la cual no es excluyente. Pronto discutiremos esto, en otra pregunta.

Pregunta: ¿De qué modo podemos empezar de nuevo alguna vez, como usted sugiere constantemente, si el vaso de nuestra experiencia está permanentemente manchado? ¿Cómo podemos olvidar realmente lo que somos? ¿Tendría la bondad de explicar qué se entiende por "olvido de uno mismo"? ¿Cómo puedo desechar el vaso, si el vaso soy yo?

KRISHNAMURTI: La renovación sólo es posible si no hay continuidad. Lo que continúa no puede renovarse; lo que termina tie-

Sexta charla en El Robledal

ne una posibilidad de renovación. Lo que muere tiene posibilidad de renacer. Y cuando usted dice que está permanentemente manchado, lo cual no es sino una afirmación verbal, entonces, seguramente, tan sólo está continuando. Eso de que está permanentemente manchado, ¿es un hecho? Y ¿cómo es posible olvidar lo que somos? No podemos olvidar lo que somos, pero podemos examinar lo que somos; podemos estar atentos a lo que somos, sin condenarlo ni justificarlo. Esté atento a ello y verá que surge una transformación. Pero la dificultad está en permanecer pasivamente alerta sin condenar; sólo entonces hay una terminación. Pero si se identifica, si condena, entonces da continuidad a ese carácter en particular, y lo que continúa no conoce la renovación.

«¿Tendría la bondad de explicar qué se entiende por "olvido de uno mismo"?» ¿No lo sabe? ¿No conoce esos instantes en que uno es feliz, pacífico, en que está muy sereno y quieto? ¿No se revela un estado que no contiene esfuerzo alguno, un estado en el que llega a su fin el proceso de pensamiento que implica el "yo"? En tanto hay autoconciencia que se expresa como el "yo", no puede haber olvido de las actividades del "yo". Cualquier acción de la voluntad, del deseo, es obvio que debe cultivar y fortalecer el "sí mismo"; y el "sí mismo" es el haz de recuerdos, características, idiosincrasia, todo lo cual genera conflicto. En tanto haya conflicto tiene que haber conciencia de sí mismo, y, habiendo conflicto, por profundamente oculto que esté y cualquiera que sea el nivel en que se encuentre, no puede haber paz.

«¿Cómo puedo desechar el vaso si el vaso soy yo?» ¿Por qué quiere usted desechar el vaso? No puede, por cierto, desecharlo. Todo cuanto puede hacer es conocerlo, conocer todas las intrincaciones, las sutilezas, la extraordinaria profundidad de sí mismo. Cuando uno conoce algo, está libre de ello; pero limitarse a rechazarlo, reprimirlo, sublimarlo, traducirlo a diferentes expresiones verbales, no es, por cierto, comprender, y sólo comprendiendo algo nos liberamos de ello. No podemos comprender cosa alguna si hay una continua identificación con ella. Hay renova-

El conocimiento de uno mismo

ción únicamente cuando no hay continuidad. Pero nuestras intenciones, nuestros propósitos, nuestros pensamientos, en su mayoría han de continuar. Luchamos por establecer una permanencia y, por ende, una continuidad, continuidad en el nombre, en la propiedad, en la virtud... en todo; y así no hay renovación, no hay creatividad. Desde luego, la creatividad surge a la existencia sólo de instante en instante.

Pregunta: ¿Tendría usted la bondad de explicar cuidadosamente qué es la verdadera meditación? ¡Hay tantos sistemas de meditación...! ¿Son de veras variados básicamente, o las variaciones se deben a las idiosincrasias personales de sus proponentes?

KRISHNAMURTI: Ésta es realmente una pregunta importante y, si puedo sugerirlo, examinémosla juntos. Porque la meditación tiene una significación extraordinaria. Puede ser la puerta hacia el verdadero conocimiento propio, y puede abrir la puerta hacia la realidad; al abrir la puerta y experimentar directamente, hay una posibilidad de comprender la vida, la cual es relación. La meditación, la verdadera clase de meditación, es esencial. Descubramos, pues, cuál es la verdadera clase de meditación; para descubrir qué es verdadero, debemos abordarlo negativamente. Limitarnos a decir que ésta o aquélla es la verdadera meditación nos dará tan sólo un modelo, el cual adoptaremos y practicaremos, y eso no será verdadera meditación. Por lo tanto, mientras hablo de ello, por favor síganme atentamente y experiméntenlo a medida que avanzamos juntos. Porque hay diferentes tipos de meditación. No sé si algunos de ustedes los han practicado o si se han entregado a ellos: encerrándose solos en una habitación, sentándose en un rincón oscuro y así sucesivamente. Examinemos, pues, todo el proceso de lo que llamamos meditación.

En primer lugar consideremos la meditación en la que se halla implicada la disciplina. Cualquier forma de disciplina tan sólo

Sexta charla en El Robledal

fortalece el "sí mismo", y el "sí mismo" es una fuente de contienda, de conflicto. Es decir, si nos disciplinamos para ser algo, ¡y tanta gente lo hace! –«este mes voy a ser bondadoso, voy a practicar la bondad», etc.–, semejante disciplina, semejante práctica por fuerza tiene que fortalecer el "yo". Usted podrá ser exteriormente bondadoso, pero un hombre que practica la bondad y está consciente de su bondad, no es por cierto, bondadoso. Así, pues, esa práctica que la gente llama también meditación, no es la verdadera clase de meditación porque, como lo discutimos ayer, si uno practica algo, la mente queda atrapada en eso y, por lo tanto, no hay libertad. Pero la mayoría de nosotros desea un resultado; o sea, esperamos ser bondadosos a fin de mes o al final de cierto período, porque los maestros han dicho que finalmente debemos ser bondadosos para encontrar a Dios. Puesto que nuestro deseo es encontrar a Dios como la fuente suprema de nuestra seguridad y felicidad, compramos a Dios por medio de la bondad, lo cual es, obviamente, el fortalecimiento del "yo" y "lo mío", un proceso de autoencierro, y cualquier cosa que nos encierra, cualquier acción que nos ata, jamás puede darnos la libertad. Eso es evidente, no caben dudas.

Después, está todo este proceso de la concentración, al que también se le llama meditación. Usted se sienta con las piernas cruzadas, porque ésa es la moda proveniente de la India, o se sienta en una silla, en una habitación a oscuras, o frente a un cuadro o una imagen, y trata de concentrarse en una palabra, en una frase, en una figura mental, y excluye todos los demás pensamientos. Estoy seguro de que muchos de ustedes lo han hecho. Pero los otros pensamientos siguen acudiendo en abundancia, y usted los expulsa; y continúa con la lucha hasta que es capaz de concentrarse en un solo pensamiento y excluir todo lo demás. Entonces se siente satisfecho; al menos ha aprendido a fijar su mente en un punto que considera esencial. Pregunto nuevamente: mediante la exclusión, ¿descubre usted algo? Mediante la exclusión, la represión, el rechazo, ¿puede estar quieta la mente?

El conocimiento de uno mismo

Porque, como dije, sólo puede haber comprensión cuando la mente está de veras quieta, no reprimida, no tan concentrada en una idea como para volverse excluyente; no importa si la idea es acerca de un Maestro, de alguna virtud o de lo que fuere. La mente jamás puede estar quieta por obra de la concentración.

En los niveles superficiales de la conciencia, usted podrá forzar la quietud, hacer que su cuerpo se quede perfectamente inmóvil, su mente muy calmada; pero ésa no es, por cierto, la quietud de todo su ser. Así, pues, tampoco esto es meditación, es tan sólo coacción (cuando el motor quiere funcionar a su máxima velocidad, usted lo retiene, le aplica los frenos). Mientras que, si es capaz de examinar cada interés, cada pensamiento que acude a su mente, de examinarlo a fondo, por completo, entonces la mente no divagará, porque ha descubierto el valor de cada pensamiento; en consecuencia, éstos ya no la atraen, lo cual implica que no hay distracción. Una mente propensa a distraerse y que resiste la distracción, es incapaz de meditar. Porque, ¿qué es la distracción? Espero que estén experimentando con lo que digo, que experimenten mientras hablo, a fin de descubrir la verdad al respecto. La verdad es lo que libera, no mis palabras ni las opiniones de ustedes.

Llamamos distracción a cualquier movimiento que nos aleja de aquello que, a nuestro juicio, debería interesarnos. Escogemos un interés en particular, un interés así llamado noble, y fijamos en él nuestra mente, pero cada movimiento que nos aleja de él es una distracción, y entonces resistimos la distracción. Pero, ¿por qué escogemos ese único interés en particular? Obviamente porque es gratificante, porque nos da una sensación de seguridad, de plenitud, un sentimiento de "lo otro". Entonces decimos: «debo fijar mi mente en eso», y cualquier movimiento fuera de eso es una distracción. Desgastamos nuestra vida en luchar contra las distracciones y en fijar la mente en alguna otra cosa, mientras que, si examinamos cada distracción y no nos limitamos a fijar la mente en una atracción determinada, veremos que la

Sexta charla en El Robledal

mente ya no es más propensa a distraerse, porque ha comprendido tanto las distracciones como las atracciones y, por ende, es capaz de ejercer una amplia percepción alerta sin exclusión alguna. En síntesis, la concentración no es meditación, y disciplinarse no es meditar.

Luego están las oraciones, todo el problema de rezar y recibir. Eso también es llamado meditación. ¿Qué entendemos por rezar? La forma vulgar es la súplica, y están las formas sutiles en diferentes niveles de la oración. La forma vulgar que todos conocemos es: «estoy en un aprieto, me siento desdichado física o psicológicamente, y necesito alguna ayuda.» Por lo tanto, ruego, suplico... y, obviamente, hay una respuesta. Si no hubiera respuesta, la gente no rezaría. Millones lo hacen. Ustedes rezan sólo cuando están en dificultades, no cuando son dichosos, no cuando existe ese sentido extraordinario de "lo otro".

Ahora bien, ¿qué ocurre cuando rezan? Tienen una fórmula, ¿no? Mediante la repetición de una fórmula, la mente superficial se aquieta, ¿verdad? Inténtelo y lo verá. Repitiendo ciertas frases o palabras verá cómo el ser entra gradualmente en un estado de calma. Es decir, su conciencia superficial se halla en calma; y entonces, en ese estado, usted es capaz de recibir las insinuaciones de alguna otra cosa. Así, pues, al calmar la mente mediante una palabra repetitiva, mediante las así llamadas oraciones, uno puede recibir insinuaciones y sugerencias, no sólo del subconsciente, sino de todo cuanto le rodea; pero eso, por cierto, no es meditación, porque lo que uno recibe tiene que ser satisfactorio, de otro modo lo rechazaría. Por lo tanto, cuando rezamos y de tal modo aquietamos la mente, nuestro deseo es resolver un problema en particular o una confusión o algo que nos causa dolor. Buscamos, pues, una respuesta que sea satisfactoria. Cuando uno ve esto, dice: «no debo buscar satisfacción; estaré abierto a eso que es doloroso.» La mente es tan capaz de jugar trucos consigo misma, que debemos estar alerta a todo el contenido de este problema de la oración. Uno ha aprendido un truco: cómo aquietar la mente para que pueda recibir ciertas respuestas agradables o no agradables. Pero eso no es meditación, ¿verdad?

Después está este asunto de la devoción hacia alguien: verter a raudales nuestro amor en Dios, en una imagen, en algún santo, en algún Maestro. ¿Es meditación eso? ¿Por qué vertemos así nuestro amor en Dios, en aquello que no podemos conocer? ¿Por qué nos atrae tanto lo desconocido y le entregamos nuestras vidas, nuestro ser? Todo este asunto de la devoción, ¿no indica, acaso que, siendo desdichados en nuestras propias vidas, careciendo de una relación vital con otros seres humanos, tratamos de proyectarnos hacia algo, hacia lo desconocido, y entonces adoramos lo desconocido? Ustedes saben, las personas que son devotas de alguien, de algún Dios, de alguna imagen, de algún Maestro, suelen ser crueles, obstinadas. Son intolerantes con los demás; están dispuestas a destruir a otros, debido a que ellas se han identificado tanto con esa imagen, con ese Maestro, con esa experiencia. Así pues, el derramar nuestra devoción en un objeto, ya sea autocreado o creado por otro, tampoco es meditación.

Entonces, ¿qué es meditación? Si ninguna de estas cosas es meditación –la disciplina, la concentración, la plegaria, la devoción–, entonces, ¿qué es la meditación? Ésas son las formas que conocemos, con las que estamos familiarizados. Pero, para descubrir aquello que no nos es familiar, primero debemos liberarnos de las cosas que nos son familiares, ¿no es así? Si esas cosas no son verdaderas, entonces deben ser desechadas. Sólo así seremos capaces de descubrir qué es la verdadera meditación. Si hemos estado acostumbrados a los falsos valores, esos falsos valores deben llegar a su fin para que pueda descubrirse el nuevo valor, no porque yo lo diga, sino porque ustedes examinan por sí mismos esos valores falsos, los sondean a fondo y, cuando tales valores han desaparecido, ¿qué les queda? ¿Cuál es el residuo que deja el examen de estas cosas? ¿No revela, acaso, el proceso de nuestro propio pensar? Si nos hemos complacido en estas cosas y vemos que son falsas, descubrimos por qué nos hemos

Sexta charla en El Robledal

estado complaciendo en ellas; por lo tanto, el examen mismo de todo esto revela el comportamiento de nuestro propio pensar. En consecuencia, este examen es el origen del conocimiento propio, ¿no es así?

De modo que la verdadera meditación es el principio del conocimiento propio. Sin conocimiento propio, usted puede sentarse en un rincón, meditar en los Maestros, desarrollar virtudes, etc.; son todas ilusiones y no tienen ningún sentido para la persona que de veras anhela descubrir qué es la verdadera meditación. Porque, sin conocimiento propio, soy yo mismo el que proyecta una imagen a la que llamo el Maestro, y esa imagen se convierte en mi objeto de devoción, por el que estoy dispuesto a sacrificar, a construir y a destruir. Por lo tanto, como se ha explicado, el conocimiento propio sólo es posible cuando examinamos nuestra relación con estas cosas, la cual revela el proceso de nuestro propio pensar; por consiguiente, hay claridad en todo nuestro ser; y éste es el principio de la comprensión, del conocimiento propio. Sin conocimiento propio no puede haber meditación, y sin meditación no puede haber conocimiento propio. Recluirnos en un rincón, sentarnos frente a un cuadro, desarrollar virtudes mes tras mes –una virtud diferente cada mes, verde, morada, blanca, etc.–, ir a las iglesias, practicar ceremonias... ninguna de esas cosas es meditación ni es verdadera vida espiritual. La vida espiritual surge cuando comprendemos la relación; y esto es el principio del conocimiento propio.

Ahora bien, cuando hemos pasado por eso y hemos abandonado todos estos procesos que sólo revelan al "yo" y sus actividades, entonces hay una posibilidad de que la mente pueda estar quieta, no tan sólo en su nivel superficial, sino internamente quieta, porque entonces cesan todas sus exigencias. No hay búsqueda de sensaciones, no hay sentido de devenir: yo llegando a ser algo en el futuro o mañana. Ustedes sabe, el Maestro, el iniciado, el discípulo, el Buda... subir por la escalera del éxito, llegar a ser alguna cosa. Todo eso ha cesado, porque eso implica el proceso del devenir. Hay una terminación del devenir únicamente cuando comprendemos *lo que es*, y la comprensión de *lo que es* llega con el conocimiento propio, el cual revela exactamente lo que somos. Y, cuando cesa todo deseo, lo cual sólo adviene gracias al conocimiento propio, la mente está quieta.

La cesación del deseo no puede generarse mediante la compulsión, la plegaria, la devoción, la concentración. Todas estas cosas tan sólo acentúan el conflicto del deseo que se genera en los opuestos; pero, cuando ellas llegan a su fin, la mente está de veras silenciosa, no sólo en los niveles superficiales sino internamente, en los niveles profundos. Únicamente entonces es posible para ella recibir aquello que es inconmensurable. La comprensión de todo esto –no sólo de una parte– es meditación. Porque, si no sabemos cómo meditar, no sabremos cómo actuar. La acción, al fin y al cabo, es conocimiento propio en la relación, y el mero encerrarnos en un lugar sagrado donde se quema incienso, se lee acerca de las meditaciones de otras personas y de lo que significan, es completamente inútil, no tiene sentido. Es un magnífico escape.

Pero darnos cuenta de toda esta actividad humana, que somos nosotros mismos: el deseo de lograr, de conquistar, de poseer ciertas virtudes, todo ello poniendo énfasis en el "yo" como lo importante ahora o en el futuro –el devenir del "yo"–, darnos cuenta de eso en su totalidad, es el origen mismo del conocimiento propio y de la meditación. Entonces verán, si están de verdad atentos, que surge una maravillosa transformación, la cual no es una expresión verbal, no es mera repetición, sensación, sino que de hecho, realmente, vigorosamente, tiene lugar algo que no puede ser nombrado, puesto en palabras. Y esto no es el don de unos pocos, no es el don de los Maestros; el conocimiento propio es posible para todos si están dispuestos a experimentar, a intentarlo. Ustedes no tienen que afiliarse a ninguna sociedad, no tienen que leer ningún libro, ni estar a los pies de ningún Maestro, porque el conocimiento propio les libera de

Sexta charla en El Robledal

todo ese absurdo, de las estupideces de invención humana. Sólo así, por obra del conocimiento propio y de la verdadera meditación, hay libertad. Y entonces, la realidad se revela; pero esto no es posible mediante los procesos mentales. La realidad debe venir a uno, y sólo puede venir cuando uno está libre del deseo.

31 de julio de 1949

SÉPTIMA CHARLA EN EL ROBLEDAL

Durante los tres fines de semana pasados hemos estado considerando de diferentes maneras el problema del conocimiento propio y cómo éste es necesario para comprender el proceso de nuestro propio pensar y sentir. Sin comprendernos a nosotros mismos de manera clara y definida, no es posible pensar rectamente. Pero, por desgracia, entre muchos de ustedes o, al menos, entre los que están comprometidos con una peculiar forma de prejuicio a la que ellos llaman el «pensar», parece haber quedado la impresión de que éste es un enfoque individualista y totalmente egocéntrico, de que no nos conduce a la realidad; según ellos, hay numerosos senderos hacia la realidad, y éste del conocimiento propio debe llevar, invariablemente, a la inacción, al egoísmo y a la aspereza individual.

Ahora bien, si uno examina esto clara e íntegramente, con inteligencia, ve que no puede haber sendero alguno hacia la verdad; no hay sendero "de ustedes" y sendero "mío": el sendero del servicio social, el sendero del conocimiento, el sendero de la devoción, y los demás senderos innumerables que los filósofos han inventado y que dependen de sus idiosincrasias particulares y de sus respuestas neurológicas. Si uno puede reflexionar claramente y sin prejuicio acerca de esta cuestión (entiendo por prejuicio

Séptima charla en El Robledal

estar comprometido con un pensamiento, una acción o una creencia en particular, ignorando por completo que ello debe ser inevitablemente restrictivo), verá que cualquier sendero especial debe limitarnos invariablemente y, en consecuencia, no puede conducirnos hacia la realidad. Porque un sendero de acción o un sendero devocional no son, por cierto, suficientes en sí mismos. Cuando un hombre está lleno de conocimientos, por eruditos o enciclopédicos que éstos puedan ser, si carece de amor, sus conocimientos son inútiles, son mera teoría. Un hombre de creencias, como ya discutimos, debe inevitablemente moldear su vida de acuerdo con el dogma, el principio que él sostiene; por lo tanto, su experiencia debe ser limitada y jamás puede ser liberadora. Al contrario, ata, coacciona. Y, como dijimos, sólo en libertad podemos descubrir algo nuevo, algo fundamental.

Así pues, la dificultad con la mayoría de nosotros, a mi entender, es que estamos comprometidos con tantas creencias, con tantos dogmas, que ello nos impide mirar, como por primera vez, algo nuevo. En consecuencia, puesto que la realidad, Dios, o como quieran llamarlo, debe ser algo inimaginable, algo inconmensurable, la mente no puede comprenderlo. Haga lo que hiciere, no puede ir más allá de sí misma. Puede crear una realidad a su propia imagen, pero eso no será la realidad; será tan sólo una autoproyección. Por lo tanto, para comprender la realidad, o para que esa inmensidad pueda revelarse, uno debe comprender el proceso de su propio pensar. Ésa es, evidentemente, la manera correcta de abordar esto. No es "mi" manera ni la manera "de ustedes"; es la única manera inteligente. Y la inteligencia no es de ustedes ni mía; está mucho más allá de todos los países y de todos los senderos, más allá de todas las actividades religiosas, sociales o políticas. No pertenece a ninguna sociedad, a ningún grupo especial. La inteligencia se manifiesta sólo con la comprensión de uno mismo, lo cual no implica, por cierto, poner énfasis en el individuo. Por el contrario, lo que hace hincapié en el individuo es el insistir en un sendero, en una creencia o en alguna ideología, aunque ese individuo pueda pertenecer a un grupo grande de personas o pueda estar identificado con ese grupo. La mera identificación con lo colectivo no significa que uno esté libre de la individualidad limitada.

Es importante, pues, comprender que la realidad, o Dios, o el nombre que quieran darle, no puede descubrirse mediante ningún sendero especial. Los hindúes han dividido muy ingeniosamente a los seres humanos en diversos tipos y han establecido senderos para ellos. Y ningún sendero –todos destacan la individualidad y no la liberación respecto a ésta– puede, por cierto, conducirnos a la realidad, puesto que cultiva lo particular; ningún sendero nos libera del egoísmo, del prejuicio, libertad que es tan esencial para la comprensión.

Por eso, durante las tres últimas semanas hemos estado discutiendo la importancia del conocimiento propio, el cual no implica, en absoluto, poner el acento en lo personal. Si no me conozco a mí mismo, no tengo ninguna base para pensar; cualquier cosa que pienso es tan sólo una imposición, una aceptación de diversas influencias externas, una coacción circunstancial. Por cierto, eso no es pensar. El hecho de que me haya educado en determinada sociedad, de la izquierda o de la derecha, y haya aceptado desde la infancia cierta ideología, no implica que pueda pensar de un modo nuevo acerca de la vida. Funciono meramente dentro de ese molde especial y rechazo toda otra cosa que se me presente, mientras que, para pensar rectamente, con veracidad y profundidad, debo comenzar por poner en tela de juicio todo el proceso del entorno y la influencia que ejerce sobre mí el medio del cual formo parte. Sin comprender este proceso en toda su sutileza, es obvio que no tengo base para el pensar.

De modo que es absolutamente esencial que el proceso de la mente sea comprendido por completo, no sólo en el nivel consciente, superficial, sino en los niveles mentales más profundos. Porque es relativamente fácil comprender la mente superficial, observar sus reacciones, sus respuestas, ver cuán instintivamente actúa y piensa. Pero eso es tan sólo el comienzo, ¿verdad? Mu-

Séptima charla en El Robledal

cho más difícil es penetrar más a fondo, más profundamente dentro de todo el proceso de nuestro pensar; y si no conocemos el proceso en su totalidad, entonces lo que pensamos, lo que creemos, lo que no creemos, ya sea que creamos o no creamos en los Maestros, que creamos o no creamos en Dios, todo es irrelevante, es casi inmaduro.

Ahora bien, al escuchar a otro es comparativamente fácil ver en esa relación un espejo en el que nos descubrimos a nosotros mismos; pero nuestro problema es también investigar eso mucho más a fondo, y aquí es donde radica nuestra dificultad. Quizás unos cuantos de nosotros puedan deshacerse de sus prejuicios, de sus creencias superficiales, renunciar a una que otra sociedad e ingresar en nuevas organizaciones –las muchas cosas que uno hace–; pero no hay duda de que es mucho más importante descender a capas más profundas de la conciencia y descubrir exactamente lo que allí ocurre: cuáles son los compromisos internos de los que somos tan inconscientes, nuestras creencias, nuestros miedos que ignoramos por completo, pero que de hecho guían y moldean nuestra acción. Porque lo interno se impone siempre sobre lo externo. Uno puede tamizar astutamente lo externo, pero a la larga lo interno desbarata lo externo. En cualquier sociedad utópica podemos elaborar muy cuidadosa y hábilmente un orden social, pero sin esta comprensión psicológica de toda la estructura humana, lo externo es siempre aplastado por lo interno.

¿Cómo es posible, entonces, penetrar en las capas más profundas de la conciencia? Porque allí es donde yace oculta la mayoría de nuestras idiosincrasias, la mayoría de nuestros miedos que dan origen a las creencias, la mayoría de nuestros deseos y de nuestras ambiciones. ¿Cómo hacer accesible todo eso, cómo exponerlo y comprenderlo? Si somos capaces de ahondar en estas cosas y experimentarlas de hecho, no tan sólo verbalmente, entonces podremos liberarnos de ellas, ¿no es así?

Tomemos, por ejemplo, la ira. ¿Es posible experimentar ira y darnos cuenta de la ira sin ponerle un nombre? No sé si lo han in-

El conocimiento de uno mismo

tentado alguna vez, si han experimentado un estado al que no nombran. Si tenemos una experiencia, le asignamos un vocablo, la nombramos a fin de explorarla, de comunicarla o de fortalecerla. Pero jamás experimentamos algo sin nombrarlo; eso es sumamente difícil para la mayoría de nosotros, ¿verdad? El nombrar llega casi antes que la experiencia misma. Pero si no la nombramos, quizá sea posible entonces penetrar en las capas más profundas de la conciencia. Por eso debemos estar alerta aun en el nivel superficial, el nivel de nuestros prejuicios, temores, ambiciones, de nuestras fijaciones en una rutina particular, y tanto si somos jóvenes como si somos viejos, si pertenecemos a la derecha como a la izquierda. Por consiguiente, tiene que haber cierto descontento, el cual a menudo le es negado a los más viejos, porque éstos no quieren sentirse descontentos; se han quedado fijos, van a desaparecer lentamente; por eso se establecen, se cristalizan en una determinada rutina y rechazan todo lo que sea nuevo.

Pero el descontento es, sin duda, necesario; no el descontento que se canaliza fácilmente en una rutina particular, en una acción determinada, en cierta creencia, sino el descontento que jamás se satisface. Porque la mayor parte de nuestro descontento surge de la falta de satisfacción. Tan pronto hemos encontrado satisfacción, el descontento llega a su fin. En consecuencia, casi todo nuestro descontento es en realidad una búsqueda de satisfacción; el genuino descontento, en cambio, es un estado en el que no hay búsqueda de satisfacción. En el momento en que me he satisfecho fácilmente, se terminó el problema del descontento. Si acepto la ideología de la izquierda o de la derecha, o alguna creencia en particular, mi insatisfacción se satisface con facilidad. Pero el descontento es, por cierto, de una cualidad diferente. El contentamiento es ese estado en el que se comprende *lo que es*. Para comprender *lo que es* no tiene que haber prejuicio alguno. Requiere un enorme estado de alerta mental ver las cosas tal como son. Pero si nos satisfacemos fácilmente, esa percepción alerta se embota, se adormece.

Séptima charla en El Robledal

Así, pues, nuestro problema en todo esto –que es un asunto de relación– consiste en estar atentos a nosotros mismos en la acción, en lo que estamos pensando, en lo que decimos, de modo que en la relación nos descubramos, nos veamos tal como somos. Pero superponer nuestras creencias a eso que somos, no contribuye, ciertamente, a la comprensión de nosotros mismos. Por lo tanto, es indispensable que nos liberemos de esta imposición –política, sociológica o religiosa–, la cual puede revelarse únicamente en la relación. En tanto esa relación no se comprenda, tendrá que haber conflicto, entre dos personas o entre muchas. Para que ese conflicto llegue a su fin tiene que haber conocimiento propio, y cuando la mente está quieta –no deliberadamente aquietada–, sólo entonces, es posible comprender la realidad.

Me han entregado muchas preguntas, y todas no pueden ser contestadas, es natural, pero trataré de responder a tantas como sea posible de las más representativas, aunque a veces las preguntas puedan ser presentadas en palabras diferentes, con un cambio de términos. Espero, pues, que no les importe.

Pregunta: Si he de ser perfectamente sincero, debo admitir que siento rencor y, a veces, casi odio, por todo el mundo. Eso hace que mi vida sea muy desdichada y dolorosa. Comprendo intelectualmente que yo soy este rencor, este odio, pero no puedo manejármelas con ello. ¿Puede usted enseñarme un modo de hacerlo?

KRISHNAMURTI: Bueno, ¿qué entendemos por "intelectualmente"? Cuando decimos que comprendemos algo intelectualmente, ¿qué queremos decir con eso? ¿Hay tal cosa como la comprensión intelectual? ¿O la mente tan sólo comprende las palabras, ya que ése es nuestro único medio de comunicarnos los unos con los otros? ¿Acaso comprendemos algo verbalmente? Esto es lo primero que debemos tener en claro: si la así llamada "comprensión intelectual" no es un impedimento para la comprensión. Por cierto, la comprensión es integral, no se halla dividida, no es parcial. O comprendemos algo o no lo comprendemos. Decirnos: «tengo que comprender tal cosa intelectualmente» es, sin duda, una barrera para la comprensión. Es un proceso parcial y, por consiguiente, no es comprensión en absoluto.

Ahora bien, la pregunta es ésta: ¿de qué modo yo, que estoy lleno de rencor, de odio, puedo librarme de ese problema o manejármelas con él? ¿Cómo salimos adelante con un problema? ¿Qué es un problema? Por cierto, un problema es algo que nos perturba.

Por favor, ¿puedo sugerir algo? Siga simplemente lo que estoy diciendo. No trate de resolver su problema de rencor y odio; sólo siga esto. Aunque sea difícil investigar este problema como para que al final esté usted libre de él, veamos si podemos hacerlo ahora. Intentarlo juntos será un experimento interesante.

Soy rencoroso, siento odio, odio a la gente, y eso causa dolor. Y me doy cuenta de ello. ¿Qué he de hacer? Es un factor muy inquietante en mi vida. ¿Qué he de hacer, cómo puedo librarme realmente de él, no sólo descartándolo momentáneamente, sino librarme de una manera fundamental? ¿Cómo he de hacerlo?

Y bien, es un problema para mí, ya que me perturba. Si no fuera algo perturbador, no sería un problema, ¿verdad? Como causa dolor, inquietud, ansiedad, como pienso que es desagradable, quiero librarme de él. Por lo tanto, lo que objeto es la perturbación, ¿no es así? Le doy nombres diferentes en ocasiones diferentes, en estados de ánimo diferentes; un día lo llamo de este modo y otro día le doy un nombre distinto. Pero el deseo es, básicamente, no ser perturbado. ¿No se trata de eso? Como el placer no es perturbador, lo acepto. No deseo librarme del placer, porque en él no hay perturbación, al menos por el momento. Pero el odio, el rencor, son elementos muy perturbadores en mi vida, y deseo desembarazarme de ellos.

Así que mi interés es no ser perturbado, y trato de hallar un modo de vivir en el que jamás será perturbado. Y ¿por qué no de-

Séptima charla en El Robledal

bería ser perturbado? Debo serlo para descubrir, ¿no es así? Para ello tengo que pasar por tremendos cataclismos, disturbios, ansiedades. Porque, si no soy perturbado, me adormeceré, y eso es, quizá, lo que casi todos deseamos: apaciguarnos, adormecernos, alejarnos de cualquier perturbación, encontrar el aislamiento, la reclusión, la seguridad. Por lo tanto, si no me opongo a ser perturbado –si no me opongo de hecho, no sólo superficialmente–, porque lo que deseo es descubrir, entonces mi actitud hacia el odio, hacia el rencor, experimenta un cambio, ¿verdad? Si no me opongo a que me perturben, entonces el nombre no es importante: la palabra *odio* carece de importancia, así como no es importante el *rencor* que siento por la gente, ¿no es cierto? Porque entonces estoy experimentando directamente el estado al que llamo *rencor*, no nombro esa experiencia convirtiéndola en palabras. No sé si me explico bien.

Es decir, la ira es una cualidad muy perturbadora, tal como lo son el odio y el rencor, y muy pocos experimentamos la ira directamente, sin nombrarla. Si no la nombramos, si no la llamamos "ira" hay, sin duda, una experiencia diferente, ¿no es así? Debido a que la calificamos como "ira", reducimos la nueva experiencia o la fijamos en función de lo viejo, mientras que, si no la nombramos, hay una experiencia que es comprendida directamente, y esto origina una transformación en ese experimentar. ¿Soy claro? Por favor, esto no es simple.

Tomemos, por ejemplo, la mezquindad. Muy pocos de nosotros, si somos mezquinos, nos damos cuenta de ello (mezquinos acerca de asuntos monetarios, mezquinos para perdonar a la gente... ustedes saben, simplemente, ser mezquinos). Estoy seguro de que eso nos resulta familiar. Ahora bien, si nos damos cuenta de esa característica, ¿cómo vamos a liberarnos de ella? No se trata de volvernos generosos, ése no es el punto. Estar libres de mezquindad ya implica generosidad, uno no tiene que "volverse" generoso. Es obvio, pues, que debemos estar conscientes de esto. Podemos ser muy generosos entregando una gran donación a

El conocimiento de uno mismo

nuestra sociedad, generosos con nuestros amigos, pero espantosamente mezquinos respecto de entregar algo que para nosotros es más importante... Ustedes saben qué entiendo por "mezquino". Uno es inconsciente de eso. Cuando cobra conciencia de ese hecho, ¿qué sucede? Ejerce su voluntad para ser generoso; trata de superar la mezquindad, se disciplina para volverse generoso, y así sucesivamente. Pero, al fin y al cabo, el ejercicio de la voluntad para ser esto o aquello sigue formando parte de la mezquindad en un círculo más amplio. De modo que, si no hacemos ninguna de estas cosas, si tan sólo nos damos cuenta de las implicaciones de la mezquindad, sin nombrarla, veremos que ocurre una transformación radical. Consideren la ira: si no la nombran, si tan sólo la experimentan –no verbalizándola, porque la verbalización es un proceso que mitiga la experiencia–, si no le dan un nombre, entonces la experiencia es aguda, se torna muy intensa y actúa como un *shock*; sólo entonces es posible liberarse de ella.

Por favor, experimente con esto. En primer lugar, uno debe verse perturbado, y es obvio que a casi ninguno de nosotros le gusta que lo perturben. Pensamos que hemos encontrado un patrón de vida: el Maestro, la creencia, lo que fuere, y en él echamos raíces. Es como tener un buen empleo burocrático y funcionar ahí por el resto de nuestra vida. Con esa misma mentalidad abordamos las diversas características de las que queremos desembarazarnos. No vemos la importancia de ser perturbados, de sentirnos internamente inseguros, de no depender. Por cierto, es únicamente en la inseguridad en donde podemos descubrir, ver, comprender. Queremos sentirnos tranquilos, cómodos, ser como un hombre que posee muchísimo dinero, pero él, seguramente, no será perturbado, él no desea que lo perturben.

De modo que la perturbación es esencial para comprender, y cualquier intento de hallar la seguridad es un obstáculo para la comprensión; cuando deseamos librarnos de algo que nos perturba, ese deseo es, sin duda, un obstáculo, pero si podemos experimentar un sentimiento directamente, sin nombrarlo, pienso que

Séptima charla en El Robledal

en eso descubriremos muchísimo; entonces ya no hay una batalla con aquello que nos perturba, porque el experimentador y lo experimentado son una sola cosa, y eso es fundamental. En tanto el experimentador nombra el sentimiento, la experiencia, se separa a sí mismo de la experiencia y actúa sobre ella; una acción así es artificial, ilusoria. Pero si no hay un nombrar, el experimentador y la experiencia son un hecho único. Esta integración es indispensable y debe ser radicalmente encarada. Espero que esto sea claro. Si no lo es, lo discutiremos en otras reuniones.

Pregunta: Le he escuchado hace algunos años, y por entonces esto no significó mucho para mí; pero al escucharle ahora parece significar muchísimo. ¿Cómo es esto?

KRISHNAMURTI: Existen varias explicaciones: que usted ha madurado, que ha progresado, que la vida ha golpeado a su puerta, que ha sufrido intensamente, etc. Es decir, si lo que estamos considerando significa algo para usted; si piensa que son puras tonterías, entonces la explicación es muy simple. Ahora bien, las personas que creen en el progreso le darán una clase de explicación: que usted ha madurado poco a poco, que necesita tiempo, no sólo unos cuantos años sino otra vida, que el tiempo es esencial para la comprensión y que, aun cuando pueda no haber comprendido en un comienzo, comprenderá más tarde gracias a un gradual perfeccionamiento de la experiencia... ya sabe, todas las distintas teorías que uno tiene. Pero, ciertamente, hay una manera mucho más simple de considerar esto, ¿verdad? Tal vez, por alguna razón desconocida, un amigo suyo le trae aquí; usted escucha con cierta indiferencia y se va; ello no significa mucho, excepto que hay árboles hermosos, que tiene un viaje placentero, etc. Y se marcha. Pero, inconscientemente, ha asimilado algo. ¿No ha notado que, cuando conduce un automóvil, o mientras pasea, aunque su mente consciente pueda estar prestando atención a la conducción o viendo atentamente una cosa en especial, la otra parte

El conocimiento de uno mismo

está absorbiéndolo todo inconscientemente? Algo ha ocurrido, una semilla ha sido sembrada y usted no tiene conciencia de ella, pero más tarde sale a luz. Está ahí. Así, lo que al principio pudo no significar mucho, ya que usted ha oído algo de lo que no era consciente, luego eso reacciona sobre usted.

Por cierto, éste es todo el propósito de la propaganda, ¿no es así? No es que yo sea un propagandista, siento horror por la propaganda. Pero eso es lo que está sucediendo en el mundo con los diarios, las revistas, las películas, la radio y demás. Mientras usted prosigue haciendo algo en lo que está realmente interesado, la radio le transmite propaganda. Su mente se halla en otra parte, pero usted la está absorbiendo por vía inconsciente, y más tarde, cuando esa absorción es provocada, sale a la luz, tal como ocurre con las respuestas automáticas a la guerra, al nacionalismo, a la aceptación de ciertas creencias, ya sean de la derecha o de la izquierda.

¿Cómo creen usted que los niños se impregnan de ciertas ideas? Es el constante impacto de esas ideas sobre el inconsciente. Y ellos las aceptan; cuando crecen, son eso mismo que han absorbido, ya sea de la izquierda o de la derecha, ya sea de esta religión o de aquélla; eso es lo que son, con sus innumerables creencias y sus mentes condicionadas. El inconsciente ha estado absorbiendo todo el tiempo. Y puede absorber tanto lo feo como lo bello, tanto lo verdadero como lo falso. Nuestra dificultad radica en estar libres de todas estas impresiones y mirar la vida de nuevo. ¿Es posible estar libres de la influencia de estos constantes impactos? O sea, darnos cuenta de estos impactos y no ser influidos por ellos. Porque están ahí. ¿Puedo ser lo bastante sensible, estar lo bastante alerta como para saber qué es falso, qué es engañoso, de modo que ni siquiera haya resistencia? Porque tan pronto resisto, fortalezco lo que estoy resistiendo; por lo tanto, me vuelvo parte de ello. Pero si lo comprendo, eso ya no ejerce más influencia alguna, ni sobre lo consciente ni sobre lo inconsciente.

Séptima charla en El Robledal

¿Es, entonces, posible liberarse de todas las influencias que nos condicionan y a base de las cuales nos hemos educado? ¿Liberarnos del nacionalismo, de las diferencias de clase, de las innumerables creencias religiosas y de las ideologías políticas? Por cierto, uno debe ser libre; de lo contrario no puede descubrir lo que hay más allá de la libertad. Pero, para ser libre, debe examinar todas estas cosas, ¿no es así?, y no aceptar nada, lo cual no implica cultivar la duda. En consecuencia, por todo eso, uno debe comprender el contenido de su propia conciencia, de lo que uno es.

Pregunta: ¿Querría usted hablarnos acerca del pecado?

KRISHNAMURTI: Con propósitos de civilización, todas las religiones organizadas han cultivado, por desgracia, el sentimiento de culpa. Casi todos lo experimentamos; cuanto más sensibles somos, tanto más agudo es el sentimiento. Cuanto más responsables nos sentimos, más sentimiento de culpabilidad tenemos. Vemos esta confusión mundial, las guerras que nos amenazan, toda la trapacería que nos rodea, y, siendo sensibles, despiertos, inteligentes, estando suficientemente interesados en lo que pasa, sentimos que somos responsables. Y como es tan poco lo que uno puede hacer, surge el sentimiento de culpa. Ésa es una parte del problema. Entonces, a fin de mantener al hombre dentro de límites civilizados, este sentimiento de que obramos mal ha sido cuidadosa y diligentemente cultivado, ¿no es así? De lo contrario, ustedes se saldrían de sus límites. Porque, si no tuviéramos normas ni sanciones ni un código moral –no es que haya mucho de eso ahora–, sería peor. Así, la religión, la creencia organizada, ha sostenido y cultivado cuidadosamente este sentimiento de que debemos observar las reglas, de que no debemos pecar, de que no debemos cometer actos reprensibles. Nos han contenido dentro de un molde, y son sólo muy pocos los que pueden ir más allá del molde, porque casi todos deseamos permanecer dentro de él. Queremos ser respetables; el temor a la opinión pública y a tantas cosas nos retiene dentro del molde y, al estar atemorizados, al no depender de nuestra propia comprensión, la mayoría deposita su confianza en otro: el sacerdote, el psicólogo, el líder, el político, ya conocen las innumerables dependencias que cultivamos. Todas esas cosas fortalecen, como es natural, nuestra inherente ansiedad de hacer lo correcto. De todo esto surge el sentimiento de culpa.

Y está la monserga religiosa acerca del pecado. Pero, hay ciertos hechos obvios, ¿no es así?, por ejemplo, que la virtud es esencial. Pero la virtud cultivada ya no es más virtud; es tan sólo el fortalecimiento del "yo" con un nombre diferente. La virtud sólo adviene cuando estamos libres del deseo de ser alguna cosa, cuando no tememos ser nada. Y está la repetición de una acción determinada que ha causado desgracia a otros o a uno mismo, y eso puede considerarse un pecado. Por cierto, lo primero es ver algo muy claramente –lo cual puede descubrirse en la relación– y no repetirlo. La repetición es, sin duda, el error, no así la acción que tuvo lugar primero. Y para comprender esa cualidad repetitiva del deseo, tenemos que comprender toda la estructura de nosotros mismos.

Así, pues, existe toda esta cosa llamada pecado, el sentimiento de culpa. Uno puede haber hecho algo malo, como molestar a alguien, como chismorrear; pero persistir en eso es, indudablemente, lo peor que uno puede hacer. Si ven que han hecho algo malo, obsérvenlo, examínenlo a fondo y libérense de ello; no sigan repitiéndolo. Porque esta preocupación acerca de lo que hemos hecho en el pasado o que podríamos hacer en el minuto siguiente, esta constante ansiedad al respecto, este miedo, sólo refuerza la inquietud de la mente, ¿no es así? El chismorrear, el molestar, denotan una mente inquieta. Cuando no hay inquietud ni distracción, sino un estado de alerta, de vigilancia, el problema desaparece. El sentimiento de culpa nos tiene a raya a casi todos nosotros. Pero eso no es más que miedo; y el miedo, por cierto, no origina claridad de comprensión. En el miedo no hay comu-

Séptima charla en El Robledal

nión. Este miedo es lo que debemos erradicar, no el sentimiento de que uno está pecando.

Pregunta: No hay posibilidad de una acción colectiva sin un plan coordinado que implique la subordinación de la voluntad individual al propósito común. Si los individuos fueran abnegados no se necesitarían el control y la autoridad. ¿Cómo podemos alcanzar un propósito común sin refrenar la errática voluntad del individuo, aun cuando a veces ésta sea bien intencionada?

KRISHNAMURTI: Para lograr una acción colectiva recurrimos a la compulsión o al autoritarismo, o bien a una forma de miedo, de amenaza o de recompensa, cosas que nos son familiares a todos. El Estado, o un grupo de individuos, establece cierto propósito, y después compele, coacciona o persuade a los demás para que cooperen, esgrimiendo a tal fin la recompensa o el castigo, todos los diversos medios que conocemos para producir una acción coordinada. Es decir, si hay un propósito común con el que estamos todos de acuerdo, ¿no debemos, entonces someternos a él y dejar a un lado nuestra propia voluntad?

¿Cómo es posible la cooperación? Ése es, en realidad, el quid de la cuestión, ¿no? La cooperación, la acción coordinada descansa, o bien en el miedo, o en la inteligencia y el amor. Cuando determinada nación está en guerra, hay una cooperación que se basa en el miedo. Y, al parecer, el miedo, el odio, la envidia, unen a las personas más rápidamente que la inteligencia ni el amor. Hábiles estadistas, políticos, conocen esto y lo instigan; también con eso estamos familiarizados. Pero, ¿es posible unir a las personas inteligentemente, por obra del afecto? Ése es el verdadero problema, ¿no? Vemos que más y más gente se une a causa del odio, del miedo, de la coacción: movimientos de masas, el uso de métodos psicológicos de persuasión, la propaganda y demás. Si ése es el camino, entonces es inútil lo que estamos discutiendo.

El conocimiento de uno mismo

Pero si no cooperamos, si no nos unimos por obra de la codicia, ¿hay algún otro modo de hacerlo? Y, si lo hay, ¿no debemos someter la voluntad individual a un propósito más elevado?

Digamos, por ejemplo, que todos concordamos en que debe haber paz en el mundo. Y ¿cómo es posible esa paz? La paz, sin duda, sólo es posible cuando hay abnegación, cuando el "yo" no es importante. Debido a que en mí mismo soy pacífico, mis acciones serán pacíficas y, por ende, no seré antisocial. Desde mí mismo desecharé todo aquello que contribuye a la hostilidad. En consecuencia, debo pagar el precio por la paz, ¿no es así? La paz debe originarse en mí. Y cuantos más de nosotros, como individuos, estemos a favor de la paz, mayor será la posibilidad de paz en el mundo, lo cual no implica subordinar la voluntad individual al conjunto, a un propósito, a un plan, a una utopía. Veo que no podrá haber paz hasta que yo no sea pacífico, lo cual quiere decir: nada de nacionalismo, nada de clases sociales, etc., usted sabe, todas las cosas que incluye el hecho de ser pacífico, hecho que implica ser completamente abnegado, desinteresado. Y cuando eso exista, cooperaremos. Será inevitable que haya cooperación. Pero cuando hay compulsión desde afuera para obligarme a cooperar con el Estado, con un grupo, podré cooperar, pero internamente estaré luchando, internamente no habrá paz. O puede que use la utopía como un medio de autorrealización, lo que también es una expansión de mí mismo.

Así, pues, en tanto haya sometimiento de la voluntad individual a una determinada idea, por culpa de la codicia, de la identificación, es inevitable el conflicto entre el individuo y la masa. Por lo tanto, el acento ha de ponerse no en el individuo y lo colectivo como opuestos el uno al otro, sino en la libertad respecto del sentido del "yo" y "lo mío". Si esa libertad existe, no hay tal problema de lo individual y lo colectivo opuestos entre sí. Pero, dado que eso parece casi imposible, nos persuaden para que nos unamos a lo colectivo a fin de producir cierta clase de acción, para que sacrifiquemos al individuo en pro del conjunto; y el sacrifi-

Séptima charla en El Robledal

cio nos lo imponen otros, los líderes. En cambio, podemos considerar todo este problema, no como concerniente a lo individual y a lo colectivo, sino considerarlo inteligentemente, y darnos cuenta de que no podrá haber paz en tanto cada uno de nosotros no sea pacífico, y de que esa paz no puede ser comprada a ningún precio. Ustedes y yo debemos estar libres de las causas que generan conflicto dentro de nosotros. Y el centro del conflicto es el "sí mismo", el "yo". Pero la mayoría de nosotros no desea estar libre de ese "yo".

Ésa es la dificultad. A casi todos nos agradan los placeres y dolores que genera ese "yo", y en tanto estemos gobernados por los placeres y dolores del "yo", habrá conflicto entre el "yo" y la sociedad, entre el "yo" y lo colectivo; y lo colectivo dominará al "yo" y lo destruirá si puede. Pero el "yo" es mucho más fuerte que lo colectivo, y trata de obtener en lo colectivo una posición, trata de expandirse, de realizarse.

Por cierto, la libertad respecto del "yo" y, en consecuencia, la búsqueda de la realidad, el descubrimiento de la realidad, es la verdadera función del hombre. Las religiones juegan con eso en sus rituales y en sus jerigonzas, ya conocen ustedes todo ese asunto. Pero si uno cobra conciencia de todo este proceso, proceso que hemos estado discutiendo durante tantos años, entonces hay posibilidad de que funcione la inteligencia recién despierta. En eso no hay autoliberación ni autorrealización sino creatividad. Esta creatividad de lo real, que no pertenece al tiempo, es lo que nos libera de toda la cuestión de lo colectivo y lo individual. Entonces uno está verdaderamente en situación de contribuir a crear lo nuevo.

6 de agosto de 1949

OCTAVA CHARLA
EN EL ROBLEDAL

Estoy seguro de que muchos de ustedes creen en la inmortalidad, en el alma, en el *atman*, etc. Y quizás algunos han tenido una experiencia fugaz de estas cosas, pero, si me lo permiten, esta mañana quisiera abordarlas desde un punto de vista diferente; investiguémoslas con mucha seriedad e intensidad y descubramos la verdad al respecto, no según un determinado patrón de creencia o dogma religioso, o según nuestra propia experiencia personal, por inmensa, bella o romántica que pueda haber sido. Así que, por favor, examinen lo que vamos a discutir, examínenlo inteligentemente y sin prejuicios, con la intención de descubrir antes que de rechazarlo o defenderlo. Porque es un problema muy diferente el que discutiremos. Las implicaciones son muchas y, si uno puede pensar en ello de una manera nueva, quizá tendremos un enfoque distinto respecto de la acción y la vida.

Al parecer, creemos que las ideas son muy importantes. Nuestras mentes están llenas de ideas. Nuestra mente es idea; no hay mente sin idea, sin pensamiento, sin verbalización. Y las ideas juegan un papel extraordinariamente importante en nuestra vida: lo que pensamos, lo que sentimos, las creencias e ideas que nos condicionan. Para la mayoría de nosotros, las ideas tienen una significación notable, ideas que parecen coherentes, inteligentes, lógicas, y también ideas que son románticas, estúpidas, sin mucho sentido. Estamos abarrotados de ideas, toda nuestra estructura se basa en ellas. Y estas ideas surgen, obviamente, a causa de influencias externas y del condicionamiento ambiental, así como por obra de las exigencias internas. Podemos ver muy bien cómo surgen las ideas. Puesto que somos limitados y buscamos expandirnos mediante las sensaciones, las ideas se convierten en algo muy importante: ideas sobre Dios, ideas sobre moralidad, ideas sobre diversas formas de organización social y así sucesivamente.

Las ideas moldean, pues, nuestra experiencia, lo cual es un hecho obvio. Es decir, las ideas condicionan nuestra acción. La acción no crea las ideas, sino que las ideas crean la acción. Primero lo pensamos, después actuamos, y la acción se basa en las ideas. Por lo tanto, la experiencia es el resultado de ideas, pero la experiencia es diferente del experimentar. En el estado de experimentar, si lo han notado, no hay ideación en absoluto. Sólo existe un experimentar, un actuar. Más tarde surge la ideación de agrados y desagrados que se deriva de ese experimentar. O bien deseamos que esa experiencia continúe o deseamos que no continúe. Si nos agrada, regresamos a la experiencia registrada en la memoria, lo cual es ir en busca de la sensación de aquella experiencia; no es experimentar de nuevo. Por cierto, el experimentar y la experiencia son dos cosas diferentes, y eso debería quedar absolutamente claro. En el experimentar no existen el experimentador y la experiencia; sólo hay un estado de experimentar. Pero, después de experimentar, buscamos las sensaciones de ese experimentar, las anhelamos, y desde ese deseo surge la idea.

Digamos, por ejemplo, que uno ha tenido una experiencia placentera. Ya pasó, y uno la añora. O sea, añora la sensación, no el estado de experimentar, y la sensación crea ideas, basadas en el placer y el dolor, en la evitación y la aceptación, en la abnegación y la continuación. Y bien, las ideas no son básicamente importantes, porque vemos que las ideas tienen continuidad. Uno puede morir, pero las ideas que ha tenido –el haz de ideas que uno es– tienen una continuación, ya sea parcialmente o totalmente, ya sea que se manifiesten en plenitud o sólo un poco; pero tienen una forma de continuidad, es obvio.

Así, pues, si las ideas son el resultado de las sensaciones, como lo son, y si la mente está llena de ideas, si la mente es idea, entonces hay una continuación de la mente como un haz de ideas. Pero eso no es, por cierto, inmortalidad, porque las ideas son tan sólo el producto de sensaciones, sensaciones de agrado y desagrado, y la inmortalidad debe ser algo que está más allá de las ideas, algo sobre lo que la mente no puede especular, porque sólo puede especular en términos de placer y dolor, evitación y aceptación. Como la mente sólo puede pensar en esos términos, por extensiva y profundamente que lo haga, eso sigue basándose en la idea; pero la idea, el pensamiento, tiene continuidad, y lo que continúa no es, evidentemente, la inmortalidad. En consecuencia, para conocer o experimentar la inmortalidad, para experimentar ese estado, no debe haber ideación.

Uno no puede pensar acerca de la inmortalidad. Si podemos estar libres de la ideación, esto es, si no pensamos desde el punto de vista de las ideas, entonces hay únicamente un estado de experimentar, un estado en el que la ideación ha cesado por completo. Ustedes pueden experimentar con esto, no acepten lo que yo digo, porque esto implica muchísimo. La mente debe estar por completo quieta, sin movimiento alguno hacia atrás ni hacia delante, hacia lo profundo ni hacia lo alto. Es decir, la ideación debe cesar enteramente. Y esto es sumamente difícil. Por eso nos aferramos a palabras tales como *el alma, la inmortalidad, la continuidad, Dios*; todas ellas tienen efectos neurológicos, que son las sensaciones. Y de estas sensaciones se alimenta la mente; privémosla de estas cosas y está perdida, de modo que se aferra con gran fuerza a las experiencia pasadas, que ahora se han convertido en sensaciones.

Octava charla en El Robledal

¿Es posible para la mente estar tan quieta –no de manera parcial, sino en su totalidad– como para tener una experiencia directa de aquello que no es concebible, que no puede expresarse con palabras? Lo que continúa se halla, obviamente, dentro de los límites del tiempo; y, a través del tiempo, lo intemporal no puede revelarse. Por lo tanto, Dios, o como quieran llamarlo, no puede ser pensado. Si uno piensa en él, eso es tan sólo una idea, una sensación; en consecuencia, deja de ser verdadero. Es solamente una idea que tiene una continuación, una idea heredada o condicionada, y una idea semejante no es eterna, inmortal, intemporal. Resulta esencial percibir esto, ver su verdad a medida que lo consideramos, no decir: "esto es así, aquello no es así", "creo en la inmortalidad y usted no", "usted es agnóstico y yo soy devoto". Expresiones así son todas inmaduras, irreflexivas, carecen de significación. Estamos abordando algo que no es un mero asunto de opinión, de agrado o desagrado, de prejuicio. Tratamos de descubrir qué es la inmortalidad, no del modo en que lo hacen las personas que se llaman religiosas y que pertenecen a uno u otro culto especial, sino experimentando esa cosa, percibiéndola, porque en eso hay creación. Una vez que se lo ha experimentado, todo el problema de la vida sufre un cambio significativo, revolucionario; sin eso, todas las disputas y las triviales opiniones no tienen realmente ningún sentido.

Así, pues, uno ha de estar atento a todo este proceso de cómo nacen las ideas, cómo surge la acción de las ideas y cómo las ideas controlan la acción y, por ende, la limitan, puesto que dependen de la sensación. No importa de quién sean las ideas, si son de la izquierda o de la extrema derecha. Mientras nos aferramos a las ideas nos hallamos en un estado en el que no puede haber experimentar alguno. Entonces vivimos nada más que en el campo del tiempo, en el pasado, que provee nuevas sensaciones, o en el futuro, que es otra forma de sensación. Sólo cuando la mente está libre de la idea es posible el experimentar. Simplemente escuchen esto, no lo rechacen ni lo acepten. Escúchenlo como es-

El conocimiento de uno mismo

cucharían el viento entre los árboles. Ustedes no objetan el sonido del viento entre los árboles; es agradable. O, si no les agrada, se alejan. Hagan lo mismo aquí. No rechacen, simplemente descubran. Porque es mucha la gente que ha expresado su opinión en este tema de la inmortalidad; los instructores religiosos hablan de ella, tal como lo hace cada predicador a la vuelta de la esquina. Hablan de ella muchos santos, y hay numerosos escritores que la niegan o la afirman; dicen que la inmortalidad existe, o dicen que el hombre no es sino el resultado de las influencias ambientales... y así sucesivamente; hay muchísimas opiniones. Las opiniones no son la verdad, y la verdad es algo que debe ser experimentado directamente, de instante en instante; no es una experiencia que ustedes puedan desear, la cual sería entonces mera sensación. Sólo cuando uno es capaz de ir más allá del haz de las ideas, que es el "yo", la mente, que tiene una continuidad parcial o completa, sólo entonces, cuando el pensamiento está totalmente silencioso, hay un estado de experimentar. Entonces sabrá uno qué es la verdad.

Pregunta: ¿Cómo puede uno conocer o sentir, sin lugar a error, la realidad, el exacto e inmutable significado de una experiencia de la verdad? Cada vez que tengo una comprensión y siento que es la verdad, alguien a quien se la comunico me dice que tan sólo me engaño a mí mismo. Cada vez que creo haber comprendido, hay alguien ahí para decirme que vivo una ilusión. ¿Existe un modo de saber, sin ilusión alguna, sin autoengaño, cuál es la verdad acerca de mí mismo?

KRISHNAMURTI: Cualquier forma de identificación debe, por fuerza, conducirnos a ilusiones. Está la ilusión psiquiátrica, y está la ilusión psicológica. Con la ilusión psiquiátrica sabemos qué hacer. Cuando uno piensa que es Napoleón o un gran santo, ustedes saben qué se hace. Pero la identificación e ilusión psicológica es algo por completo diferente. El político, la persona

Octava charla en El Robledal

religiosa, se identifican con el país o con Dios. El político es el país, y si tiene talento es una pesadilla para el resto del mundo, ya sea pacíficamente o con violencia. Hay diversas formas de identificación: identificación con la autoridad, con un país, con una idea; identificación con una creencia, lo que nos obliga a hacer toda clase de cosas; con una ideología, por la cual estamos dispuestos a sacrificarlo todo y a todos, incluidos nosotros mismos y el país, a fin de lograr lo que deseamos; identificación con una utopía, por la cual forzamos a los demás dentro de un molde determinado. Luego está la identificación del actor, que desempeña distintos papeles. Y casi todos nosotros estamos en esa situación de actuar, de adoptar poses, consciente o inconscientemente.

Nuestra dificultad radica, pues, en que nos identificamos con un país, con un partido político, con la propaganda, con una creencia, con un líder... todo eso es un tipo de identificación.

Después está la identificación con nuestras propias experiencias. Digamos que he tenido una experiencia, algo conmovedor; y cuanto más insisto pensando en ella, más romántica, más sentimental, más confusa se vuelve, y a eso le doy el nombre de Dios (ya conoce usted las innumerables formas del autoengaño). Por cierto, la ilusión surge cuando me aferro a algo. Si he tenido una experiencia que ya pasó, que terminó, y regreso a ella, genero una ilusión. Si deseo que algo se repita, si me apego a la repetición de una experiencia, ello debe llevarme por fuerza a la ilusión. De modo que la base de las ilusiones es la identificación: identificación con una imagen, con una idea de Dios, con una voz interna o con experiencias a las que nos aferramos ardientemente. A lo que en realidad nos aferramos no es a la experiencia, sino a la sensación que hemos tenido de esa experiencia en el momento de experimentar. Una persona que ha establecido alrededor de sí misma diversos métodos de identificación, está viviendo engañada. Una persona que cree a causa de una sensación, de una idea a la que se adhiere, es inevitable que viva en la ilusión, en el autoengaño. Por lo tanto, cualquier experiencia acerca de usted mismo, a la que regresa o a la que rechaza, tiene que conducirle inevitablemente a la ilusión. La ilusión sólo cesa cuando usted comprende una experiencia y no se aferra a ella. Este deseo de poseer es la base de la ilusión, del autoengaño. Usted desea ser algo, y este deseo de ser algo debe ser comprendido para que se comprenda el proceso de la ilusión, del autoengaño. Si pienso que en mi próxima vida seré un gran instructor, un gran Maestro, el Buda, X, Y o Z, o si pienso que soy tal cosa ahora y me atengo a ello, eso debe ser, por fuerza, ilusorio, porque vivo basado en una sensación, la cual es una idea, y mi mente se alimenta de ideas, ya sean verdaderas o falsas.

¿Cómo va a saber uno, en un momento dado, si una experiencia corresponde a la verdad? Ésa es una parte de la pregunta. ¿Por qué quiere usted saber si ésa es una experiencia de la verdad? Un hecho es un hecho, no es verdadero ni falso. Sólo cuando quiero traducir un hecho, traducirlo conforme a mi sensación, a mi ideación, penetro en lo ilusorio. Cuando estoy furioso, eso es un hecho; no hay problema de autoengaño. Cuando soy lascivo, codicioso, cuando estoy irritado, eso es un hecho; sólo cuando empiezo a justificarlo, a encontrarle explicaciones, a traducirlo, según mi prejuicio, a mi favor, o a eludirlo, sólo entonces tengo que preguntar: «¿cuál es la verdad?» O sea, tan pronto abordamos un hecho emocionalmente, sentimentalmente, con ideaciones, penetramos en el mundo de las ideas y del autoengaño. Mirar un hecho y estar libre de todo esto, requiere un extraordinario estado de vigilancia. Por lo tanto, es más importante descubrir por nosotros mismos no si vivimos en la ilusión o el autoengaño, sino si estamos libres del deseo de identificarnos, del deseo de tener una sensación a la que llamamos experiencia, del deseo de repetir una experiencia, de poseerla o de volver sobre ella. Después de todo, no podemos conocernos a nosotros mismos de instante en instante, tal como somos realmente, si lo hacemos a través de la pantalla de las ideas, que son sensaciones. Para conocerse uno a sí

Octava charla en El Robledal

mismo no hay necesidad de conocer qué es la verdad o qué no es la verdad.

Para mirarse uno a sí mismo en el espejo y ver que es feo o que es hermoso, para verlo de hecho, no románticamente, no se requiere conocer la verdad. Pero la dificultad con la mayoría de nosotros es que, cuando vemos la imagen, la expresión, queremos hacer algo al respecto; si nos agrada, nos identificamos con ella; si nos apena, queremos cambiarla, la eludimos. En este proceso radica, sin duda, el autoengaño, con el cual ustedes están en cierto modo familiarizados. Los políticos lo practican también los sacerdotes cuando hablan de Dios en nombre de la religión y nosotros mismos lo practicamos cuando estamos atrapados en la sensación de las ideas y nos aferramos a ellas: «eso es verdadero, esto es falso, los Maestros existen, los Maestros no existen»... lo cual es todo muy absurdo, inmaduro, infantil. Para descubrir lo que es objetivamente real, uno necesita un estado extraordinario de vigilancia, una percepción alerta en la que no haya condena ni justificación.

Podemos decir, pues, que nos engañamos a nosotros mismos y que hay ilusión cuando nos identificamos con un país, con una creencia, una idea, una persona, etc.; o cuando existe el deseo de repetir una experiencia, o sea, la sensación de la experiencia; o cuando uno regresa a la infancia con el anhelo de repetir las experiencias de la infancia; o cuando uno desea llegar a ser algo. Es extremadamente difícil no verse engañado, ya sea por uno mismo o por otro, y el engaño sólo cesa cuando no existe el deseo de ser esto o aquello. Entonces la mente es capaz de mirar las cosas como son, de ver el significado de *lo que es*; entonces no hay una batalla entre lo falso y lo verdadero; entonces no buscamos la verdad separadamente de lo falso. Lo que importa, pues, es comprender el proceso de la mente, y esa comprensión es real, no teórica, no sentimental ni romántica; no consiste en entrar a habitaciones oscuras y allí examinarlo todo, tener imágenes, visiones... todo eso nada tiene que ver con la realidad. Y, como casi

El conocimiento de uno mismo

todos somos sentimentales, románticos, buscadores de sensaciones, estamos atrapados en ideas, y las ideas no son *lo que es*. Por eso la mente que se halla libre de ideas, que son sensaciones, también está libre de ilusión.

Pregunta: La experiencia muestra que la comprensión sólo surge cuando cesan la argumentación y el conflicto, y tiene lugar cierta clase de serenidad o armonía intelectual. Esto es cierto incluso en la comprensión de problemas matemáticos y técnicos. Sin embargo, esta serenidad ha sido experimentada sólo después de cada esfuerzo de análisis, examen o experimentación que hemos hecho. ¿Significa esto que tal esfuerzo es un preparativo necesario, aunque no suficiente, para la serenidad?

Krishnamurti: Espero que hayan comprendido la pregunta. El interlocutor, para exponerlo brevemente, pregunta: el esfuerzo hecho para ahondar, analizar, examinar algo, ¿no es necesario antes de que pueda haber serenidad de la mente? Antes de que la mente pueda comprender, ¿no se requiere un esfuerzo? Es decir, la técnica, ¿no es necesaria antes de la creatividad? Si tengo un problema, ¿no debo considerarlo, examinarlo a fondo y, plenamente, investigarlo, analizarlo, disecarlo, resolverlo abordándolo una y otra vez hasta quedar libre de él? Entonces, cuando la mente está quieta, encuentro la respuesta. Éste es el proceso por el que pasamos. Tenemos un problema, lo examinamos, lo cuestionamos, hablamos acerca de él, y entonces la mente, cansada de eso, se queda quieta. Y cuando la mente está quieta encontramos inadvertidamente la respuesta. Con este proceso estamos familiarizados. Y el interlocutor pregunta: ¿no es necesario eso antes que nada?

¿Por qué pasamos por ese proceso? No planteemos erróneamente esta pregunta acerca de si es necesario o no; preguntémonos, más bien, por qué debemos pasar por él. Paso por ese proceso, obviamente, para encontrar una respuesta. Mi ansiedad está en encontrar una respuesta, ¿no es así? Ese temor de no encontrar una respuesta me induce a hacer todas estas cosas, y entonces, después de pasar por este proceso, estoy exhausto y digo: «no puedo responder a eso.» Entonces la mente se queda quieta y hay una respuesta, a veces o siempre.

De modo que la pregunta no es si el proceso preparatorio es necesario, sino por qué paso por este proceso. Evidentemente, porque estoy buscando una respuesta. No estoy interesado en el problema, sino en cómo alejarme del problema. No busco la comprensión del problema sino la respuesta al problema. Por cierto, hay una diferencia, ¿verdad? Porque la respuesta se halla en el problema, no lejos de él. Paso por la búsqueda, el análisis, el proceso de disección, a fin de escapar del problema. Pero si no escapo del problema, si trato de mirarlo sin temor ni ansiedad, si tan sólo miro el problema –matemático, político, religioso, o el que fuere– y no busco una respuesta, entonces el problema empezará a revelárseme.

Por cierto, esto es lo que ocurre. Pasamos por este proceso y, finalmente, lo descartamos porque en él no hay salida. Entonces, ¿por qué no podemos empezar desde el comienzo mismo, o sea, no buscar una respuesta al problema? Esto es sumamente arduo, ¿verdad? Porque, cuanto más comprendemos el problema, más significación contiene. Para comprenderlo, debo abordarlo con serenidad, no imponer sobre el problema mis ideas, mis sentimientos de agrado y desagrado. Entonces el problema revelará su significación.

¿Por qué no es posible la serenidad de la mente desde el comienzo mismo? Y habrá serenidad sólo cuando no busquemos una respuesta, cuando el problema no nos cause temor. Nuestra dificultad es el temor contenido en el problema. Por lo tanto, si planteamos la pregunta acerca de si es necesario o no hacer un esfuerzo, recibimos una respuesta falsa.

Consideremos esto de una manera diferente. Un problema exige atención, no distracción a causa del temor, y no hay atención

El conocimiento de uno mismo

cuando estamos buscando una respuesta que nos convenga, que prefiramos a cualquier otra, que nos brinde satisfacción o posibilidad de escape. En otras palabras, si podemos abordar el problema sin ninguna de estas cosas, entonces es posible comprenderlo.

Así, pues, no es cuestión de si debemos pasar por el proceso de analizar, examinar, disecar, si éste es necesario para la serenidad. La serenidad adviene cuando no tenemos miedo; pero como tenemos miedo del problema, de sus consecuencias, estamos atrapados en nuestras propias búsquedas, las búsquedas de nuestros propios deseos.

Pregunta: Yo ya no reprimo más mis pensamientos, y estoy conmocionado por lo que surge a veces. ¿Puedo ser tan malo como eso? (Risas).

KRISHNAMURTI: Es bueno sentirse conmocionado, ¿no es así? La conmoción implica sensibilidad. Pero si usted no está conmocionado, si tan sólo dice que en usted hay cierta cosa que no le gusta y que va a disciplinarla, entonces está a prueba de conmociones, ¿verdad? *(Risas)*. No, por favor, no lo tomen a risa. Porque la mayoría de nosotros desea estar a prueba de conmociones; no queremos saber lo que somos, y por eso hemos aprendido a reprimir, a disciplinar, a destruir al prójimo y a destruirnos, ya sea por el país o por nosotros mismos. No queremos conocernos tal como somos. Por lo tanto, cuando me descubro tal como soy, eso resulta conmocionante, y *debe* serlo. Porque quiero que ello sea diferente; me agrada pensar en mí mismo imaginándome como algo hermoso, noble, esto o aquello, lo cual es todo resistencia. Nuestra virtud ha llegado a ser mera resistencia y, por consiguiente, ya no es virtud. Ser sensibles a lo que realmente somos requiere cierta espontaneidad, y en esa espontaneidad descubrimos. Pero si hemos reprimido, disciplinado nuestros pensamientos y sentimientos hasta el punto de que no haya espontaneidad, entonces no es posible descubrir nada; y no estoy seguro de que

Octava charla en El Robledal

no sea eso lo que deseamos casi todos nosotros: llegar a estar internamente muertos. Porque es mucho más fácil vivir de esa manera, o sea, entregarnos a una idea, a una creencia, a una organización, al servicio social, a Dios sabe qué otra cosa, y funcionar automáticamente. Es mucho más fácil. Pero ser sensible, estar internamente despierto a todas las posibilidades es demasiado peligroso, y usamos un modo respetable de embotarnos, una forma aprobada de disciplina, represión, sublimación, rechazo; usted sabe, las diversas prácticas que nos tornan torpes, insensibles.

Ahora bien, cuando uno descubre lo que es, o sea, que es malo –como dice el interlocutor–, ¿qué hará con eso? Antes, uno había reprimido y, por lo tanto, nunca lo había descubierto; ahora ya no reprime más, y descubre lo que uno es realmente. ¿Cuál es la próxima respuesta? Eso es, sin duda, mucho más importante: el modo como trata uno con ello, cómo lo aborda. Entonces, ¿qué ocurre cuando descubre que usted es lo que llama "malo"? ¿Qué hace? En el instante en que lo descubre, su mente ya está trabajando sobre ello, ¿verdad? ¿No lo ha advertido? Descubro que soy mezquino. Eso para mí es una conmoción. ¿Qué hago? La mente dice: «no debo ser mezquino», por lo que cultiva la generosidad. La generosidad de la mano es una cosa, y la generosidad del corazón es otra. El cultivo de la generosidad es cosa de la mano; uno no puede cultivar la generosidad del corazón. Si trata de cultivar la generosidad del corazón, entonces llena el corazón con las cosas de la mente. ¿Qué hacemos, pues, cuando descubrimos en nosotros ciertas cosas que denotan falta de generosidad? Obsérvense a sí mismos, por favor, no esperen mi respuesta, mi explicación; consideren esto y experiméntenlo a medida que avanzamos juntos. Ésta no es una clase de psicología, sino que, al escuchar algo como esto, debemos experimentar y liberarnos a medida que proseguimos investigando; no continuar viviendo día tras día de la misma manera estúpida.

Entonces, ¿qué hacemos? La respuesta instintiva es, o justificar o bien negar, lo que equivale a volvernos insensibles.

El conocimiento de uno mismo

Pero ver la cosa tal como es, ver que soy mezquino y detenerme ahí, sin apelar a ningún tipo de explicaciones, saber simplemente que uno es mezquino, es algo extraordinario; implica que no hay verbalización, que uno ni siquiera nombra el sentimiento que tiene. Si de veras nos detenemos ahí, veremos que ocurre una transformación extraordinaria. Entonces nos damos cuenta extensivamente de las implicaciones de este sentimiento; entonces nada tenemos que hacer a su respecto. Porque, cuando no nombramos algo, eso se marchita, termina por secarse.

Experimenten con ello y descubrirán qué calidad extraordinaria de percepción alerta surge cuando no nombran ni justifican, sino que tan sólo miran, observan silenciosamente el hecho de que no son generosos, o de que son mezquinos. Uso las palabras *generoso, mezquino*, tan sólo con fines de comunicación. La palabra no es la cosa, de modo que no se dejen llevar por las palabras, sino miren esta cosa. Por cierto, es importante descubrir lo que somos, sentirnos sorprendidos y conmocionados al descubrir lo que somos realmente, cuando pensábamos que éramos tan maravillosos. Es romántico, idiota y estúpido pensar que uno es esto o aquello. Por lo tanto, cuando desechemos todo eso y simplemente miremos *lo que es* –y esto requiere un estado extraordinario de vigilancia, no valor ni virtud–, cuando ya no reprimamos ni justifiquemos ni condenemos ni nombremos el hecho, veremos que hay una transformación.

Pregunta: ¿Qué es lo que determina el lapso entre la percepción respecto de nuestro pensamiento-sentimiento y la modificación o desaparición permanente de la condición percibida? En otras palabras, ¿por qué ciertas condiciones indeseables en uno mismo no se desvanecen apenas son observadas?

KRISHNAMURTI: Indudablemente, eso depende de la debida atención, ¿no es así? Cuando uno percibe una cualidad indesea-

Octava charla en El Robledal

ble –uso estas palabras tan sólo para comunicar, no le doy ningún significado especial a "percibir", hay un intervalo de tiempo antes de que haya una transformación, y el interlocutor quiere saber por qué. El intervalo entre la percepción y el cambio depende, por cierto, de la atención. ¿Hay atención si tan sólo estoy resistiendo algo, si lo condeno o lo justifico? Es obvio que no hay atención; sólo lo estoy eludiendo. Si trata de superarlo, disciplinarlo, cambiarlo, eso no es atención, ¿verdad? La atención sólo existe cuando estoy plenamente interesado en la cosa misma; no en cómo transformarla, porque entonces la evito, estoy distraído, escapo de ella. Así, pues, lo importante no es lo que ocurre, sino tener esa capacidad de atención cuando uno descubre algo indeseable; y no existe la atención debida si hay cualquier forma de identificación, cualquier sentimiento de agrado o desagrado. Por cierto, está muy claro: tan pronto me distraigo por mi sentimiento de desear o no desear eso, no hay atención.

Si esto ha quedado bien claro, el problema es simple. Entonces no hay intervalo. Pero el intervalo nos agrada. Nos agrada pasar por todo este galimatías de laberínticos procedimientos para eludir la cosa que debemos abordar. Y hemos cultivado maravillosa y diligentemente los escapes, y los escapes se han vuelto más importantes que la cosa misma. Pero si uno ve los escapes, no de manera verbal sino que de veras ve que está escapando, entonces existe la debida atención y uno no tiene que luchar contra los escapes. Cuando ve algo venenoso, no tiene que escapar; es veneno y uno lo toca. De igual manera, la debida atención es espontánea cuando el problema es realmente grande, cuando la conmoción es intensa. Entonces hay una respuesta inmediata. Pero cuando la conmoción, el problema, no es grande –y nos cuidamos de que ningún problema se vuelva demasiado grande–, nuestras mentes se embotan y se fatigan.

Pregunta: El artista, el músico, ¿está ocupado en algo frívolo? No hablo de alguien que se dedica al arte o a la músi-

El conocimiento de uno mismo

ca, sino de uno que es un artista nato. ¿Querría usted examinar esto?

KRISHNAMURTI: Es un problema muy complicado, así que investiguémoslo despacio. Como dice el interlocutor, hay dos tipos de personas: aquéllas que son artistas natos y las que se dedican al arte o a la música. Estas últimas lo hacen, es obvio, ya sea por la sensación que ello les brinda, por inspiración, por diversas formas de escape o, simplemente, como una diversión, una afición. Podrían dedicarse a eso como otros se dedican a la bebida, a un "ismo" o a algún dogma religioso; tal vez sea menos dañino, porque uno lo hace solo. Luego está el otro tipo, el artista. Intrínsecamente, para sí mismo, pinta, toca o compone música, etc. Ahora bien, ¿qué ocurre con esa persona? Ustedes deben conocer personas así. ¿Qué le ocurre a esa persona como individuo, como ente social? Para todas esas personas que tienen una capacidad, un don, el peligro es que, ante todo, piensan que son superiores. Creen que son la sal de la tierra, que son seres especialmente elegidos desde arriba, y con ese sentimiento de separación, de ser los elegidos, llegan todos los males: son seres antisociales, individualistas, agresivos, extraordinariamente egocéntricos; casi todas las personas con talento son así. Por eso, el talento, la capacidad, son un peligro, ¿no es cierto? No es que uno pueda evitar el talento o la capacidad, sino que debe estar consciente de sus implicaciones, de sus riesgos. Tales personas pueden juntarse en un laboratorio o en una reunión de música y artistas, pero siempre mantienen esta barrera entre ellas mismas y los demás, ¿no? «Usted es el lego y yo soy el especialista»; o sea, el hombre que sabe más y el hombre que sabe menos... y toda la identificación que acompaña a eso.

No hablo con menosprecio de nadie, porque eso sería demasiado estúpido, pero uno debe darse cuenta de todas estas cosas. Señalarlas no es injuriar ni ridiculizar a tal o cual persona. En primer lugar, pocos de nosotros somos artistas natos. Nos gusta ju-

Octava charla en El Robledal

gar con eso, porque es provechoso o nos da cierto brillo, cierta figuración, un lugar, una posición en la sociedad. Y si somos artistas, si lo somos de verdad, genuinamente, hay sin duda una condición de sensibilidad, no de aislamiento. El arte no pertenece a ningún país, a ninguna persona en particular, pero el artista pronto convierte su talento en algo personal: *él* pinta, es *su* obra, *su* poema, se infla de eso, igual que el resto de nosotros. En consecuencia se vuelve antisocial: *él* es lo más importante. Y como, por suerte o por desgracia, muy pocos de nosotros estamos en esa situación, usamos la música o el arte tan sólo como sensaciones. Podemos tener una viva experiencia cuando oímos algo bello, pero la repetición de eso una y otra y otra vez, pronto nos embota. Nos complacemos en la mera sensación. Si no nos complacemos en eso, entonces la belleza tiene un significado por completo diferente. Entonces cada vez la abordamos de nuevo. Y lo importante, lo que contribuye a la sensibilidad, es esta manera nueva, fresca, de abordar cada vez algo, tanto si es algo feo como si es algo bello; pero uno no puede ser sensible si está aprisionado por su propia afición o capacidad, por su propio placer, por su propia sensación. La persona verdaderamente creativa llega a las cosas siempre de un modo nuevo; no se limita a repetir lo que le ha dicho el locutor de la radio o lo que dicen los críticos.

La dificultad en esto es sostener esa sensibilidad todo el tiempo, estar alerta, tanto si usted es un artista como si tan sólo juega con el arte. Y esa sensibilidad se embota cuando usted se da importancia a sí mismo como artista. Podrá tener visión y la capacidad de expresar esa visión en la pintura, en el mármol, en palabras; pero tan pronto se identifica con ello, está perdido, acabado. Pierde esa sensibilidad. El mundo gusta de alabarle, de decir que es un artista maravilloso, y a usted le agrada eso. Y, para casi todos nosotros que no somos artistas natos, la dificultad es no perdernos en sensaciones, porque las sensaciones embotan; a través de sensaciones no podemos experimentar. El experimentar sólo surge cuando hay una relación directa, y la relación directa no es posible cuando existe la pantalla de la sensación, el deseo de ser, de cambiar o de continuar. Así que nuestro problema es mantenernos alerta y sensibles, y eso se nos niega cuando estamos buscando tan sólo la sensación y repetir la sensación.

7 de agosto de 1949

NOVENA CHARLA
EN EL ROBLEDAL

Creo que esta tarde sólo contestaré preguntas y no daré la habitual charla introductoria; pero, antes de contestarlas, quisiera señalar una o dos cosas concernientes a estas preguntas y respuestas.

Ante todo, la mayoría de nosotros se siente muy inclinada a creer. La mente es muy ingeniosa en persuadirnos a pensar de una manera diferente, a adoptar un nuevo punto de vista o a creer en cosas que no son fundamentalmente verdaderas. Ahora bien, al contestar estas preguntas me gustaría decir que no les estoy persuadiendo a pensar de acuerdo con mi manera particular de hacerlo. Tratamos de encontrar juntos la respuesta correcta. No les contesto para que se limiten a aceptar o rechazar. Vamos a descubrir juntos qué es verdadero, y esto requiere una mente abierta, inteligente, inquisitiva, alerta, no una mente tan llena de prejuicios que sólo rechace lo que se dice, o tan ansiosa que lo acepte. Y en la contestación a estas preguntas es preciso tener en cuenta algo fundamental: que ellas son simplemente un reflejo de las modalidades de nuestro popio pensar, que nos revelan lo que pensamos. Deberían actuar como un espejo en el que nos percibimos a nosotros mismos.

El conocimiento de uno mismo

Al fin y al cabo, estas discusiones, estas charlas, tienen un único propósito: la búsqueda del conocimiento propio. Porque, como dije, sólo conociéndonos primero a nosotros mismos –profundamente, a fondo, no superficialmente– podemos conocer la verdad. Y es sumamente arduo conocernos de manera profunda, no superficial. No es cuestión de tiempo, sino de intensidad; lo esencial es percibir y experimentar directamente. Y estas discusiones y charlas están dirigidas a eso, a que cada uno de nosotros pueda experimentar directamente cualquier cosa que se discuta, y no entenderla tan sólo en el nivel verbal. También es importante tener presente que cada uno debe descubrir la verdad, debe ser el Maestro y el discípulo, y eso requiere una gran dosis de humildad, no la mera aceptación de lo que yo pueda afirmar o negar.

Así que, por favor, cuando conteste las preguntas, recuerden todo esto, porque los problemas que tenemos son innumerables. La vida no es muy placentera ni simple; es muy complicada, y sólo podemos comprenderla cuando comprendemos el proceso íntegro, total. Y el proceso total está en nosotros, no fuera de nosotros. Por lo tanto, es esencial comprendernos a nosotros mismos. Entonces podemos habérnoslas con las cosas a que nos enfrentamos cada día, las influencias que impactan constantemente sobre nosotros.

Pregunta: El chisme tiene valor en la autorrevelación, y especialmente para que otros se me revelen. En serio, ¿por qué no usar el chisme como un medio de descubrir lo que es? Yo no tiemblo ante la palabra chisme *por el mero hecho de que haya sido condenada durante siglos.*

KRISHNAMURTI: Me pregunto por qué chismorreamos. No es porque el chisme permita que otros se nos revelen. Y ¿por qué deberían otros revelársenos? ¿Por qué quiere usted conocer a otros? Ante todo, señor, ¿por qué chismorreamos? Es una forma

Novena charla en El Robledal

de inquietud, ¿verdad? Como la preocupación, denota una mente inquieta. Y, ¿por qué este deseo de interferir con otros, de conocer lo que otros hacen y dicen? Es una mente muy superficial la que chismorrea, ¿no? Es una mente inquisitiva mal orientada. El interlocutor parece pensar que otros se le revelan gracias a que él se interesa en ellos: en sus actividades, en sus pensamientos, en sus opiniones. Pero ¿conocemos a otros si no nos conocemos a nosotros mismos? ¿Podemos juzgar a otros si no conocemos las modalidades de nuestro propio pensar, el modo como actuamos, cómo nos comportamos? Y ¿por qué este extraordinario interés en los demás? ¿No es, en realidad, un escape este deseo de averiguar lo que otros piensan y sienten, y luego chismorrear al respecto? ¿No es una forma de escapar de nosotros mismos? Y ¿no existe en ello también el anhelo de intervenir en la vida de los demás? Nuestra propia vida, ¿no es bastante difícil, compleja y dolorosa, sin que nos ocupemos de otros, sin que interfiramos con otros? ¿Hay tiempo para pensar en otros de esa chismosa, cruel y desagradable manera? ¿Por qué lo hacemos? Usted sabe, todos lo hacen. Prácticamente, no hay nadie que no chismorree acerca de otra persona. ¿Por qué?

Creo, en primer lugar, que chismorreamos acerca de otros porque no estamos suficientemente interesados en el proceso de nuestro propio pensar y de nuestra propia acción. Queremos ver lo que otros hacen y, para expresarlo amablemente, tal vez deseamos imitarles. Por lo general, cuando chismorreamos es con el fin de condenar a otros. Pero, forzando la cosa caritativamente, digamos que quizás sea para imitar a otros. ¿Por qué queremos imitar a otros? ¿No denota ello una extraordinaria superficialidad de nuestra parte? Es una mente muy, muy torpe la que desea excitación y se sale de sí misma para obtenerla. En otras palabras, el chisme es una forma de sensación, ¿verdad?, en la que nos complacemos. Puede que sea una clase diferente de sensación, pero siempre está el deseo de encontrar excitación, distracción. Así, pues, si uno de veras investiga esta cuestión profundamente, re-

El conocimiento de uno mismo

gresa a sí mismo, y esto le revela a uno que es extraordinariamente superficial y que busca excitación externa hablando acerca de otros. Dése cuenta la próxima vez que esté chismorreando acerca de alguien; si está alerta, ello le indicará una cantidad impresionante de cosas respecto de usted mismo. No las encubra diciendo que es simplemente inquisitivo hacia otros. Ello denota inquietud, un sentido de excitación, de superficialidad, la falta de un verdadero y profundo interés por la gente, el cual nada tiene que ver con el chismorrear.

Ahora bien, el problema siguiente es cómo poner fin al chismorreo, ¿no es así? Cuando usted se da cuenta de que está chismorreando, ¿cómo deja de chismorrear? Si ello se ha vuelto un hábito, una cosa desagradable que continúa día tras día, ¿cómo le pone fin? ¿Se suscita ese interrogante? Cuando sabe que está chismorreando, cuando se da cuenta de ello y de todas sus implicaciones, ¿se pregunta cómo puede terminar con el chismorreo? ¿Acaso éste no termina espontáneamente tan pronto uno se da cuenta de que está chismorreando? El "cómo" no surge en absoluto. Sólo surge cuando uno no está atento; y el chismorreo denota, sin lugar a dudas, falta de atención.

Experimente usted mismo con esto la próxima vez que esté chismorreando; verá cuán rápidamente, cuán inmediatamente deja de chismorrear cuando se da cuenta de lo que está hablando, cuando percibe que su lengua está escapando junto con usted. No se requiere la acción de la voluntad para que eso se detenga. Todo cuanto se necesita es estar atento, ser consciente de lo que uno dice y ver las implicaciones de ello. Uno no tiene que condenar ni justificar el chisme. Esté atento a él, y verá con qué rapidez deja de chismorrear, porque el chismorreo le revela a uno sus propios modos de actuar, su conducta, el patrón en que se basa su pensamiento, y en esa revelación uno se descubre a sí mismo, lo cual es mucho más importante que chismorrear acerca de otros, acerca de lo que otros hacen, de lo que otros piensan, y del modo como se comportan.

Novena charla en El Robledal

La mayoría de los que leen los diarios todos los días está repleta de chismes, de un chismorreo global. Todo eso es una manera de escapar de nosotros mismos, de nuestra propia pequeñez, de nuestra propia fealdad. Pensamos que, gracias a un interés superficial en los sucesos del mundo, nos volvemos más y más sabios, más capaces de habérnoslas con nuestras propias vidas. Todas estas cosas no son sino maneras de escapar de uno mismo, ¿verdad? Se deben a que internamente somos tan vacuos, tan superficiales, tan temerosos. Siendo tan pobres en lo interno, el chisme actúa como una forma de rico entretenimiento y escape respecto de nosotros mismos. Tratamos de llenar esa vacuidad interna con conocimientos, rituales, chismes, reuniones de grupo, con las innumerables maneras de escapar. Por lo tanto se vuelven sumamente importantes los escapes y no la comprensión de *lo que es*. La comprensión de *lo que es* exige atención; saber que uno está vacío, que sufre, requiere una atención inmensa y no escapes. Pero casi todos gustamos de estos escapes, porque son mucho más agradables, más placenteros. Además, cuando nos conocemos tal como somos, nos es muy difícil habérnoslas con nosotros mismos, y éste es uno de los problemas con que nos enfrentamos. No sabemos qué hacer. Cuando sé que estoy vacío, que sufro, que me angustio, no sé qué hacer, cómo abordar eso. Y entonces recurro a toda clase de escapes.

De modo que la pregunta es: ¿qué hacer? Desde luego, es obvio que uno no puede escapar, porque eso es lo más absurdo e infantil. Pero cuando uno se enfrenta consigo mismo tal como es, ¿qué ha de hacer? Antes que nada, ¿es posible no rechazar ni justificar lo que uno ve, sino permanecer simplemente con ello? Esto es extremadamente difícil, porque la mente busca explicaciones, condena, se identifica. Si no hace ninguna de estas cosas, si permanece con eso, es como aceptar algo. Si acepto que soy moreno, se terminó ahí; pero si anhelo cambiar a un color más claro surge el problema. Aceptar *lo que es* resulta sumamente difícil, y uno sólo puede hacerlo cuando no hay escape; y la condena o la

El conocimiento de uno mismo

justificación es una forma de escape. Así pues, cuando uno comprende todo el proceso que lo lleva a chismorrear, y se da cuenta del absurdo, la crueldad y todo lo demás que implica, entonces se queda con lo que uno es; y nosotros siempre nos encaramos con ello ya sea para destruirlo o para cambiarlo en alguna otra cosa. Pero, si no hacemos nada de eso, si lo encaramos con la intención de comprenderlo, de permanecer con ello completamente, encontraremos que ya no es más la cosa que teníamos. Entonces existe una posibilidad de transformar *lo que es*.

Pregunta: Nosotros tenemos una colección de ideales, y la opción es amplia. Tratamos de realizarnos mediante diversos métodos. Esto es largo y lleva mucho tiempo. Al escucharle a usted yo siento que la diferencia o el espacio entre el ideal y la práctica es algo ilusorio. ¿Esto es así?

KRISHNAMURTI: En primer lugar, ¿nos damos cuenta, cada uno de nosotros, de que tenemos ideales y de que, teniendo ideales, tratamos de practicarlos o de mantenernos fieles a ellos o de aproximarnos a esos ideales? Tomemos la cuestión de la violencia. Tenemos el ideal de la no violencia y tratamos de practicar ese ideal en nuestras vidas cotidianas. O tomemos cualquier otro ideal. Tratamos de ser dignos de él todo el tiempo, de practicarlo, si es que somos serios y no vivimos tan sólo en el nivel verbal. Y eso lleva tiempo, una dedicación constante, una serie de fracasos y demás.

¿Por qué tenemos ideales? Cualquier colección de ideales... ¿por qué los tenemos? ¿Mejoran nuestras vidas? Y la virtud, ¿puede alcanzarse mediante un constante disciplinarnos? ¿Es la virtud un resultado? ¿O es algo por completo diferente? Tome la humildad. ¿Puede usted practicar la humildad? ¿O la humildad adviene cuando el "yo" ha perdido importancia? Entonces el "yo" y "lo mío" no predominan. Pero si convertimos esto en un ideal –el ideal de que el "yo" no debe predominar–, entonces se

Novena charla en El Robledal

suscita la pregunta de cómo llegar a ese estado. Así que todo este proceso es muy complicado e irreal, ¿verdad? Tiene que haber, sin duda, una manera diferente de abordar este problema. Los ideales, ¿no constituyen un escape? Sí, porque nos dan tiempo para jugar con ellos. Decimos: «lo estoy practicando, me estoy disciplinando, un día seré eso; es necesario ir despacio, evolucionar hacia ello»; usted conoce todas las diversas explicaciones que damos.

Y bien, ¿hay un modo diferente de abordar esto? Porque vemos que el constante disciplinarnos hacia un ideal, el aproximarnos a un ideal, no origina realmente la solución del problema. No somos más bondadosos. No somos menos violentos. Podemos serlo superficialmente, pero no en lo fundamental. Así pues, cómo va a dejar de ser uno codicioso sin tener el ideal de la falta de codicia? Supongamos, por ejemplo, que soy codicioso o mezquino o irascible, alguna de esas cosas. El proceso corriente es tener un ideal y tratar de aproximarme todo el tiempo a ese ideal por medio de la práctica, de la disciplina, etc. ¿Me libera eso de la codicia, de la ira, de la violencia? Lo que me liberará de la violencia es estar libre de mi deseo de ser alguna cosa, de obtener algo, de proteger algo, de alcanzar un resultado, etc. Así que nuestra dificultad está en que, al tener estos ideales, existe el constante deseo de ser algo, de convertirnos en algo, y éste es, en realidad, el quid de la cuestión. Al fin y al cabo, la ira, como la codicia, es una de las expresiones del "yo", del "sí mismo", y en tanto este "yo" subsista, la ira continuará. El mero disciplinarnos para funcionar de un modo determinado no nos libera de la ira. Este proceso tan sólo acentúa el "sí mismo", el "yo", ¿no es así?

Ahora bien, si me doy cuenta de que soy irascible o codicioso, ¿necesito pasar por todo el proceso disciplinario para librarme de eso? ¿No hay un modo diferente de abordarlo? Sólo puedo abordarlo de un modo diferente cuando ya no encuentro placer en la sensación. La ira me brinda una sensación placentera, ¿verdad? Aunque pueda desagradarme después, en el momen-

El conocimiento de uno mismo

to en que actúa hay involucrada en ella una excitación. Es un alivio. Por lo tanto, me parece que lo primero es tomar conciencia de este proceso, ver que el ideal no erradica nada; es tan sólo una forma de postergación. O sea, para comprender algo debo dedicarle atención completa, y un ideal no es sino una distracción que me impide conceder ese sentimiento, esa calidad de atención en un momento dado. Si estoy plenamente atento, si concedo mi atención total a esa cualidad que llamo codicia, sin que me distraiga un ideal, ¿no estoy, entonces, en situación de comprender la codicia y disolverla? Vea, estamos muy acostumbrados a la postergación, y los ideales nos ayudan a postergar; pero, si podemos desechar todos los ideales porque comprendemos los escapes, la condición postergadora de un ideal, y nos enfrentamos a la cosa tal como es, directamente, inmediatamente, si le concedemos nuestra atención total, entonces existe, sin duda, una posibilidad de transformarla.

Si me doy cuenta de que soy violento, si lo percibo sin tratar de transformarlo o de volverme no violento, si simplemente me doy cuenta de ello, entonces, como mi atención está totalmente dedicada a ese hecho, éste da a conocer las diversas implicaciones de la violencia y, por lo tanto, hay una transformación interna. Pero si practico la no violencia, la no codicia o lo que fuere, entonces tan sólo estoy postergando, ¿no es así?, porque no concedo mi atención *lo que es*, o sea a la violencia, a la codicia. Vea, la mayoría de nosotros tiene ideales, ya sea como un medio de postergar o para llegar a ser alguna cosa, para alcanzar un resultado. El deseo mismo de convertirnos en el ideal contiene violencia, ¿no es así? Vea, todos queremos ser esto o aquello: queremos ser felices, queremos ser más hermosos, más virtuosos, más y más y más... Y el deseo mismo de ser algo más implica violencia, codicia. Pero si nos damos cuenta de que, cuanto más queremos ser algo, más conflicto hay, entonces podemos ver que el ideal sólo contribuye a incrementar nuestro conflicto, lo cual no quiere decir que yo deba satisfacerme con lo que soy. Por

Novena charla en El Robledal

el contrario: en tanto quiera ser algo más, tiene que haber conflicto, sufrimiento, ira, violencia. Si de veras siento eso, si me afecta profundamente, si lo veo, si lo percibo, entonces soy capaz de habérmelas con el problema inmediatamente, sin tener una colección de ideales que me alienten a ser esto o aquello. Entonces mi acción es inmediata, mi relación con eso es directa.

Pero en esto surge también otro problema, que es el del experimentador y la experiencia. Para la mayoría de nosotros el experimentador y la experiencia son dos estados diferentes: yo y el ideal, dos estados diferentes. Yo quiero llegar a ser eso. Por lo tanto, el "yo", el experimentador, el pensador, es diferente del pensamiento. Pero ¿es así? ¿El pensador es diferente del pensamiento? ¿O sólo existe el pensamiento y éste crea al pensador? Así, mientras me mantenga separado del pensamiento, "yo" puedo manipular el pensamiento, puedo cambiarlo, transformarlo. Pero el "yo" que opera sobre un pensamiento, ¿es diferente del pensamiento? Son, por cierto, un fenómeno conjunto, ¿no es así? El pensador y el pensamiento son una sola cosa, no están separados. Cuando uno está furioso, está furioso, hay un sentimiento integrado al que llamamos "furia". Entonces sigo: «yo estoy furioso»; por consiguiente, me separo a mí mismo de la furia, y entonces puedo operar sobre ella, hacer algo a su respecto. Pero si comprendo que soy la furia, que soy esa cualidad misma, que la cualidad no puede ser separada de mí, cuando experimento eso, hay una acción por completo diferente, una manera por completo diferente de abordar la cosa.

Ahora bien, nosotros nos separamos del pensamiento, del sentimiento, de la cualidad. Por eso el "yo" es una entidad separada de la cualidad y, en consecuencia, el "yo" puede actuar sobre la cualidad. Pero la cualidad no es diferente del "yo", del pensador; y cuando existe esa experiencia integrada en la que el pensador y el pensamiento no están separados sino que son un solo hecho, entonces hay, por cierto, un modo completamente distinto de encarar el problema, una respuesta distinta. Experimenten también con eso y lo verán. Porque, en el instante del experimentar, no existen ni el experimentador ni la experiencia. Sólo cuando el experimentar se desvanece surgen el experimentador y la experiencia. Entonces, el experimentador dice: «eso me agrada» o «eso no me agrada», «deseo más de eso» o «deseo menos de eso». Así pues, quiere cultivar el ideal, llegar a ser ese ideal. Pero si el pensador es el pensamiento, si no hay dos procesos separados, entonces toda la actitud se transforma, ¿verdad? Entonces hay una respuesta totalmente distinta en relación con el pensamiento, ya no hay más un aproximar el pensamiento a un ideal, o un librarse del pensamiento; ya no existe el hacedor del esfuerzo.

Creo que es de veras muy importante descubrir esto por uno mismo, experimentar esto directamente, no porque yo diga que es así o lo diga alguna otra persona. Es esencial llegar a experimentar que el pensador es el pensamiento. No permitan que ello se convierta en una nueva jerga, en una nueva serie de palabras. No experimentamos por medio de palabras. Tan sólo tenemos sensaciones, y las sensaciones no son el experimentar. Si uno puede cobrar conciencia de este fenómeno conjunto, de este proceso en que pensador y pensamiento son uno, entonces creo que el problema será comprendido mucho más profundamente que cuando tan sólo tenemos ideales o no tenemos ninguno, lo cual no viene al caso.

Si soy mis pensamientos, y mis pensamientos no son diferentes de mí, entonces no existe el hacedor del esfuerzo, ¿verdad? Entonces no me convierto en ese ideal; entonces ya no cultivo más la virtud. No es que ya sea virtuoso. En cuanto tengo conciencia de ser virtuoso, ya no soy virtuoso. Tan pronto estoy consciente de que soy humilde, se termina la humildad. Por lo tanto, si puedo comprender al hacedor del esfuerzo –el "yo" convirtiéndose en sus propios requerimientos y deseos autoproyectados–, entonces hay, por cierto, una transformación radical en toda mi perspectiva de la vida. Por eso es fundamental la verdadera meditación, saber qué significa. No es la apro-

Novena charla en El Robledal

ximación a un ideal, no consiste en tratar de alcanzar y obtener algo, en concentrarse, en desarrollar ciertas cualidades, etc.; esto ya lo discutimos antes. La verdadera meditación es la comprensión de todo este proceso del "yo", del "sí mismo". Porque, como dije, la verdadera meditación es conocimiento propio, y sin una verdadera meditación no podemos descubrir qué es este proceso. Si no hay un meditador para meditar acerca de algo, la meditación consiste, entonces, en experimentar *lo que es*, el proceso total que incluye al pensador y al pensamiento. Sólo entonces hay posibilidad de que la mente pueda estar de veras quieta. Entonces es posible descubrir si hay algo más allá de la mente, algo que no sea una mera afirmación verbal de que eso existe o de que no existe, de que es el *atma*, el alma o lo que fuere; no estamos considerando estas cosas. Ello excede toda expresión verbal.

Entonces la mente está quieta, no tan sólo en el nivel superficial, en su capa superior, sino que hay quietud en todo el contenido de la mente, en la totalidad de la conciencia. Pero no hay tal quietud si existe ahí un hacedor del esfuerzo, y el hacedor, la voluntad de actuar, existirá en tanto uno piense que está separado del pensamiento. Y esto requiere ser examinado, investigado a fondo, no sólo experimentado superficialmente y a través de los sentidos. Y cuando uno tiene esa experiencia directa, ve que el convertirse en el ideal es ilusorio, que no tiene ningún sentido, que es un enfoque completamente erróneo. Ve que todo este proceso de llegar a ser algo "más" nada tiene que ver con la realidad. La realidad sólo se manifiesta cuando la mente está completamente quieta, cuando no hay esfuerzo. La virtud es ese estado de libertad en que no existe el hacedor del esfuerzo. Por lo tanto, la virtud es un estado en el que cesa completamente el esfuerzo, pero si uno se esfuerza por ser virtuoso, eso ya no es más virtud, ¿verdad?

Así pues, en tanto no comprendamos, no experimentemos que el pensador y el pensamiento son uno, todos estos problemas

El conocimiento de uno mismo

existirán. Pero, tan pronto lo experimentamos, el hacedor del esfuerzo llega a su fin. Para experimentar eso, uno debe estar completamente atento al proceso de su propio sentir y pensar, al deseo personal de devenir. Por eso es importante, si uno realmente está buscando a Dios o la realidad o como quieran llamarlo, ver que toda esta mentalidad de ascender, evolucionar, crecer, realizarse, debe terminar. Somos demasiado mundanos. Con la mentalidad del escribiente que llega a jefe de oficina, del capataz que llega a ejecutivo, con esa misma mente abordamos la realidad. Pensamos que haremos lo mismo, ascender por la escalera del éxito. Me temo que no pueda hacerse de ese modo. Si lo hacen, vivirán en un mundo de ilusión y, por ende, de conflicto, dolor, desdicha y lucha. Pero si uno descarta toda esa mentalidad, esos pensamientos, esos puntos de vista, entonces es verdaderamente humilde. *Es*, no deviene humilde. Entonces resulta posible tener una experiencia directa de la realidad. Sólo ésta disolverá todos los problemas, no así nuestros hábiles esfuerzos, nuestro gran intelecto, nuestro profundo y amplio conocimiento.

Pregunta: Yo estoy libre de ambición. ¿Hay algo que esté mal en mí? (Risas).

KRISHNAMURTI: Si uno es consciente de que se halla libre de ambición, entonces hay algo que está mal. *(Risas.)* Entonces uno se vuelve presumido, respetable, carente de imaginación, irreflevo. ¿Por qué debería usted estar libre de ambición? Y ¿cómo sabe que está libre de ambición? Por cierto, tener el deseo de librarse de algo es el comienzo de la ilusión, de la ignorancia. Vea, encontramos que la ambición es penosa; deseamos ser algo y fracasamos. Entonces decimos: «es demasiado doloroso, me libraré de ello.» Si tuviéramos éxito en nuestra ambición, si nos realizáramos en eso que deseamos ser, entonces este problema no surgiría. Pero, al no tener éxito, al ver que ahí no nos hemos realizado, lo descartamos y condenamos la ambición.

Novena charla en El Robledal

Obviamente, la ambición carece de todo mérito. Un hombre ambicioso no puede dar con la realidad. Podrá llegar a ser el presidente de algún club, de alguna sociedad o de algún país. Pero es obvio que no está buscando la realidad. Con la mayoría de nosotros, la dificultad es que, si no tenemos éxito en lo que deseamos, nos volvemos desagradables, cínicos, o tratamos de volvernos "espirituales". Pero nuestra mentalidad es la misma. Quizá no tenemos éxito en el mundo y no somos una gran personalidad allí, pero "espiritualmente" seguimos anhelando el éxito como líder de un pequeño grupo. La ambición es la misma, ya sea que esté puesta en el mundo o se vuelva hacia Dios. El conocimiento consciente de que uno está libre de ambición es, sin duda, ilusorio, ¿verdad? Y, si uno está realmente libre de ambición ¿puede haber duda alguna al respecto? Por cierto, cuando uno es ambicioso, en el fondo lo sabe, ¿no es así? Y podemos ver muy bien todos los efectos de la ambición en el mundo: su falta de piedad, su crueldad, el deseo de poder, posición y prestigio que la caracterizan. Pero cuando uno está conscientemente libre de algo, ¿no existe el peligro de volverse muy respetable, presumido, satisfecho consigo mismo?

Se lo aseguro, es muy difícil estar alerta, atento, moverse en la vida delicadamente, sensiblemente, no quedar atrapado en los opuestos. Requiere muchísima vigilancia, inteligencia, observación. Aun si está usted libre de ambición, ¿en qué situación real se encuentra? ¿Es más bondadoso, más inteligente, más sensible a los acontecimientos externos e internos? Hay, sin duda, un peligro en todo esto, ¿verdad?, peligro de anularse, de volverse estático, torpe, fastidioso; y cuanto más sensible, alerta, observador es uno, más posibilidad hay de que sea verdaderamente libre, no libre *de* esto o *de* aquello. La libertad requiere inteligencia, y la inteligencia no es algo que podamos cultivar diligentemente. Es algo que puede ser experimentado de manera directa en la relación, no a través de una pantalla, la pantalla de lo que uno piensa que debería ser la relación. Al fin y al cabo, nuestra vida es un proceso de relación. La vida es relación. Y esta relación requiere un estado extraordinario de vigilancia, de alerta, no especular acerca de si uno está libre o no está libre de ambición. Pero las ambiciones pervierten esta relación. El ambicioso es un hombre aislado; por lo tanto no puede relacionarse, ni con su esposa ni con la sociedad. La vida es relación, ya sea con una persona o con muchas, y esa relación se pervierte, se destruye, se corrompe a causa de las ambiciones, y cuando uno se da cuenta de eso, no se le presenta el problema de estar libre de ambición.

Así, pues, en todo esto nuestra dificultad es estar alerta, alerta a lo que pensamos, sentimos y decimos, no con el fin de transformar eso en alguna otra cosa, sino sólo estar alerta a ello. Y si estamos alerta de este modo –en el cual no hay justificación ni condena, sino simplemente atención, pleno conocimiento de *lo que es*–, esta percepción alerta tiene, en sí misma, un efecto extraordinario. Pero, si tan sólo tratamos de llegar a ser "más" o "menos" de algo, entonces hay embotamiento, fatiga, una presumida respetabilidad; y, por cierto, un hombre así jamás puede dar con la realidad. La percepción alerta exige una gran dosis de descontento interno, ese descontento que no se canaliza fácilmente mediante satisfacción o gratificación alguna.

Ahora bien, si vemos todo esto, todo lo que hemos discutido esta tarde, si lo vemos no sólo en el nivel verbal, sino que de veras lo experimentamos, no en raros momentos, no cuando nos sentimos arrinconados como tal vez lo están ahora muchos de ustedes, sino cada día, de instante en instante: si estamos atentos, observando silenciosamente, entonces nos tornamos extremadamente sensibles, no sentimentales; el sentimentalismo no hace sino empañar, distorsionar las cosas. Ser internamente sensible requiere una gran sencillez –no la de vestir un taparrabo, o tener pocas ropas, o la de no poseer un automóvil–, sino la sencillez en la que el "yo" y "lo mío" no son importantes, en la que no hay sentido de posesión, una sencillez en la que ya no existe más el hacedor del esfuerzo. Entonces hay posibilidad de experimentar

Novena charla en El Robledal

la realidad, o de que esa realidad se manifieste. Al fin y al cabo, esto es lo único que puede dar origen a una verdadera y perdurable felicidad. La felicidad no es un fin en sí misma. Es una consecuencia, y se revela únicamente con la realidad. No es que usted pueda ir tras la felicidad; no puede. Ella debe venir a usted. Y sólo puede hacerlo cuando hay absoluta libertad, silencio. No se trata de que usted se vuelva silencioso. Eso es un proceso falso de meditación. Hay una diferencia inmensa entre *ser* silencioso y *volverse* silencioso. Cuando existe un verdadero silencio, no un silencio elaborado, compuesto, hay algo inexplicable, surge a la existencia la creación.

13 de agosto de 1949

DÉCIMA CHARLA EN EL ROBLEDAL

Durante las cinco semanas anteriores hemos estado discutiendo la importancia del conocimiento propio, porque sin conocimiento propio –no parcial, sino pleno, integral– no es posible pensar rectamente y, por ende, no es posible actuar rectamente. Sin conocimiento propio no puede haber una acción completa, integrada; sólo puede haber una acción parcial y, como la acción parcial conduce invariablemente al conflicto y a la desdicha, aquéllos que quieran comprender de verdad y por completo los problemas de la vida, es esencial que comprendan el problema de la relación no sólo la relación con una o dos personas, sino con el conjunto, que es la sociedad. Para comprender este problema de la relación debemos comprendernos a nosotros mismos; y comprendernos a nosotros mismos es una acción, no es un apartarse de la acción. Hay acción únicamente cuando comprendemos la relación, relación no sólo con personas e ideas, sino con las cosas, con la naturaleza. Por consiguiente, la acción es relación con respecto a las cosas, a la propiedad, a la naturaleza, a la gente y a las ideas. Sin la comprensión de todo este proceso al que llamamos vida, la vida debe ser, por fuerza, contradictoria, dolorosa, un conflicto constante.

Así, pues, para comprender este proceso de la vida, que somos nosotros mismos, tenemos que comprender todo el signifi-

Décima charla en El Robledal

cado de nuestros propios pensamientos y sentimientos; por eso hemos estado discutiendo la importancia del conocimiento propio. Quizás alguno de ustedes haya leído unos cuantos libros de psicología, tenga cierta noción superficial, pero me temo que el mero conocimiento superficial no sea suficiente. La expresión verbal de una comprensión que llega a través de los meros conocimientos, del mero estudio, no basta. Lo importante es comprendernos a nosotros mismos en la relación, y esta relación no es estática, se halla constantemente en movimiento. Para seguir, pues, el movimiento de esta relación, no podemos quedar fijos en una idea. Casi todos somos esclavos de las ideas. Somos ideas, un haz de ideas. Nuestras acciones están moldeadas por las ideas, y éstas condicionan toda nuestra perspectiva de la vida. En consecuencia, las ideas moldean nuestra relación y nos impiden comprenderla. Para nosotros, la idea tiene mucha importancia, es extraordinariamente significativa. Él tiene sus ideas y yo tengo mis ideas, y estamos en constante conflicto disputando sobre las ideas; ya sean políticas, religiosas o de otra clase, cada una está en oposición a las demás. Las ideas crean, invariablemente, oposición, porque son el resultado de las sensaciones y, en tanto nuestra relación esté condicionada por las sensaciones, por las ideas, no es posible comprender esta relación. Las ideas no fomentan la acción, la limitan, cosa que podemos ver en la vida de todos los días.

¿Es, entonces, posible la existencia de la acción sin la idea? ¿Podemos actuar sin que haya primero una ideación? Porque vemos cómo las ideas dividen a la gente, ideas que son creencias, prejuicios, sensaciones, opiniones políticas y religiosas. Éstas dividen a la gente y en la actualidad despedazan al mundo. El cultivo del intelecto se ha vuelto el factor predominante, y nuestro intelecto dirige, moldea nuestra acción. ¿Es posible, entonces, actuar sin la idea? De hecho actuamos sin la idea cuando el problema es realmente intenso, muy profundo y exige toda nuestra atención. Quizá tratemos de adaptar el acto a una idea,

El conocimiento de uno mismo

pero si examinamos el problema, si de veras intentamos comprender el problema mismo, comenzaremos a descartar la idea, el prejuicio, el punto de vista particular, y abordaremos el problema de un modo fresco, nuevo.

Esto es, sin duda, lo que hacemos cuando tenemos un problema. Tratamos de resolverlo conforme a una idea determinada, o lo hacemos depender de cierto resultado, etc. Cuando el problema no puede resolverse así, desechamos todas las ideas, renunciamos a nuestras ideas y, por lo tanto, encaramos el problema de un modo nuevo, con una mente quieta. Esto lo hacemos inconscientemente. Así es como ocurre, ¿verdad? Cuando tenemos un problema nos preocupamos por él. Queremos un resultado en particular para ese problema, o traducimos el problema según ciertas ideas. Pasamos por todo ese proceso y, no obstante, el problema no se resuelve. Entonces la mente, al fatigarse, deja de pensar en el problema. Está quieta, relajada, no se atormenta con el problema. Y a menudo sucede que, de pronto, la solución del problema se percibe inmediatamente; hay una insinuación con respecto a ese problema.

La acción no radica, pues, en amoldarse a una idea en particular. En tal caso es una mera continuación del pensamiento, no es una acción. Y ¿no podemos vivir, acaso, sin amoldar la acción a una idea? Porque las ideas continúan, y, si amoldamos la acción a una idea, damos continuidad a la acción; por lo tanto, nos identificamos, como el "yo" y "lo mío", con la acción. En consecuencia, por obra de la ideación fortalecemos el "yo", que es el origen de todo el conflicto y la desdicha.

La inmortalidad no es, por cierto, una idea. Es algo que está más allá de toda ideación, más allá del pensamiento, más allá del haz de los recuerdos, todo lo cual es el "yo". Y ese estado sólo puede experimentarse cuando cesa la ideación, cuando se detiene el proceso del pensar. El experimentar aquello que llamamos el estado inmortal, intemporal, no tiene su origen en el pensamiento, porque el pensamiento no es sino la continuación de la me-

Décima charla en El Robledal

moria, la respuesta a la memoria. La experiencia directa de este estado extraordinario sólo puede revelarse cuando comprendemos el "sí mismo", el "yo", no si tratamos de alcanzar este estado, porque eso es meramente tratar de experimentar algo autoproyectado y, por ende, irreal. Por esta razón es importante comprender el proceso íntegro, total, de nuestra conciencia, proceso al que llamamos el "yo" y "lo mío", el cual sólo puede ser comprendido en la relación, no en el aislamiento.

Por eso, aquéllos que realmente quieran comprender a Dios, la verdad, la realidad o como quieran llamarlo, es imperativo que capten plenamente el significado de la relación, porque ésa es la única acción verdadera. Si la relación se basa en la idea, no existe la acción. Si trato de restringir mi relación, de amoldarla o limitarla a una idea, cosa que hace la mayoría de nosotros, esto no es acción; la relación no ha sido comprendida. Pero si vemos que éste es un proceso falso que nos conduce a la ilusión, a la limitación, al conflicto, a la separatividad –las ideas separan siempre–, entonces comenzaremos a comprender la relación directamente y no le impondremos un prejuicio, una condición. Veremos, así, que el amor no es un proceso de pensamiento. Uno no puede pensar acerca del amor. Pero casi todos lo hacemos, y entonces es tan sólo sensación. Y si limitamos la relación a una idea basada en la sensación, entonces descartamos el amor, porque llenamos nuestros corazones con las cosas de la mente. Aunque podamos experimentar la sensación y llamarla amor, eso no es amor. El amor es algo que está, ciertamente, más allá del proceso de pensamiento, pero puede ser descubierto si comprendemos este proceso en la relación, no negando el proceso de pensamiento, sino estando atentos al significado completo que, en la relación, tienen las modalidades de nuestra mente y de nuestras acciones. Si podemos proseguir a mayor profundidad, veremos que la acción no se relaciona con la idea. Entonces la acción es de instante en instante, y en esa experiencia, que es verdadera meditación, hay inmortalidad.

El conocimiento de uno mismo

Pregunta: ¿Qué lugar ocupa el juicio crítico en la relación? ¿Cuál es la diferencia entre crítica destructiva y crítica constructiva?

KRISHNAMURTI: Ante todo, ¿por qué criticamos? ¿Es con el fin de comprender? ¿O es meramente un proceso para fastidiar a otros? Si yo lo critico, ¿acaso lo comprendo? La comprensión, ¿llega mediante el juzgar? Si quiero comprender, comprender no sólo superficialmente sino a fondo todo el significado de mi relación con usted, ¿empiezo por criticarlo? ¿O estoy atento a esta relación que hay entre nosotros, la observo silenciosamente, no proyecto en ella mis opiniones, mis críticas, mis juicios, mis identificaciones o censuras, sino que observo silenciosamente lo que ocurre? Y, si uno no critica, ¿qué sucede? Está propenso a adormecerse, ¿verdad? Eso no quiere decir que no vayamos a adormecernos si fastidiamos a alguien. Tal vez ello se vuelva un hábito y nos adormezcamos a causa del hábito. El criticar, ¿permite, acaso, una comprensión más profunda y amplia de la relación? No importa si la crítica es constructiva o destructiva, eso no viene al caso. Por lo tanto, nos preguntamos: ¿Cuál es el estado indispensable para que el corazón y la mente puedan comprender la relación?

¿Qué es el proceso de comprender? ¿Cómo comprendemos algo? ¿Cómo comprende usted a su hijo, si es que se interesa en su hijo? Lo observa, ¿no es así? Le presta atención mientras él juega, lo estudia en sus diferentes estados de ánimo; no proyecta sobre él su propia opinión. No dice que él debería ser esto o aquello. Está alerta, vigilante, ¿no es así?, se halla activamente atento. Entonces, quizá, comience a comprender al niño. Pero si está constantemente criticándolo, inyectándole su propia personalidad, su idiosincrasia, sus opiniones, decidiendo el modo como él debería ser o no ser, etc., es obvio que crea una barrera en esa relación. Pero, por desgracia, casi todos criticamos para moldear, para interferir; y nos proporciona cierta dosis de placer, cierta sa-

Décima charla en El Robledal

tisfacción, moldear algo: la relación con el marido, el hijo, o con quien fuere. Encontramos en ello una sensación de poder, la sensación de que uno es el amo, y en eso hay una gratificación tremenda. Es indudable que, a través de todo este proceso, no es posible comprender la relación. El deseo de amoldar a otro al patrón particular de nuestra idiosincrasia, de nuestro anhelo, es mera imposición.

Luego está la autocrítica. Ser crítico de sí mismo, condenarse o justificarse, ¿hace que uno se comprenda? Cuando empiezo a criticarme, ¿no limito el proceso de comprensión, de exploración? La introspección, que es una forma de autocrítica, ¿pone en descubierto al "yo"? ¿Qué hace posible que el "yo" quede al descubierto? Es obvio que no contribuye a ello el ser constantemente analítico, crítico, temeroso. Lo que hace que el "yo" quede al descubierto como para que uno comience a comprenderlo, es el percibirlo constantemente sin condena ni justificación alguna. Tiene que haber cierta espontaneidad; uno no puede estar todo el tiempo analizándolo, disciplinándolo, moldeándolo. Esta espontaneidad es esencial para la comprensión. Si tan sólo controlo, limito, condeno, esto pone fin al movimiento del pensar y sentir, ¿no es así? En el movimiento del pensar y sentir es donde descubro, no en el mero control. Y, cuando uno descubre, es importante, entonces, averiguar cómo actuar al respecto. Si actúo conforme a una idea, a una norma, a un ideal, fuerzo al "yo" dentro de un molde determinado. En eso no hay comprensión, no hay trascendencia. Pero si puedo observar al "yo" sin condenarlo ni justificarlo, entonces es posible ir más allá de él. Por eso es completamente erróneo todo este proceso de aproximarnos a un ideal. Los ideales son dioses de fabricación casera, y amoldarnos a una imagen autoproyectada no es, por cierto, una liberación.

Así, pues, la comprensión sólo es posible cuando la mente está silenciosamente atenta, observando, lo cual es arduo porque encontramos deleite en estar activos, en ser inquietos, críticos, en condenar, justificar. Ésta es la estructura íntegra de nuestro ser, y,

El conocimiento de uno mismo

a través de la pantalla de las ideas, de los prejuicios, de los puntos de vista, de las experiencias y los recuerdos, tratamos de comprender. ¿Es posible estar libres de todas estas pantallas y así comprender directamente? Esto es lo que hacemos, sin duda, cuando el problema es muy intenso; no pasamos por todos estos métodos, lo abordamos de manera directa.

En consecuencia sólo comprendemos la relación cuando, habiendo entendido este proceso de la autocrítica, la mente está quieta. Si ustedes me escuchan y tratan de seguir, sin hacer un esfuerzo demasiado grande, lo que deseo comunicar, entonces hay posibilidad de que nos comprendemos el uno al otro. Pero si están todo el tiempo criticando, proyectando sus opiniones, lo que han aprendido de los libros, lo que algún otro les ha dicho y así sucesivamente, entonces ustedes y yo no estamos relacionados, porque esta pantalla se interpone entre nosotros. Pero si ambos estamos tratando de averiguar cuáles son las secuelas del problema, secuelas que se encuentran en el problema mismo, si ambos estamos ansiosos de llegar al fondo, de dar con la verdad y descubrir qué es, entonces estamos relacionados. Entonces la mente de ustedes se halla al mismo tiempo alerta y pasiva, vigilando para ver qué es verdadero en esto. Por lo tanto, ella debe ser extraordinariamente rápida, no estar anclada en ninguna idea, en ningún ideal, en ningún juicio, en ninguna opinión que ustedes hayan consolidado a través de sus experiencias particulares. La comprensión llega cuando existe la rápida flexibilidad de una mente pasivamente alerta. Entonces ella es capaz de recibir, entonces es sensible. Una mente no es sensible cuando está abarrotada de ideas, prejuicios, opiniones a favor o en contra.

Para comprender la relación tiene que haber un estado de alerta pasivo; éste no destruye la relación, sino que, por el contrario, la hace mucho más vital, más significativa. Entonces, en esta relación hay una posibilidad de verdadero afecto; hay calidez, un sentido de cercanía que no es mero sentimiento o sensa-

Décima charla en El Robledal

ción. Y si en esta relación podemos ser así para todo, abordarlo todo de esta manera, entonces nuestros problemas se resolverán fácilmente: los problemas de la propiedad, los problemas de la posesión. Porque somos aquello que poseemos. El que posee dinero, *es* el dinero; el que se identifica con la propiedad, *es* la propiedad, la casa, los muebles. Lo mismo si se identifica con las ideas o con las personas; y cuando hay afán posesivo no hay relación. Pero casi todos nosotros poseemos, porque si no poseemos, nada más hay para nosotros. Somos cáscaras vacías si no llenamos nuestras vidas con muebles, con música, con conocimientos, con eso o aquello. Y esta cáscara hace muchísimo ruido; este ruido es lo que llamamos vivir y con esto estamos satisfechos. Y cuando hay una interrupción, una ruptura de esto, sufrimos, porque súbitamente nos descubrimos tal como somos: una cáscara vacía sin mucho sentido. Así, pues, la acción consiste en darnos cuenta de todo el contenido de la relación; entonces es posible una relación verdadera, es posible descubrir su gran profundidad, su gran significación y, de este modo, saber qué es el amor.

Pregunta: Cuando usted habla de intemporalidad, parece referirse a algo que está fuera de una sucesión de acontecimientos. A mi entender, el tiempo es necesario para la acción, y no puedo concebir la existencia sin una sucesión de acontecimientos. ¿Quiere usted decir, quizá, que conociendo la parte que en uno es eterna, el tiempo deja de ser un medio para alcanzar un objetivo, o un medio para progresar?

KRISHNAMURTI: Ante todo, no podemos discutir qué es lo intemporal. Una mente, siendo el producto del tiempo, no puede pensar en algo intemporal. Porque, después de todo, mi mente, su mente, es un producto del pasado, se basa en el pasado; su pensamiento se origina en el pasado, el cual es tiempo. Con este instrumento procuramos pensar en algo que no es del tiempo, y eso

El conocimiento de uno mismo

no es posible. Podemos especular acerca de lo intemporal, podemos escribir libros al respecto, podemos imaginarlo, jugar con ello toda clase de trucos, pero eso no será lo real. De modo que no especulemos sobre lo intemporal. Ni siquiera hablemos de ello. Especular acerca de lo que es el estado intemporal resulta completamente inútil, no tiene sentido. Pero podemos hacer otra cosa, y es descubrir la manera de liberar a la mente de su propio pasado, de sus propias proyecciones; podemos descubrir qué es lo que le da continuidad, una sucesión de acontecimientos como medio de progreso, de comprensión o de lo que fuere.

Podemos ver que una cosa que continúa, debe por fuerza destruirse. No puede renovarse a sí misma. Sólo aquello que termina puede renovarse. Para una mente atrapada en un hábito, en una determinada opinión, o en la red de ideales, creencias y dogmas, es obvio que no puede haber renovación. Esa mente no puede mirar la vida de un modo nuevo. Una renovación, un impulso creativo, existe sólo cuando el pasado llega a su fin, o sea, cuando ya no hay identificación dando continuidad a través del "yo" y "lo mío": mi propiedad, mi casa, mi esposa, mi hijo, mi ideal, mis dioses, mis opiniones políticas. Esta constante identificación es lo que da continuidad a la sucesión de acontecimientos, tales como el "yo" deviniendo más amplio, más importante, más notable, más meritorio, más ingenioso, etc.

La vida, la existencia, ¿consiste en una sucesión de acontecimientos? ¿Sé que estoy vivo porque recuerdo el ayer? ¿Sé que estoy vivo porque conozco el camino a mi casa? ¿O porque voy a ser alguien? ¿Cómo sé que estoy vivo? Por cierto, sólo en el ahora sé que estoy consciente. La conciencia, ¿es tan sólo el resultado de una sucesión de acontecimientos? Con la mayoría de nosotros lo es. Sé que estoy vivo, que estoy consciente, a causa de mi pasado, de mi identificación con algo. ¿Es posible saber que uno está consciente sin que intervenga este proceso de identificación? Y ¿por qué se identifica uno? ¿Por qué me identifico como mi propiedad, mi nombre, mi ambición, mi progreso? ¿Por

Décima charla en El Robledal

qué? ¿Que sucedería si no me identificara? ¿Negaría eso toda la existencia? Si no nos identificáramos quizá podría haber un campo de acción más amplio, una profundidad mayor de sentimiento y pensamiento. Nos identificamos porque ello nos hace sentir que estamos vivos como entidad, como una entidad separada. Así, el sentimiento de que uno está separado se ha vuelto importante porque gracias a la separación disfrutamos del "más"; y tememos que, si la negáramos, seríamos incapaces de disfrutar, de sentir placeres. Ésa es, indudablemente, la base del deseo de continuidad, ¿no es así? Pero hay también en juego un proceso colectivo. Puesto que el estado separativo implica muchísima destrucción, etc., se opone al colectivismo, que descarta la separación individual. Pero el individuo se convierte en lo colectivo mediante otra forma de identificación, y así conserva, como podemos verlo, su condición separativa.

En tanto la identificación hace que haya continuidad, no puede haber renovación. Sólo cuando la identificación llega a su fin, hay una posibilidad de renovación. Y a casi todos nosotros nos asusta llegar al fin. A casi todos nos infunde miedo la muerte. Se han escrito innumerables libros acerca de lo que hay después de la muerte. Estamos más interesados en la muerte que en el vivir. Eso se debe a que, con la muerte, parece haber un final, un final para la identificación. Eso que continúa, es obvio que no renace, que no se renueva. Únicamente en el morir hay renovación; por eso es esencial morir a cada instante, no esperar a morir por vejez o por enfermedad. Morir de instante en instante es morir para todas nuestras acumulaciones e identificaciones, para las experiencias que hemos acopiado; eso es verdadera sencillez, no así la continuidad acumulada de las identificaciones.

Así pues, cuando cesa este proceso de identificación –que revive a la memoria y le da continuación en el presente–, se hace posible el renacimiento, la renovación, la creatividad, y en esta renovación no hay continuidad alguna. Lo que se renueva no puede continuar; existe de instante en instante.

El conocimiento de uno mismo

El interlocutor también pregunta: «¿quiere usted decir, quizá, que conociendo la parte que en uno es eterna, el tiempo deja de ser un medio para alcanzar un objetivo?» ¿Hay una parte en usted que sea eterna? Aquello en que usted puede pensar, sigue siendo el producto del pensamiento y, por lo tanto, no es lo eterno. Porque el pensamiento es el producto del pasado, del tiempo, y si uno postula algo eterno dentro de sí, es que ya ha pensado en ello. No estoy argumentando ingeniosamente en esta cuestión. Ustedes pueden ver muy bien que lo eterno no es aquello en que son capaces de pensar. No pueden progresar, evolucionar hacia lo eterno; si lo hacen, esto es tan sólo una proyección del pensamiento y, por ende, sigue estando dentro de la red del tiempo. Este camino conduce hacia la ilusión, la desdicha, hacia toda la fealdad del autoengaño; y esto nos gusta, porque la mente puede funcionar sólo dentro de lo conocido, ir de seguridad en seguridad. Lo eterno no existe si se lo introduce en la esclavitud del tiempo, y apenas la mente piensa en lo eterno, ello se encuentra en la esclavitud del tiempo; por consiguiente, no es lo real.

Por esto, cuando usted perciba todo este proceso de la identificación, cuando vea cómo el pensamiento da continuidad a las cosas a fin de sentirse seguro, cómo el pensador se separa del pensamiento y así adquiere seguridad, cuando vea todo este proceso del tiempo y lo comprenda, no tan sólo verbalmente, sino que lo perciba a fondo, cuando lo experimente en lo interno, encontrará que ya no piensa más en lo intemporal. Entonces la mente está quieta, no sólo superficialmente sino en lo profundo; adquiere serenidad, *está* serena. Entonces hay una experiencia directa de aquello que es inconmensurable.

Pero limitarse a especular sobre lo intemporal es una pérdida de tiempo. Uno podría igualmente jugar al póquer. Toda especulación es dejada a un lado tan pronto tenemos una experiencia directa. Y esto es lo que estamos discutiendo: cómo tener esta experiencia directa sin que intervenga la mente. Pero, una vez que esta experiencia ha existido, la mente se aferra a las sensaciones

Décima charla en El Robledal

de la experiencia, y entonces desea repetirla, lo cual implica, en realidad, que la mente se interese en la sensación, no en el experimentar. Por lo tanto, la mente jamás puede experimentar; sólo conoce las sensaciones. El experimentar sólo surge cuando la mente no es el experimentador. Lo intemporal no puede, pues, ser conocido o concebido o experimentado por medio de la mente. Y como ella es el único instrumento que hemos cultivado a expensas de todo lo demás, cuando recurrimos al proceso de la mente estamos perdidos. Es forzoso que lo estemos. Debemos terminar con este proceso, lo cual no implica desesperación ni miedo; implica conocer el proceso de la mente, ver lo que es, y cuando vemos lo que es, llega a su fin sin ningún esfuerzo. Sólo entonces hay posibilidad de que ocurra esta renovación que es eterna.

Pregunta: ¿Existe un abismo, un intervalo de alguna duración, entre mi percepción de algo y el serlo o realizarlo? Este intervalo, ¿no implica un ideal en un extremo y su realización en el otro, por medio de la práctica y la técnica? Este "cómo" o el método es lo que deseamos de usted.

KRISHNAMURTI: ¿Hay un intervalo entre la percepción y la acción? La mayoría de nosotros diría que sí. Decimos que hay un intervalo: «veo, y más tarde actuaré», «comprendo intelectualmente, pero ¿cómo ponerlo en práctica?», «entiendo lo que usted quiere decir, pero no sé cómo llevarlo a cabo.» Esta brecha, este abismo, este intervalo, ¿es necesario? ¿O sólo nos engañamos a nosotros mismos? Cuando digo: «veo», en realidad no veo. Si de veras veo, entonces no hay problema. Si veo algo, a eso sigue la acción. Si veo una serpiente venenosa, no digo: «la veo, ¿cómo debo actuar?» Actúo.

Pero nosotros no vemos, y no vemos porque no queremos ver, porque ver es demasiado inminente, demasiado peligroso, demasiado vital. El ver podría trastornar todo nuestro proceso del pen-

El conocimiento de uno mismo

sar, del vivir. Por lo tanto, decimos: «yo veo, por favor, dígame cómo debo actuar». De modo que estamos interesados en el método, en "cómo" hacerlo, en la práctica. Entonces vamos a la búsqueda de métodos. Acudimos a diversos instructores, psicólogos, gurúes, etc., y nos afiliamos a sociedades que habrán de ayudarnos a tender un puente entre la acción y la idea. Ésa es una muy conveniente manera de vivir, un alegre escape, un modo muy respetable de eludir la acción. En este proceso estamos todos atrapados. «Me doy cuenta de que debo ser virtuoso, que no debo ser irascible, mezquino... pero, por favor, dígame cómo hacerlo.» Y este proceso de «cómo hacerlo» se inviste de autoridad religiosa, se convierte en explotación, y está todo lo demás que sigue: enormes propiedades... ya conocen ustedes todo este juego. En otras palabras, no vemos y no queremos ver. Pero no reconocemos esto honradamente. En el momento en que lo admitimos, tenemos que actuar. Entonces sabemos que nos estamos engañando a nosotros mismos, y eso es muy desagradable. Decimos, pues: «por favor, estoy aprendiendo poco a poco, todavía soy débil, no soy lo bastante fuerte, esto es una cuestión de progreso, de evolución, de crecimiento; a la larga llegaré allá». Por consiguiente, nunca deberíamos decir que vemos o percibimos o comprendemos, porque las meras palabras nada significan.

No hay intervalo entre el ver y el actuar. Tan pronto uno ve, actúa. Hacemos esto cuando conducimos un automóvil. Si no lo hiciéramos, habría peligro. Pero hemos inventado muchísimos medios de evitarlo. Nos hemos vuelto tan hábiles, tan astutos, como para no cambiar radicalmente. Pero no hay intervalo alguno entre percepción y acción. Cuando vemos una serpiente venenosa, ¡cuán rápidamente respondemos! La acción es instantánea. Cuando hay una brecha, ello denota indolencia mental, pereza, evitación. Y esta evitación, esta pereza, se vuelve algo muy respetable, ya que todos la practicamos. Por eso buscan ustedes un método para tender un puente que conecte la idea con la acción, y así viven en el autoengaño. Y tal vez eso les agrada. Pero, para un hombre que percibe la verdad, no hay problema; hay acción. Nosotros no percibimos, y eso ocurre a causa de nuestros innumerables prejuicios, de nuestra desgana, de nuestra pereza, y porque abrigamos la esperanza de que algo transformará eso.

En consecuencia, pensar desde el punto de vista de la idea separada de la acción es, obviamente, señal de ignorancia. Decir: «seré alguien» –el Buda, el Maestro, lo que fuere– es, sin duda, un proceso erróneo. Lo importante es comprender lo que somos *ahora*, y eso no puede comprenderse si uno siempre posterga, si existe un intervalo entre el ideal y uno mismo. Y, como la mayoría de ustedes se complace en esa particular forma de excitación, prestarán una atención limitada a todo esto. Las ideas jamás podrán liberar la acción. Por el contrario, las ideas limitan la acción, y sólo hay acción cuando comprendo a medida que avanzo, de instante en instante, y no estoy atado a determinadas creencias o a un ideal en particular que tengo la intención de realizar. Esto es morir de instante en instante, y en esto hay renovación. Esta renovación dará respuesta al problema siguiente. Esta renovación proyecta una luz nueva, una significación nueva a todas las cosas. Y la renovación sólo es posible cuando estamos libres de la brecha, del abismo, del intervalo entre la idea y la acción.

Pregunta: Usted habla a menudo de vivir, experimentar y, no obstante, ser como la nada. ¿Qué es ese estado de ser conscientemente como la nada? ¿Tiene algo que ver con la humildad, con estar abierto a la gracia de Dios?

KRISHNAMURTI: Ser conscientemente alguna cosa no es ser libre. Si estoy consciente de ser no codicioso, de estar más allá de la ira, no estoy, por cierto, libre de la codicia, de la ira. La humildad es algo de lo que usted no puede estar consciente. Cultivar la humildad es cultivar, de una manera negativa, la expansión propia. Por lo tanto, cualquier virtud que sea deliberadamente cultivada, practicada, vivida, no es virtud. Es una forma de resisten-

El conocimiento de uno mismo

cia, de expansión egocéntrica, la cual tiene su propia gratificación. Pero eso ya no es más virtud. La virtud es simplemente un estado de libertad en el que descubrimos lo real. Sin virtud no puede haber libertad. La virtud no es un fin de sí misma. No es posible, mediante el esfuerzo deliberado, consciente, ser como la nada, porque entonces eso es otro logro. La inocencia no es el resultado de un cuidadoso cultivo. Y es esencial ser como la nada. Tal como un vaso sólo es útil cuando está vacío, así, solamente cuando uno es como la nada puede recibir la gracia de Dios, o la verdad, o como quiera llamarlo.

¿Es posible ser nada en el sentido de llegar a serlo? ¿Puede uno lograrlo? Tal como ha construido una casa o ha acumulado dinero, ¿puede, del mismo modo, conseguir también esto? El sentarse y meditar sobre la nada, descartándolo conscientemente todo y volviéndose así receptivo, es una forma de resistencia, ¿no es así? Es una acción deliberada de la voluntad, y la voluntad es deseo; cuando deseo ser nada, ya soy algo. Por favor, vea la importancia de esto: cuando deseo cosas positivas, sé lo que esto implica –lucha, sufrimiento– y entonces las rechazo; y me digo: «ahora seré nada.» El deseo sigue siendo el mismo, es el mismo proceso en otra dirección. El deseo de ser nada es como el deseo de ser algo. El problema no consiste, pues, en ser nada o en ser algo, sino en comprender todo el proceso del deseo: el anhelo de ser o de no ser. En ese proceso, la entidad que desea es diferente del deseo. Uno no dice: «el deseo soy yo», sino: «yo deseo tal cosa». Por lo tanto hay una separación entre el experimentador, el pensador, y la experiencia, el pensamiento. Por favor, no conviertan esto en algo metafísico y difícil. Pueden considerarlo muy simplemente: simplemente en el sentido de que uno puede tantear su camino en ello.

Así pues, en tanto exista el deseo de ser nada, uno es algo. Y este deseo de ser nada lo divide a uno como el experimentador y la experiencia, y en esas condiciones no hay posibilidad alguna de experimentar, porque, en el estado de experimentar, no existen

Décima charla en El Robledal

ni el experimentador ni la experiencia. Cuando usted experimenta algo, no piensa que está experimentando. Cuando es de veras feliz, no dice: «soy feliz.» Tan pronto lo dice, eso ya ha desaparecido. Por lo tanto, como dije, nuestro problema no consiste en cómo ser nada –lo cual es bastante infantil– o en cómo aprender una nueva jerga y tratar de convertirse en esa jerga, sino en comprender todo el proceso del deseo, del anhelo. Y esto es tan sutil, tan complejo, que uno debe abordarlo muy sencillamente, no con todos los conflictos de la condena, de la justificación, de lo que ello debería ser, de lo que no debería ser, de cómo debería ser destruido, o sublimado... todo lo cual uno lo ha aprendido de los libros, de las organizaciones religiosas. Si podemos descartar esto y tan sólo observar silenciosamente el proceso del deseo, proceso que es uno mismo –no "uno" que vive la experiencia del deseo, sino el acto de experimentar el deseo–, entonces veremos que hay libertad respecto de este ardiente, constante impulso de ser o de no ser, de devenir, de lograr, de convertirse en el Maestro, de tener virtud... toda la necedad del deseo y de sus búsquedas. Entonces puede haber un experimentar directo, o sea, un experimentar sin el observador. Sólo así hay posibilidad de estar completamente abierto, de ser como la nada; y entonces hay recepción de lo real.

14 de agosto de 1949

UNDÉCIMA CHARLA EN EL ROBLEDAL

Durante las semanas pasadas hemos estado discutiendo el problema de comprendernos a nosotros mismos. Porque, cuanto más piensa uno en los muchos conflictivos y siempre crecientes problemas de la vida, tanto los privados como los sociales, ve que, a menos que haya una transformación fundamental, radical dentro de uno mismo, no será posible habérselas con estos problemas que debe afrontar cada uno de nosotros. Es esencial, pues, si hemos de resolver cualquiera de estos problemas de nuestra vida, que los abordemos directamente por nosotros mismos, que estemos en relación directa con ellos y no nos limitemos a confiar en los especialistas, en los líderes religiosos o en los políticos que nos ofrecen panaceas. Y como nuestra vida, nuestra cultura y la civilización se están volviendo cada vez más complicadas, del mismo modo se hace cada vez más difícil habérselas de manera directa con los problemas en aumento constante.

Ahora bien, me parece que uno de los problemas, entre otros, al que muy pocos nos hemos enfrentado de modo muy profundo y fundamental, es el de la dominación y el sometimiento. Si me lo permiten, me gustaría discutir breve y sucintamente la naturaleza de la dominación –en su doble aspecto– antes de contestar

Undécima charla en El Robledal

las preguntas. ¿Por qué dominamos, consciente o inconscientemente, el hombre a la mujer, la mujer al hombre, etc.? Hay dominación en diferentes formas, no sólo en la vida privada, sino que toda la tendencia de los gobiernos es también la de dominar. ¿Por qué este espíritu de dominación prosigue constantemente, de una época a otra? Sólo muy pocas épocas parecen escapar a él. ¿Podemos considerar este problema en un sentido diferente? O sea, ¿podemos comprenderlo sin caer en el opuesto? Porque, tan pronto lo reconocemos, tan pronto nos damos cuenta de este problema de la dominación, en seguida comenzamos a someternos, o pensamos en él desde el punto de vista de su opuesto: la sumisión. ¿No podemos pensar sin el opuesto y considerar el problema directamente? Tal vez entonces seremos capaces a comprender todo este complejo problema de la dominación, este intento de ejercer poder sobre otro, o de someterse uno mismo al otro. Al fin y al cabo, la sumisión es otra forma de dominación. El someterse uno mismo a otro es la forma negativa de la dominación. En el rechazo mismo de la dominación uno se vuelve sumiso, y no creo que podamos resolver este problema pensando en función del opuesto. Investiguémoslo, pues, y veamos por qué existe.

Ante todo, uno debe darse cuenta, ¿no es así?, de la forma obvia, cruda, de dominación. Si estamos alerta, casi todos nos damos cuenta de ella. Pero está la dominación inconsciente, de la cual muy pocos nos damos cuenta. Es decir, este deseo inconsciente de dominar adopta la apariencia o usa el pretexto del amor, de la bondad, etc. El deseo inconsciente de dominar existe bajo diferentes formas, y pienso que es mucho más importante comprender este hecho que tratar meramente de regular la dominación superficial que uno ejerce sobre otro.

Y bien, ¿por qué, inconscientemente, deseamos dominar? Es probable que la mayoría de nosotros no se percate de que domina en diferentes niveles, no sólo en la familia, sino también en el nivel verbal; y también existe este deseo interno de buscar el poder, el éxito, indicios todos de dominación. ¿Por qué? ¿Por qué queremos dominar a otro? Si uno se formulara deliberadamente, conscientemente esta pregunta, ¿cuál sería la respuesta? La mayoría de nosotros no sabría decir por qué desea dominar. En primer lugar, hay en ello la sensación, el placer inconsciente de dominar a alguien. ¿Es ése el único motivo que nos hace querer dominar? Por cierto, es una parte, pero hay mucho más, un significado mucho más profundo. Me pregunto si alguna vez se han observado a sí mismos ejerciendo dominio en la relación, ya sea como hombre o como mujer. Si han estado conscientes de ello, ¿cuál ha sido su respuesta, su reacción? Y ¿por qué no deberíamos dominar?

En la relación, que es la vida, ¿comprendemos gracias a la dominación? En la relación, si yo domino o la otra persona me domina, ¿no comprendemos el uno al otro? Después de todo, ésa es la vida, ¿verdad? La relación es vida, es acción, y si vivimos tan sólo en la actividad autolimitadora de la dominación, ¿hay relación alguna? La dominación, ¿no es acaso un proceso de aislamiento, el cual niega la relación? Y ¿es esto realmente lo que estamos buscando? ¿Puede, acaso, haber relación alguna entre dos personas si hay sentido alguno de dominación o sumisión? La vida es relación; uno no puede vivir en aislamiento. Pero, ¿no es nuestro propósito inconsciente aislarnos dentro de este manto, de este sentimiento de autoafirmación agresiva que es la dominación?

Así pues, este proceso de dominar a otros, ¿no es un proceso de aislamiento, y no es esto lo que desea la mayoría de nosotros? Casi todos lo cultivamos diligentemente. Porque estar abiertos en la relación puede ser muy penoso; requiere extraordinaria inteligencia y adaptabilidad, rapidez, comprensión, y cuando eso no existe, tratamos de aislarnos. Y el proceso de dominación ¿no es un proceso de aislamiento? Hemos visto que lo es. Es un proceso de autoencierro. Y cuando estoy encerrado, encajonado en mi propia opinión, en mis propios deseos, en mis ambiciones, en mi impulso de dominar, ¿estoy relacionado? Y si no hay relación,

Undécima charla en El Robledal

¿cómo es posible una verdadera existencia? ¿No hay, acaso, una fricción constante y, por ende, dolor? Nuestro inconsciente deseo en la relación es no ser lastimados, buscar refugio, seguridad; y cuando esto se frustra, hay insatisfacción. Entonces comienzo a aislarme. Y uno de los procesos del aislamiento es la dominación. Y este miedo que nos conduce al aislamiento, también adopta otra forma, ¿no es así? No sólo está el deseo de afirmarse, de dominar o de someterse, sino que en este aislamiento existe también la conciencia de estar solo, separado de los demás. Casi todos somos seres aislados; aunque podamos relacionarnos, casarnos, tener hijos, vivimos encerrados en nuestro propio mundo. Y éste es un mundo muy solitario. Es un mundo doloroso, con alguna ocasional apertura de alegría y diversión, de dicha, etc.; pero es un mundo solitario. Y, para escapar de eso, tratamos de ser alguna cosa, tratamos de afirmarnos, de dominar. En consecuencia, a fin de escapar de lo que somos, la dominación se vuelve un medio gracias al cual podemos huir de nosotros mismos.

Así, pues, todo este proceso de dominación no sólo sucede cuando existe el deseo de evitar enfrentarnos con lo que somos, sino también cuando hay un deseo de aislarnos, ¿verdad? Si podemos observar este proceso en nosotros mismos, no con un espíritu condenatorio, lo cual es tan sólo tomar partido por lo opuesto, sino comprendiendo por qué tenemos este deseo extraordinario de dominar o de volvernos muy serviles, si podemos darnos cuenta de ello sin sentido alguno de optar por lo opuesto, creo que experimentaríamos realmente ese estado de aislamiento del que tratamos de escapar, y entonces, al experimentarlo, seríamos capaces de resolverlo. O sea, si comprendemos algo estamos libres de ello. Sólo cuando no comprendemos hay miedo.

¿Podemos, pues, considerar este problema sin condenarlo? ¿Podemos tan sólo observar, vigilar en silencio este proceso mientras trabaja con nosotros? Puede ser observado con mucha facilidad en todas nuestras relaciones. Basta con vigilar silenciosamente viendo cómo todo el fenómeno se expone a sí mismo.

El conocimiento de uno mismo

Descubrirán que, cuando no hay condena, cuando no justifican su dominación, el problema se revela sin obstáculos; entonces comenzarán a ver todas las implicaciones, no sólo las de la dominación personal, sino también las de la dominación pública, la dominación de un grupo por otro, de un país por otro, de una ideología por otra, etc. El conocimiento propio es esencial para cualquier clase de comprensión. Y como nuestra relación es vida –sin relación no es posible la existencia–, si la encaran debidamente comenzarán a ver este proceso de la dominación expresándose a sí mismo de muchas maneras, y, cuando lo comprendan en su totalidad, tanto consciente como inconscientemente, estarán libres de él. Por cierto, la libertad es indispensable, y sólo entonces es posible ir más allá. Porque una mente que domina, que se impone, que está atada a una forma particular de creencia, a determinada opinión, no puede ir más allá, no puede emprender un largo viaje, no puede volar alto. Por lo tanto, ¿no es esencial, en la comprensión de nosotros mismos, entender este sumamente difícil y complejo problema de la dominación? Adopta formas muy sutiles y, cuando toma una forma virtuosa, se vuelve muy obstinado. El deseo de servir, con el inconsciente deseo de dominar, es mucho más difícil de ser encarado. ¿Puede haber amor cuando hay dominación? ¿Podemos estar en relación con alguien a quien decimos amar y, no obstante, ejercer dominio sobre esa persona? En tal caso no hay duda de que la estamos usando, y cuando hay uso no hay relación, ¿verdad?

Así pues, para comprender este problema tenemos que ser sensibles a todo este asunto de la dominación. No es que no debiéramos dominar, o que debiéramos ser sumisos, sino que debe haber percepción inteligente de todo este problema. Para percibirlo así, uno debe abordarlo sin condenar, sin tomar partido, y eso es algo muy difícil de hacer, porque casi todos nos inclinamos a condenar. Y condenamos porque pensamos que comprendemos. No comprendemos. Tan pronto condenamos, dejamos de

Undécima charla en El Robledal

comprender. Condenar a alguien es una de las formas más fáciles de ignorar deliberadamente las cosas. Pero comprender todo ese proceso requiere un gran estado de alerta mental, y una mente no está alerta cuando condena o justifica o tan sólo se identifica con lo que siente.

De modo que el conocimiento propio es un descubrimiento permanente de instante en instante, pero este descubrimiento se nos niega si el pasado lanza una opinión, una barrera; la acción acumulativa de la mente impide la comprensión inmediata.

Me han entregado varias preguntas, pero antes de contestarlas permítanme decir a quienes están tomando notas, que no deberían hacerlo. Explicaré por qué: estoy hablando para un individuo, para cada uno de ustedes, no para un grupo. Ustedes y yo, juntos, estamos experimentado algo. No deberían tomar notas de lo que estoy diciendo; deben experimentarlo. Estamos emprendiendo juntos un viaje, y si tan sólo se interesan en tomar notas, no están escuchando realmente. Dirán que anotan lo que digo para luego meditarlo, o con el fin de transmitirlo a algunos de sus amigos que no se encuentran aquí. Pero eso no es importante, ¿verdad? Lo importante es que ustedes y yo comprendamos, y para comprender esto deben dedicarle su atención completa. ¿Cómo pueden hacerlo cuando están tomando notas? Por favor, vean la importancia de esto, y entonces se abstendrán naturalmente de tomar notas. No tienen que ser obligados a ello, no es necesario que se les diga. Porque lo importante en estas reuniones no lo son tanto las palabras, sino el contenido que hay tras ellas, las implicaciones psicológicas, y ustedes no pueden comprenderlas a menos que concedan a lo que se dice la plenitud de su atención, de su atención de su consciente.

Pregunta: La experiencia del pasado, ¿no es una ayuda con respecto a la libertad y a la acción correcta en el presente? ¿Acaso el conocimiento no puede ser un factor de liberación y no un obstáculo?

El conocimiento de uno mismo

KRISHNAMURTI: ¿Comprendemos el presente por medio del pasado? ¿Comprendemos algo gracias a la acumulación de experiencias? ¿Qué entendemos por conocimiento? ¿Qué entendemos por acumulación de experiencias, la cual dice usted que le trae comprensión? ¿Qué es todo eso para nosotros? ¿Y qué entendemos por experiencia del pasado? Investiguemos esto un poquito, porque es muy importante descubrir si el pasado, que es la acumulación de sus recuerdos de incidentes, de experiencias, le permitirá comprender una experiencia en el presente.

Ahora bien, ¿qué ocurre cuando hay una experiencia? ¿Cuál es el proceso de ésta? ¿Qué es una experiencia? Es un reto y una respuesta, ¿no es así? Eso es lo que llamamos experiencia. Pero el reto debe ser siempre nuevo; de lo contrario no es un reto. Y, ¿me enfrento a él adecuadamente, de manera plena, completa, si respondo conforme a mi condicionamiento pasado? ¿Lo comprendo? Después de todo, la vida es un proceso de reto y respuesta. Éste es el proceso constante. Y cuando la respuesta es inadecuada, hay fricción entre el reto y la respuesta, hay angustia, sufrimiento. Cuando la respuesta es equivalente al reto hay armonía, integración de reto y respuesta.

Ahora bien, si mi respuesta a un reto se basa en las diversas experiencias del pasado, ¿puede ser una respuesta adecuada? ¿Puede enfrentarse al reto en el mismo nivel? Y ¿qué es la respuesta? La respuesta es el resultado de la acumulación de múltiples experiencias; no es la experiencia misma, sino el recuerdo y la sensación de la experiencia. Por lo tanto es la sensación la que se enfrenta al reto, es el recuerdo. Esto es lo que llamamos conocimiento acumulado, ¿verdad? De modo que el conocimiento es siempre lo ya conocido, el ayer, lo condicionado; lo condicionado se enfrenta a lo incondicionado, el reto; en consecuencia no hay relación entre ambos. Entonces traducimos el reto de acuerdo con la mente condicionada, con las respuestas condicionadas. Y eso, ¿no es un obstáculo?

La cuestión es, entonces, cómo afrontar el reto adecuadamente. Si lo afronto con mis experiencias pasadas, puedo ver muy

Undécima charla en El Robledal

bien que esto no es adecuado. Y mi mente es el pasado, mi pensamiento es el producto del pasado. ¿Puede, pues, mi pensamiento enfrentarse al reto, siendo el pensamiento un resultado de los conocimientos, de las múltiples experiencias, etc.? ¿Puede el pensamiento enfrentarse al reto? Estando condicionado, ¿cómo puede hacerlo? Puede afrontarlo tan sólo parcialmente y, por lo tanto, inadecuadamente; en consecuencia, hay fricción, sufrimiento y demás. Existe, pues, una manera diferente de enfrentarse al reto, ¿no es así? Y ¿cuál es esta manera, este proceso? Esto es lo que implica esta pregunta.

En primer lugar, uno debe ver que el reto es siempre nuevo; tiene que ser nuevo, de lo contrario no es un reto. Un problema es siempre un problema nuevo, porque varía de instante en instante y, si no lo hace, no es un problema. Es algo estático. Por lo tanto, si el reto es nuevo, la mente debe ser nueva; debe llegar al reto fresca, no agobiada por el pasado. Pero la mente *es* el pasado; por eso la mente debe estar en silencio. Hacemos esto instintivamente, casi sin pensarlo, cuando el problema es muy grande; cuando el problema es realmente nuevo la mente está en silencio. Ya no parlotea, no está más agobiada por el conocimiento acumulado. Entonces, con ese estado nuevo, la mente responde; de tal modo hay comprensión del reto. Así es como tiene lugar toda creatividad. La creación, ese sentido creativo, es de instante en instante; no conoce la acumulación. Uno podrá poseer la técnica para expresar esta creatividad, pero este sentido creativo sólo nace cuando la mente está quieta por completo, cuando ya no se halla agobiada por el pasado, por las innumerables experiencias y sensaciones que ha acumulado.

Así pues, la adecuación de la respuesta al reto depende, no del conocimiento, no de recuerdos anteriores, sino de su novedad, de su frescura; y esa frescura, esa cualidad renovadora es negada cuando hay continuidad de la experiencia que hemos acumulado. Por lo tanto tiene que haber terminación a cada instante, muerte a cada instante.

El conocimiento de uno mismo

Por favor, quizás algunos de ustedes puedan sentir que todo esto está muy bien para conversarlo como lo hacemos, pero si de veras experimentan con ello, verán cuán extraordinariamente, cuán rápidamente comprende uno el reto, cuán profundamente se relaciona con el reto y no tan sólo responde a él. Por cierto, uno sólo comprende cuando la mente es capaz de renovarse a sí misma, de ser nueva, fresca. Y como el problema es siempre nuevo –el dolor es siempre nuevo si es verdadero dolor, no simplemente el recuerdo de otra cosa–, uno tiene que comprenderlo, abordarlo de una manera nueva, con una mente nueva. Por lo tanto, el conocimiento como acumulación de experiencias, individuales o colectivas es un impedimento para la comprensión.

Pregunta: Mi creencia en el hoy bien autenticado hecho de la supervivencia después de la muerte, ¿es un obstáculo para la liberación mediante el conocimiento propio? ¿No es esencial distinguir entre la creencia basada en la evidencia objetiva, y la creencia que surge de estados psicológicos internos?

KRISHNAMURTI: Lo importante no es, por cierto, si hay o no hay continuidad después de la muerte, sino por qué creemos. ¿Cuál es el estado psicológico que requiere creencia en algo? Seamos muy claros, por favor. No estamos debatiendo ahora si hay o no hay vida después de la muerte. Ésa es otra cuestión, y la abordaremos más tarde, en otra oportunidad. La pregunta es: ¿Qué compulsión, qué necesidad psicológica hay en mí, que me induce a creer? Un hecho no requiere que usted crea en él, es obvio. El sol sale, el sol se pone; eso no requiere una creencia. La creencia sólo surge cuando usted desea traducir el hecho conforme a sus deseos, a sus estados psicológicos, para acomodarlo a sus particulares prejuicios y vanidades, a su idiosincrasia. Por consiguiente, lo importante es cómo aborda usted el hecho, ya sea el hecho de la vida después de la muerte o cualquier otro hecho. El problema no es si hay supervivencia del individuo tras su muer-

Undécima charla en El Robledal

te, tras la muerte de su cuerpo, sino por qué cree uno, qué es el impulso psicológico de creer. Eso está claro, ¿verdad? Investiguemos, pues, si esa creencia psicológica no es un obstáculo para la comprensión.

Si uno se enfrenta a un hecho, no hay nada más que decir al respecto. Es un hecho: el sol se pone. El problema es por qué existe en mí este incesante impulso de creer en algo, creer en Dios creer en una utopía futura, creer en una ideología, creer en una cosa u otra. ¿Por qué? ¿Por qué creemos? ¿Por qué este impulso psicológico de creer? ¿Qué ocurriría si no creyésemos, si tan sólo miráramos los hechos? ¿Podemos hacerlo? Se hace casi imposible, ¿verdad?, porque queremos traducir los hechos conforme a nuestras sensaciones. Así, las creencias se vuelven sensaciones e interfieren entre el hecho y uno mismo. Por lo tanto, la creencia se convierte en un obstáculo. ¿Somos diferentes de nuestras creencias? Uno cree que es norteamericano o que es hindú; cree en esto o en aquello, en la reencarnación... en miles de cosas. Uno *es* eso, ¿verdad? Uno es aquello en lo que cree. Y ¿por qué cree? Esto no significa que yo sea ateo o que niegue a Dios, y toda esa tontería; no estamos discutiendo eso. La realidad no tiene nada que ver con la creencia.

De modo que el problema es: ¿por qué creen ustedes? ¿Por qué la necesidad psicológica de creer, de invertir tanta energía en la creencia? ¿No es porque sin la creencia no son nada? Sin el pasaporte de la creencia, ¿qué son ustedes? ¿Qué son si no se rotulan como algo? Si no creen en la reencarnación, si no se definen a sí mismos como esto o como aquello, si no tienen rótulos, ¿qué son? Por lo tanto, la creencia actúa como una tarjeta de identificación; eliminen la tarjeta y ¿en qué situación se encuentran? Lo que necesita de la creencia, ¿no es, acaso, ese miedo básico, ese sentir que están perdidos? Por favor, reflexionen sobre ello, no lo rechacen. Experimentemos juntos las cosas de que estamos hablando, no se limiten a escuchar, porque entonces se irán de aquí y continuarán con sus creencias y

El conocimiento de uno mismo

sus no creencias habituales. Estamos considerando todo el problema de la creencia.

La *creencia* –la palabra– se ha vuelto importante; se ha vuelto importante el rótulo. Si no me definiera a mí mismo como hindú, con todas las implicaciones que eso tiene, estaría perdido, no tendría identidad. Pero el hecho de identificarme, como hindú, con la India, me confiere un prestigio tremendo; me ubica, me fija, me asigna un valor. Así, la creencia llega a ser una necesidad psicológica cuando me doy cuenta, consciente o inconscientemente, de que sin el rótulo estoy perdido. Entonces el rótulo adquiere importancia; no lo que *soy*, sino el rótulo: cristiano, budista, hindú, etc. Y nosotros tratamos de vivir conforme a esas creencias, que son autoproyectadas y, por ende, irreales. Cuando un hombre "cree" en Dios, su Dios es, por cierto, un Dios autoproyectado, un Dios de fabricación casera, pero lo mismo da que "no crea" en Dios.

Para comprender qué es eso, ese algo supremo, uno debe llegar a ello en un estado de pureza, de libertad, no amarrado a una creencia. Y pienso que ésta es nuestra dificultad –social, económica, políticamente, y en nuestras relaciones individuales–; o sea, abordamos todos estos problemas con un prejuicio, y como los problemas son esenciales, vitales, sólo pueden encararse adecuadamente cuando la mente es nueva, cuando no está atada a alguna creencia autoproyectada.

Por lo tanto, es obvio que la creencia se convierte en un obstáculo cuando el deseo de creer no es comprendido; y cuando es comprendido no hay problema de creencia. Entonces somos capaces de enfrentarnos a los hechos tal como son. Pero aun si hay continuidad después de la muerte, ¿resuelve eso el problema del vivir, lo resuelve en el presente? Si sé que voy a vivir después de que esta cosa muera, ¿he comprendido la vida? La vida es hoy, no mañana. Y, para comprender el presente, ¿tengo que creer? Para comprender el presente, que es el vivir, que no es tan sólo un período de tiempo, debo tener una mente capaz de enfrentarse por

Undécima charla en El Robledal

completo a este presente, de concederle atención plena. Pero, si mi atención se ve distraída por una creencia, es obvio que no puedo afrontar el presente de una manera completa, plena.

La creencia se vuelve, pues, un obstáculo para la comprensión de la realidad. Puesto que la realidad es lo desconocido y la creencia es lo conocido, ¿cómo puede lo conocido enfrentarse a lo desconocido? Nuestra dificultad consiste en que queremos lo desconocido junto con lo conocido. No queremos desprendernos de lo conocido, porque hacerlo es demasiado alarmante, hay en ello inseguridad, incertidumbre. Por esto, para salvaguardarnos, nos rodeamos de creencias. Sólo en el estado de incertidumbre, de inseguridad, en el que no hay refugio alguno, podemos descubrir. Por esto uno *debe* sentirse perdido a fin de descubrir. Pero no queremos sentirnos perdidos. Y, para evitarlo, para que nos protejan, tenemos creencias y dioses de fabricación casera. Y cuando llega el momento de una verdadera crisis, estos dioses y estas creencias carecen de todo valor; por esta razón las creencias son un impedimento para aquél que realmente desea descubrir *lo que es*.

Pregunta: ¿Por qué, a pesar de todo lo que usted ha dicho contra la autoridad, ciertos individuos se identifican con usted o con su estado de ser, y así obtienen autoridad para sí mismos? ¿Cómo pueden los inexpertos evitar ser atrapados en la red de estos individuos?

KRISHNAMURTI: Señor, ésta es una pregunta muy importante, porque plantea la cuestión de nuestro deseo de identificarnos con algo. Ante todo, ¿por qué desea usted identificarse conmigo o con mi estado de ser, o con lo que fuere? ¿Cómo lo conoce? ¿Es porque se da el caso de que hablo, de que tengo una reputación? Por cierto, usted se identifica con algo que ha proyectado. No se identifica con algo vivo; se identifica con algo autocreado y le pone un rótulo; y ocurre que ese rótulo es muy conocido, o cono-

El conocimiento de uno mismo

cido por unos pocos, y esta identificación le da prestigio a usted. Y entonces puede explotar a la gente. Usted sabe, definiéndose a sí mismo como amigo de alguien o discípulo de alguien obtiene una gloria reflejada. Hace todo el camino a la India para encontrar a su dios, o a su Maestro, y entonces se identifica con ese culto o con esa idea en particular, y ello le da cierto empuje. Y así puede explotar a la gente que lo rodea. Es un proceso muy estúpido. Confiere una sensación de autoridad, de poder, le hace pensar que es la única persona que comprende; todas las demás no comprenden; usted es el discípulo más cercano... en fin, las diversas formas que usamos para explotar al ciego.

Lo primero que necesitamos comprender, después, es el deseo de explotar a la gente, el cual implica lograr para uno mismo poder, posición, prestigio. Y como todos desean eso, tanto el inexperto como el experimentado, se atrapan mutuamente en la red. Todos queremos explotar a alguien. No lo exponemos así, tan brutalmente, sino que lo disimulamos con palabras suaves. Como todos dependemos de otros, no sólo para nuestras necesidades físicas sino también para nuestras necesidades psicológicas, todos usamos a los demás. Si yo les usara a ustedes en estas reuniones con el fin de expresarme a mí mismo, a ustedes les gustaría mucho más y yo me sentiría gratificado, con lo que no hay duda de que nos estaríamos explotando mutuamente. Pero un proceso así niega la búsqueda de la verdad, la búsqueda de la realidad.

Usted no puede impedir que el inexperto sea atrapado en la red de estos individuos que afirman ser los que comprenden, los «más próximos». Señor, tal vez usted mismo pueda hallarse atrapado en eso, porque no deseamos liberarnos de toda identificación. Por cierto, la verdad no tiene nada que ver con ningún individuo; no depende de la interpretación de ningún individuo. Usted tiene que experimentarla directamente, no por intermedio de alguien, y no es un asunto de sensación ni de creencia. Pero, si estamos atrapados en la sensación y la creencia, usaremos a otros. Por lo tanto, si uno busca realmente la verdad, si la busca since-

Undécima charla en El Robledal

ramente, directamente, entonces no surge el problema de explotar a nadie. Pero eso requiere muchísima sinceridad; acarrea un estado de soledad creativa que sólo puede comprenderse cuando uno ha pasado por la soledad del aislamiento y la ha investigado plenamente, completamente. Y, como muy pocos de nosotros queremos pasar por la pena, el dolor, enfrentarnos a las complicaciones de nuestros estados psicológicos, somos distraídos por estos explotadores; y nos gusta que nos exploten. Comprender, captar todo el significado de la realidad, exige de nosotros una gran dosis de paciente percepción alerta, de libertad respecto de cualquier identificación.

20 de agosto de 1949

DUODÉCIMA CHARLA
EN EL ROBLEDAL

Yo no sé con qué actitud escucha uno estas charlas. Me temo que estamos predispuestos a escucharlas con la intención de desarrollar un método, una técnica, un procedimiento; y creo que es muy importante comprender esta tendencia, porque si estamos aprisionados en una técnica, en un procedimiento, en un método, perderemos enteramente la liberación creadora. Es decir, por culpa del cultivo de una técnica, de un método, perderemos la creatividad. Y esta mañana me gustaría discutir cuáles son las implicaciones en el cultivo de una técnica, de un método, de un procedimiento, y cómo eso embota la mente, no sólo en el nivel verbal, sino en los niveles psicológicos más profundos. Porque la mayoría de nosotros no es creativa. Podemos pintar un poco, escribir ocasionalmente un poema o dos, o en raras ocasiones disfrutar de un bello paisaje, pero nuestras mentes están en su mayoría tan atrapadas en el método, en el hábito, o sea, en una forma de técnica, que no parecen capaces de ir más allá. Los problemas de la vida no requieren un método, porque son tan vitales, tan activos, que si abordamos cada uno de ellos con una norma fija, un método, nos equivocaremos por completo, no encararemos adecuadamente ese problema. Pero la mayoría de nosotros desea una técnica, un método, porque el problema, el movimien-

Duodécima charla en El Robledal

to de la vida es tan enérgico, tan veloz, que nuestras mentes son incapaces de afrontarlo con rapidez, con presteza, con claridad; y pensamos que seremos capaces de afrontarlo si sabemos *cómo* hacerlo. Entonces, intentamos aprender de otro el "cómo", el método, la técnica, el procedimiento, los medios.

No estoy muy seguro de que la mayoría de los que están aquí no se interese en los medios. No lo nieguen, porque es sumamente difícil librarse del deseo de una técnica con el fin de lograr lo que nos proponemos. Porque, cuando tenemos los medios, hacemos hincapié en el objetivo, en el resultado. Nos interesa más el resultado que la comprensión del problema en sí, cualquiera que pueda ser la consecuencia. ¿Por qué casi todos buscamos un método para la felicidad, para la recta manera de pensar, para la paz de la mente o la paz del alma... para lo que fuere?

En primer lugar, trasladamos la mentalidad de la tecnología industrial al acto de encarar la vida. Esto es, queremos encarar la vida eficientemente, y creemos que para ello necesitamos un método; y la mayoría de las sociedades religiosas, la mayoría de los maestros, ofrecen un método: cómo ser pacíficos, cómo ser felices, cómo tener una mente serena, cómo concentrarse, y así sucesivamente. Ahora bien, donde hay eficiencia hay insensibilidad, y cuanto más eficientes, tanto más intolerantes, más cerrados en nosotros mismos somos, tanta más resistencia ofrecemos. Esto desarrolla gradualmente el sentimiento de arrogancia, y la arrogancia, obviamente, nos aísla, es destructiva para la comprensión. Admiramos a las personas eficientes, y los gobiernos de todo el mundo se interesan en el cultivo de la eficiencia y en la organización de la eficiencia: eficiencia para producir, para matar, para poner en práctica la ideología de un partido político, de una religión en particular. Todos queremos ser eficientes y, debido a eso, cultivamos la exigencia psicológica de un modelo al cual nos ajustaremos para lograr dicha eficiencia.

La eficiencia, que implica el cultivo de una técnica, de un método, consiste psicológicamente en la constante práctica de un

El conocimiento de uno mismo

hábito. Sabemos acerca de los hábitos industriales, pero muy poco acerca de los hábitos psicológicos de resistencia. Y no estoy muy seguro de que no sea eso lo que casi todos estamos buscando: el cultivo de un hábito que nos haga eficientes para encarar el movimiento tan veloz de la vida. Si podemos, pues, comprender todo este proceso del cultivo de la técnica, del método, comprenderlo no sólo en el nivel verbal, sino en los más profundos niveles psicológicos, entonces seremos capaces, creo, de comprender qué es ser creativo. Porque, cuando existe el impulso creativo, éste encontrará su propia técnica, o su propio método de expresión. Pero si estamos consumidos, absorbidos por el cultivo de una técnica, es obvio que jamás encontraremos lo otro. Y ¿por qué necesitamos la técnica, el modelo psicológico de acción que nos dé certidumbre, eficiencia, una continuidad, un esfuerzo sostenido? Al fin y al cabo, si ustedes leen libros religiosos, estoy completamente seguro de que casi todos ellos –no es que yo haya leído alguno– contienen el medio. El medio se vuelve importante, porque el medio apunta a la meta; por lo tanto, la meta está separada del medio.

¿Es así? ¿El medio es diferente del fin? Si cultivamos psicológicamente un hábito, un método, un medio, una técnica, ¿acaso el fin no está ya proyectado, ya cristalizado? Por consiguiente, el medio y el fin no están separados. Es decir, ustedes no podrán tener paz en el mundo mediante métodos violentos, en cualquier nivel que sea. El medio y el fin son inseparables, y una mente que cultiva el hábito creará el fin ya previsto, ya existente, el fin que la mente ha proyectado. Y esto es lo que desea la mayoría de nosotros. La técnica es sólo el cultivo de lo conocido, de la seguridad, de la certidumbre. Y con lo conocido, la mente quiere percibir lo desconocido; en consecuencia, jamás puede comprenderlo. Así, pues, lo que importa es el medio, no el fin, porque el fin y el medio son una sola cosa. Por lo tanto, la mente que cultiva el hábito, el medio, la técnica, impide la creatividad, ese sentido extraordinario de descubrimiento espontáneo.

Duodécima charla en El Robledal

Nuestro problema no consiste, pues, en cultivar una nueva técnica, un hábito nuevo, o en descubrir un nuevo método, sino en estar completamente libres de esta búsqueda psicológica. Si uno tiene algo que decir, lo dirá, surgirán las palabras apropiadas. Pero si uno no tiene nada que decir y cultiva una elocuencia maravillosa –ustedes saben, concurrir a escuelas que les enseñan el modo correcto de hablar–, entonces lo que uno proyecta, lo que dice, tendrá muy poco sentido.

¿Por qué, pues, la mayoría de nosotros busca un método, una técnica? Obviamente queremos estar seguros, tener la certeza de no equivocarnos; no queremos experimentar, descubrir. La práctica de una técnica impide el descubrimiento de instante en instante, porque la verdad, o como quieran llamarlo, es de instante en instante; no es algo continuo, creciente. ¿Podemos, pues, estar libres del impulso psicológico de sentirnos seguros, de cultivar un hábito, una práctica? Éstas son todas resistencias, defensas, y con este mecanismo defensivo queremos comprender algo que es vital, veloz en su movimiento. Si podemos ver eso, ver las implicaciones en el cultivo o la búsqueda de medios, si podemos ver el significado psicológico que ello tiene –no tan sólo el significado superficial o práctico, que es obvio–, si podemos comprenderlo plenamente mientras lo explico y ustedes y yo lo estamos experimentando, entonces tal vez podamos descubrir qué significa estar libre de este cultivo de los medios.

Y ¿es posible que nos liberemos del deseo de sentirnos psicológicamente seguros? La técnica, los medios, ofrecen seguridad. Caemos en una rutina, y entonces no es cuestión de acertar o de equivocarse; funcionamos tan sólo automáticamente. Una mente que ha sido adiestrada durante siglos para cultivar el hábito, los medios, ¿puede ser libre alguna vez? Esto sólo es posible cuando comprendemos todo el significado del hábito, el proceso total del impulso que lo genera. O sea, mientras estoy hablando de esto, observen su propio proceso, estén atentos al efecto acumulativo que tienen sus deseos de éxito, de ganar, de

El conocimiento de uno mismo

lograr cosas, todo lo cual niega la comprensión. Porque la comprensión de la vida, de la totalidad de su proceso, no surge a través del deseo; tiene que haber un encuentro espontáneo con la vida. Si uno puede ver todo este proceso psicológico, así como su expresión externa –cómo todos los gobiernos, la sociedad, las diversas comunidades, exigen eficiencia con toda la crueldad que la acompaña–, entonces, quizá, la mente comenzará a romper con sus hábitos. Será realmente libre, ya no buscará un método. Así, cuando la mente está quieta adviene ese "algo" creativo, eso que es la creación misma. Ello encontrará su propia expresión; uno no tiene que escoger un medio para expresarlo. Si uno es pintor, pintará. Esta comprensión creadora, vital, es lo que confiere gracia, felicidad, no así la expresión técnica de algo que uno ha aprendido.

De modo que la realidad, o Dios, o como quieran llamarlo, es algo que no puede revelarse por obra de una técnica, de un método, de una determinada práctica o disciplina; no es un curso planificado con un fin conocido. Uno debe penetrar en el mar inexplorado. Tiene que haber soledad, soledad creativa. Esta soledad implica ausencia de métodos. Uno no está creativamente solo cuando tiene un método. Ha de haber completa desnudez interna, un vacío total respecto de todas las prácticas y esperanzas, de todos los placeres y deseos de seguridad acumulados que mantienen firmemente la existencia de un método, de una técnica. Sólo entonces se manifiesta "lo otro", y entonces el problema está resuelto. Un hombre que muere de instante en instante y, de tal modo, se renueva, tiene la capacidad de enfrentarse a la vida. No es que esté separado de la vida; *es* la vida.

Pregunta: ¿Cómo puede uno ser consciente de una emoción sin nombrarla o rotularla? Si me doy cuenta de un sentimiento, me parece conocer lo que es ese sentimiento casi instantáneamente después de que surge. ¿O usted se refiere a otra cosa cuando dice: «no nombren»?

Duodécima charla en El Robledal

KRISHNAMURTI: Éste es un problema muy difícil, y requiere muchísima reflexión; tenemos que percibir la totalidad de su contenido. A medida que lo explico, espero que usted siga esto no tan sólo verbalmente, sino experimentándolo. Siento que, si podemos comprender esta cuestión de manera plena, completa, habremos comprendido muchísimo. Trataré de abordarla desde diferentes direcciones, si es que puedo hacerlo en el tiempo de que disponemos, ya que es un problema muy intrincado y sutil. Exige toda nuestra atención; es preciso que ustedes estén experimentando lo que discutimos, que no se limiten a escuchar y a tratar de experimentarlo después. No hay un "después"; o lo experimentan ahora, o nunca.

Y bien, ¿por qué nombramos algo? ¿Por qué asignamos un rótulo a una flor, a una persona, a un sentimiento? Lo hacemos, o bien para comunicar nuestro sentimiento, para describir la flor, y así sucesivamente, o para identificarnos con este sentimiento, ¿no es así? Nombro algo, un sentimiento, para comunicarlo: «estoy furioso». O me identifico con ese sentimiento a fin de fortalecerlo, de disolverlo o de hacer algo al respecto. Es decir, damos un nombre a algo, a una rosa, para comunicar esto a otros; o bien, nombrándolo pensamos que lo hemos comprendido. Decimos: «es una rosa», la miramos rápidamente y proseguimos nuestro camino. Al darle un nombre creemos haberla comprendido; hemos clasificado esa flor y pensamos que así hemos captado todo su contenido y su belleza.

Ahora bien, si no es tan sólo para comunicar, ¿qué ocurre cuando damos un nombre a una flor, a cualquier cosa? Por favor, sigan esto, examínenlo conmigo. Aunque sea yo quien se expresa en voz alta, ustedes también participan en lo que se dice. Dando un nombre a algo nos hemos limitado a ponerlo en una categoría, y pensamos que lo hemos comprendido; no lo miramos más atentamente. Pero si no lo nombramos estamos obligados a mirarlo. O sea, abordamos la flor, o lo que fuere, con un sentido de novedad, con una calidad nueva de examen: la miramos como si

El conocimiento de uno mismo

nunca la hubiésemos mirado antes. Rotular a las personas es una manera muy conveniente de disponer de ellas; al decir que son alemanes, que son japoneses, norteamericanos, hindúes, etc., les pondremos un rótulo, y después destruimos el rótulo. Pero si no aplicamos un rótulo a los seres humanos, estamos obligados a mirarlos, a considerarlos, y entonces es mucho más difícil matar a alguien. Ustedes pueden destruir el rótulo con una bomba y sentirse virtuosos. Pero si no ponen un rótulo y, por lo tanto, tienen que mirar la cosa individual –ya sea un ser humano, una flor, un incidente o una emoción–, entonces están forzados a considerar la relación que tienen con eso, así como la acción resultante. En consecuencia, el nombrar, el rotular, es una manera muy conveniente de disponer de algo, de negarlo, condenarlo o justificarlo. Éste es un aspecto de la cuestión.

Entonces, ¿qué es este núcleo desde el cual nombramos, qué es el centro que está siempre nombrando, escogiendo, rotulando? Todos sentimos que hay un centro, un núcleo, ¿no es así?, desde el cual actuamos, juzgamos, nombramos las cosas. ¿Qué es este centro, este núcleo? A algunos les gustaría creer que es una esencia espiritual, Dios, o como prefieran llamarlo. Descubramos, pues, qué es este núcleo, este centro que nombra, califica, juzga. Por cierto, este núcleo es la memoria, ¿verdad? Es una serie de sensaciones identificadas y encerradas; es el pasado que revive por medio del presente. Este núcleo, este centro, alimenta el presente rotulando, nombrando, recordando. Espero que estén siguiendo esto; pronto veremos, a medida que se vaya desarrollando, que en tanto exista este centro, este núcleo, no podrá haber comprensión. Porque, a fin de cuentas, este núcleo es memoria, es el recuerdo de múltiples experiencias a las que hemos asignado nombres, rótulos, identificaciones. Con estas experiencias nombradas y rotuladas, desde este centro, aceptamos y rechazamos, determinamos ser o no ser esto o aquello según las sensaciones, los placeres y dolores acumulados en esta memoria de la experiencia.

Duodécima charla en El Robledal

Este centro es, por lo tanto, la palabra. Si no nombramos este centro, ¿existe un centro? Esto es, si no pensamos en función de palabras, ¿podemos pensar? El pensar surge mediante la verbalización, o bien la verbalización comienza como respuesta al pensar. Así el centro, el núcleo, es la memoria acumulada de innumerables experiencias de placer y dolor que se verbalizan, que se convierten en palabras. Obsérvenlo en sí mismos, por favor, y verán que las palabras, los rótulos, se han vuelto mucho más importantes que la sustancia, la esencia; y nosotros vivimos a base de palabras. Por favor, no rechacen esto, no digan que está bien o que está mal. Estamos explorando. Si uno tan sólo explora un aspecto de algo, o permanece inmóvil en un punto determinado, no comprenderá todo el contenido de ello. Por lo tanto, abordemos esto desde ángulos diferentes.

Para nosotros, palabras tales como *verdad*, *Dios* –o el sentimiento que esas palabras representan– se han vuelto muy importantes. Cuando pronunciamos las palabras norteamericano, cristiano, hindú, o la palabra *ira*, somos la palabra que representa el sentimiento. Pero no sabemos *qué* es este sentimiento, porque la palabra ha llegado a ser muy importante. Cuando uno se llama a sí mismo budista, cristiano, ¿qué quiere decir esa palabra, cuál es, detrás de esa palabra, el sentido que jamás hemos examinado? Nuestro centro, el núcleo, es la palabra, el rótulo. Si el rótulo carece de importancia, si lo que importa es lo que está detrás del rótulo, entonces estamos capacitados para investigar; pero si nos identificamos con el rótulo y nos atenemos a él, no podemos ir más allá. Y nosotros estamos identificados con el rótulo: la casa, la forma, el nombre, los muebles, la cuenta bancaria, nuestras opiniones, nuestros estimulantes, y así sucesivamente. *Somos* todas esas cosas, esas cosas que están representadas por un nombre. Y esas cosas se han vuelto importantes: los nombres, los rótulos. Así, pues, el centro, el núcleo, es la palabra.

Ahora bien, si no hay palabra ni rótulo, tampoco hay centro, ¿verdad? Hay una disolución, un vacío; no el vacío del miedo,

El conocimiento de uno mismo

eso es algo por completo diferente. Hay un sentido de ser como la nada, y debido a que hemos eliminado todos los rótulos, o más bien, a causa de que hemos comprendido por qué ponemos rótulos a los sentimientos y a las ideas, somos seres completamente nuevos, ¿no es así? No hay un centro desde el cual estemos actuando. El centro, que es la palabra, ha sido disuelto. El rótulo ha sido quitado. Entonces, ¿dónde está uno como centro? Uno está ahí, pero ha habido una transformación. Y esta transformación es un poco atemorizante; por lo tanto, uno no prosigue con lo que ello aún contiene; empieza a juzgarlo, a decidir si le agrada o no le agrada. No continúa con la comprensión de lo que viene luego, sino que ya lo juzga, lo cual quiere decir que uno tiene un centro desde el cual está actuando. Por consiguiente, tan pronto juzga, permanece fijo; se vuelven importantes las palabras *agrado* y *desagrado*.

Pero, ¿qué ocurre cuando no nombramos? Miramos una emoción, una sensación, más directamente y, en consecuencia, tenemos con ella una relación distinta, tal como la tenemos con una flor cuando no la nombramos. Estamos obligados a mirarla de un modo nuevo. Cuando ustedes no nombran a un grupo de personas, están obligados a mirar cara a cara a cada individuo, a no tratarlos como una masa. Por lo tanto, están mucho más alerta, observan y comprenden mucho más, tienen un sentido más profundo de piedad, de amor; pero si los tratan como masa, ahí se acabó todo.

Si no rotulan, están obligados a mirar cada sentimiento a medida que aparece. Ahora bien, cuando rotulan, ¿es el sentimiento diferente del rótulo? ¿O el rótulo despierta el sentimiento? Por favor, medítenlo. Cuando rotulamos, casi todos intensificamos el sentimiento. El sentimiento y el nombrarlo son instantáneos. Si hubiera un intervalo entre el nombrar y el sentir, entonces podríamos descubrir si el sentimiento es diferente del nombrarlo, y entonces seríamos capaces de habérnoslas con el sentimiento sin darle un nombre. ¿Se está volviendo demasiado difícil todo esto? Me alegro. *Debería* volverse difícil. *(Risas).*

Duodécima charla en El Robledal

El problema es, entonces, cómo librarnos de un sentimiento que nombramos, tal como el de la *ira*. No someter el sentimiento, no sublimarlo, no reprimirlo, todo lo cual es tonto e inmaduro, sino estar realmente libres de él. Y para estar libres de él tenemos que descubrir si la palabra es más importante que el sentimiento. La palabra *ira* tiene para nosotros más significación que el sentimiento mismo. Y, para darnos cuenta de esto, es indispensable que haya un intervalo entre el sentir y el nombrar. Ésta es una parte del problema.

Entonces, si no nombro un sentimiento, o sea, si el pensamiento no funciona meramente a causa de las palabras, o si no pienso en función de palabras, imágenes o símbolos –como lo hace la mayoría de nosotros–, ¿qué ocurre? La mente no es, entonces, tan sólo el observador. Es decir, cuando la mente no piensa tan sólo en función de las palabras, de los símbolos de las imágenes, no hay un pensador separado del pensamiento, que es la palabra. Entonces la mente está quieta, ¿verdad?, no ha sido aquietada, *está* quieta. Y, cuando la mente está de veras quieta, los sentimientos que surgen pueden encararse inmediatamente. Sólo cuando damos nombres a los sentimientos, y de tal modo los fortalecemos, los sentimientos adquieren continuidad; se almacenan en el centro desde el cual les aplicamos futuros rótulos, ya sea para robustecerlos o para comunicarlos.

Entonces, cuando la mente ya no es más el centro, cuando ya no es el pensador compuesto de palabras, de experiencias pasadas –que son todas recuerdos, rótulos, todas almacenadas y puestas en categorías, en compartimientos–, cuando la mente ya no hace ninguna de estas cosas, es obvio que está quieta. Ya no se encuentra más atada; ya no es más un centro, el "yo": mi casa, mi realización, mi trabajo, que siguen siendo palabras, y éstas dan ímpetu al sentimiento y, en consecuencia, fortalecen la memoria. Cuando no ocurre ninguna de estas cosas, la mente está muy quieta. Este estado no es de negación. Por el contrario, para llegar a este punto, ustedes tienen que pasar por todo esto, lo cual es

El conocimiento de uno mismo

una tarea enorme; no consiste simplemente en aprender unas cuantas series de palabras y repetirlas como un escolar: «no nombrar», «no nombrar»...

Seguir esto a través de todas sus implicaciones, experimentarlo, ver cómo trabaja la mente y, de tal modo, llegar a ese punto en que uno ya no nombra más, lo cual quiere decir que no hay más un centro aparte del pensamiento, todo este proceso es, sin duda, verdadera meditación. Y cuando la mente está de veras serena, puede ser que se revele aquello que es inconmensurable. Cualquier otro proceso, cualquier otra búsqueda de la realidad es tan sólo algo autoproyectado, algo de fabricación casera y, por ende, irreal. Pero este proceso es arduo, e implica que la mente ha de estar todo el tiempo atenta a cuanto le ocurre en lo interno. Para llegar a este punto no puede haber condena ni justificación de principio a fin. No es que en esto haya un fin; no hay un fin, porque esto es algo extraordinario que sigue ocurriendo. No hay en ello promesa alguna. Ustedes tienen que experimentarlo, penetrar en sí mismos más y más y más profundamente, de modo que todas las múltiples capas del centro sean disueltas, y eso pueden hacerlo, ya sea rápidamente o con indolencia. Pero es extraordinariamente interesante observar el proceso de la mente, cómo éste depende de las palabras, cómo las palabras estimulan la memoria, resucitan la experiencia muerta, le dan vida. Y en este proceso vive la mente, ya sea en el pasado o en el futuro. Por lo tanto, las palabras tienen una significación enorme, tanto neurológica como psicológicamente. Y, por favor, no aprendan todo esto de mí o de un libro. No pueden aprenderlo de otro ni lo encontrarán en un libro. Lo que aprendan o encuentren en un libro no será lo real. Pero pueden experimentarlo, pueden observarse a sí mismos en la acción, observarse pensando, ver cómo piensan, cuán rápidamente nombran el sentimiento apenas surge, y, al observar todo este proceso, la mente se libera de su centro. Entonces, estando quieta, la mente puede recibir aquello que es eterno.

Duodécima charla en El Robledal

Pregunta: ¿Cuál es la correcta relación, si es que hay alguna, entre el individuo y lo colectivo, la masa?

KRISHNAMURTI: ¿Piensa usted que hay alguna relación entre el individuo y la masa, entre usted y lo colectivo? Al estado, al gobierno le agradaría que fuésemos meros ciudadanos, lo colectivo. Pero primero somos el hombre y después el ciudadano, no a la inversa. Al estado le gustaría que no fuéramos el hombre, el individuo, sino la masa. Porque cuanto más somos el ciudadano, mayor es nuestra capacidad, mayor nuestra eficiencia; nos convertimos en la herramienta que los estados burocráticos, autoritarios, que los gobiernos desean que seamos.

Así pues debemos distinguir entre el individuo privado y el ciudadano, entre el hombre y la masa. El individuo, el hombre, tiene sus sentimientos privados, sus esperanzas, fracasos y decepciones, sus anhelos, sensaciones y placeres privados. Y está el punto de vista que desea reducir todo esto a lo colectivo, porque es muy simple habérselas con lo colectivo. Se expide un edicto y asunto arreglado. Se sanciona algo, y eso es seguido por todos. Así, cuantas más organizaciones hay y cuanto más eficientemente organizadas están, tanto más se le niega al individuo, ya sea por la iglesia o por el estado; entonces somos todos cristianos, todos hindúes, etc. No somos individuos. Y con esta mentalidad, en esta condición psicológica que la mayoría de nosotros desea, ¿ocupa lugar alguno la realidad individual? Reconocemos que es necesaria una acción colectiva. Pero la acción colectiva, ¿surge con la negación del individuo? ¿No es irreal la masa? Al ver la dificultad de tratar con el individuo, creamos el opuesto, la masa, y entonces procuramos establecer una relación entre lo individual y lo colectivo. Si el individuo es inteligente, cooperará.

Por cierto, éste es nuestro problema, ¿verdad? Primero creamos la masa y después tratamos de encontrar la relación del individuo con la masa. Pero averigüemos si la masa es real. El grupo de personas aquí presente puede convertirse en lo colec-

El conocimiento de uno mismo

tivo por obra del hipnostismo, de la propaganda; usando diversos medios se nos puede incitar a actuar colectivamente en pro de una ideología, de un estado, de una iglesia, de una idea, y así sucesivamente. Es decir, la acción colectiva puede imponerse desde fuera, dirigida o forzada mediante el medio, la recompensa y demás. Habiendo producido esta condición de lo colectivo, tratamos de establecer la relación entre el individuo, que es lo real, y eso otro, que es un producto. ¿No es posible, en cambio, que el individuo, gracias a una clara comprensión de todo lo que implica el espíritu separativo, pierda el sentido de separación y que, por lo tanto, actúe cooperativamente? Como eso es tan difícil, los estados, los gobiernos, las iglesias, las religiones organizadas, fuerzan o seducen al individuo para que se convierta en lo colectivo.

¿Qué lugar tiene el individuo en la historia? ¿Qué importa lo que hacemos usted y yo? Está el movimiento histórico que continúa. ¿Qué lugar ocupa la realidad en este movimiento? Probablemente ninguno en absoluto. Usted y yo no contamos para nada. Este movimiento es gigantesco; tiene el ímpetu de los siglos y seguirá su propio curso. ¿Cuál es su relación, como individuo, con este movimiento? ¿Será éste afectado por cualquier cosa que usted haga? ¿Puede usted, si es pacifista, detener una guerra? Usted es pacifista no porque haya una guerra, no porque haya descubierto una relación con ella, sino porque la guerra es, en sí misma, un mal, y usted siente que no puede matar; y ahí se termina el asunto. Pero tratar de encontrar una relación entre su comprensión, su inteligencia, y este monstruoso movimiento de la guerra, me parece una tarea completamente inútil. Puedo ser un individuo y, no obstante, ver qué es lo que en mí origina sentimientos antisociales, y así verme libre de acciones separativas. Puedo tener una pequeña propiedad; por cierto, esto no hace de mí una entidad separativa. Lo calamitoso, lo que resulta tan destructivo, es todo este estado psicológico de sentirme separado, aislado, de sentirme "alguien".

Duodécima charla en El Robledal

Pregunta: ¿Cuál es el significado del dolor y el sufrimiento?

KRISHNAMURTI: Cuando usted sufre, cuando está dolorido, ¿qué significa eso? El dolor físico tiene un significado, pero probablemente no estamos refiriendo al dolor y sufrimiento psicológico, que tiene un significado diferente en diferentes niveles. ¿Cuál es el significado del sufrimiento? ¿Por qué quiere usted encontrar el significado del sufrimiento? No es que no tenga un significado (vamos a descubrirlo). Pero ¿por qué quiere *usted* encontrarlo? ¿Por qué quiere averiguar la razón de su sufrimiento? Cuando se formula esta pregunta: «¿por qué sufro?» y busca la causa del sufrimiento, ¿no está escapando del sufrimiento? Cuando busco el significado del sufrimiento, ¿acaso no lo estoy evitando, eludiendo, no estoy huyendo de él? El hecho es que sufro; pero tan pronto hago que la mente opere sobre ello y digo: «¿por qué?», ya he diluido la intensidad del sufrimiento. En otras palabras, queremos que el sufrimiento se diluya, se alivie, queremos eliminarlo, justificarlo. Por cierto, esto no genera una comprensión del sufrimiento. Pero si estoy libre del deseo de escapar de él, comienzo a comprender cuál es el contenido del sufrimiento.

Entonces, ¿qué es el sufrimiento? Una perturbación en diferentes niveles, ¿no es así?: en el nivel físico y en distintos niveles del subconsciente. Es una forma aguda de perturbación que nos desagrada. Mi hijo ha muerto, he levantado en torno de él todas mis esperanzas (o en torno de mi hija, de mi esposo, de quien fuere). Lo he envuelto devotamente con todas las cosas que deseaba que él fuera. Y lo he conservado como mi compañero, usted sabe, todo eso; y súbitamente ha desaparecido. De modo que hay una perturbación. Llamo sufrimiento a esa perturbación. Por favor, no estoy mostrándome cruel; estamos examinando esto, tratando de comprenderlo. Si no me agrada ese sufrimiento, digo: «¿por qué estoy sufriendo?», «lo amaba tanto...», «él era tal cosa, o tal otra», «yo poseía eso». Y trato de escapar mediante las palabras,

El conocimiento de uno mismo

los rótulos, las creencias, como lo hace la mayoría de nosotros. Todo eso actúa como un narcótico. Pero, si no hago ninguna de estas cosas, ¿qué ocurre? Estoy simplemente alerta al sufrimiento. No lo condeno, no lo justifico; *soy* el sufrimiento. Entonces puedo seguir su movimiento, ¿no es así? Puedo seguir todo el contenido de lo que el sufrimiento implica; "seguir" en el sentido de tratar de comprender algo.

Y bien, ¿qué significa el sufrimiento, qué es? No por qué hay sufrimiento, no cuál es la causa del sufrimiento, sino qué es lo que de hecho ocurre cuando sufrimos. No sé si usted ve la diferencia. Entonces, simplemente percibo el sufrimiento, no como algo separado de mí, no como un observador que observa el sufrimiento; éste forma parte de mí, o sea, todo yo soy sufrimiento. Entonces soy capaz de seguir su movimiento, ver a dónde conduce. Si hago esto, el sufrimiento se descubre a sí mismo, ¿no es así? Entonces veo que he puesto énfasis en el "yo", no en el ser al que amaba. Él sólo ha actuado para protegerme de mi desdicha, de mi soledad, de mi infortunio. Como nada soy, esperaba que él fuera eso que yo no pude ser. Pero ha muerto, me ha dejado; estoy perdido, me siento solo. Sin él, nada soy. Así que lloro. No es que él se haya ido, sino que yo me he quedado solo. Es muy difícil llegar a este punto, ¿verdad? Es difícil reconocerlo, no limitarse a decir: «estoy solo; ¿cómo puedo librarme de esa soledad?» –lo cual es otra forma de escapar–, sino ser consciente de ello, permanecer con ello, ver su movimiento. Estoy tomando esto sólo como un ejemplo.

Por lo tanto, si le permito al sufrimiento que se despliegue, que se descubra gradualmente, veo que estoy sufriendo porque me siento perdido; soy convocado a conceder mi atención a algo que no estoy dispuesto a mirar; me quieren imponer algo que soy reacio a ver y comprender. Y hay innumerables personas para ayudarme a escapar, miles de las así llamadas personas religiosas con sus creencias y sus dogmas, sus esperanzas y fantasías: «es el *karma*, es la voluntad de Dios», ustedes saben, todas ofreciéndo-

Duodécima charla en El Robledal

me una salida. Pero si puedo permanecer con ello y no expulsarlo de mí, no tratar de restringirlo ni negarlo, entonces, ¿qué ocurre? ¿Cuál es el estado de mi mente cuando sigue así en su curso al sufrimiento? Ahora, por favor, sigan esto; continúa lo que antes estuvimos considerando.

Sufrimiento, ¿es tan sólo una palabra o es una realidad? Si es una realidad y no tan sólo una palabra, entonces la palabra no tiene sentido ahora. Por lo tanto, sólo existe el sentimiento de intenso dolor. ¿En relación con qué? En relación con una imagen, con una experiencia, con algo que usted posee o que no posee. Si lo posee, lo llama placer; si no lo posee, lo llama dolor. Así, el dolor, el sufrimiento, existe en relación con algo. Ese algo, ¿es tan sólo una cuestión verbal o es un hecho? No sé si ustedes están siguiendo todo esto. Es decir, cuando el sufrimiento existe, existe sólo relacionado con algo. No puede existir por sí mismo, tal como el miedo no puede existir por sí mismo, sino en relación con algo: un individuo, un incidente, un sentimiento. Ahora bien, usted está plenamente consciente del sufrimiento. ¿Está ese sufrimiento separado de usted y, por lo tanto, usted es simplemente el observador que percibe el sufrimiento, o ese sufrimiento forma parte de usted? Por cierto, estamos tratando de comprender qué es el sufrimiento, el dolor; tratamos de investigarlo en plenitud, no sólo superficialmente.

Ahora bien, cuando no hay observador que esté sufriendo, ¿es el sufrimiento diferente de uno mismo? Uno *es* el sufrimiento, ¿no es así? No está separado del dolor, *es* el dolor. Entonces, ¿qué sucede? Por favor, sigan esto de cerca. No se trata de rotularlo, de darle un nombre y, con eso, descartarlo; uno es ese dolor, ese sentimiento, esa sensación de agonía. Entonces, cuando uno es eso, ¿qué ocurre? Cuando lo nombramos, cuando no hay miedo al respecto, ¿está el centro relacionado con ello? Si está relacionado con ello, entonces lo teme. Pero si el centro *es* eso, ¿qué hace uno? No hay nada que hacer, ¿verdad? Por favor, no es mera cuestión de aceptar. Síganlo y lo verán. Si uno *es* eso, y no lo

El conocimiento de uno mismo

acepta, no lo rotula, no lo hace a un lado, si uno es esa cosa, ¿qué ocurre? ¿Dice, entonces, que sufre?

Ha tenido lugar, si duda, una transformación fundamental. Ya no hay más «yo sufro», porque no existe un centro que sufra; y ese centro sufre porque jamás hemos examinado qué es el centro. Vivimos tan sólo de palabra en palabra, de reacción en reacción. Jamás decimos: «veamos qué es esa cosa que sufre.» Y no podemos verlo mediante el esfuerzo, la disciplina. Debemos mirarlo con interés, con comprensión espontánea. Entonces verán que la cosa que llamamos sufrimiento, dolor, esa cosa que eludimos, así como la disciplina, todo eso ha desaparecido. En tanto no me relaciono con la cosa como algo exterior a mí, el problema no existe, pero existe apenas establezco una relación con ella como si fuera exterior a mí. En tanto trato al sufrimiento como algo exterior –sufro porque he perdido a mi hermano, porque no tengo dinero, porque esto o aquello–, establezco con eso una conexión, y esa conexión es ficticia. Pero si soy esa cosa, si veo el hecho, entonces todo experimenta una transformación, todo eso tiene un sentido diferente. Entonces hay atención plena, integrada; y aquello que miramos de manera completa es comprendido y disuelto. Por lo tanto, no hay miedo y, en consecuencia, la palabra *sufrimiento* no existe.

21 de agosto de 1949

DECIMOTERCERA CHARLA EN EL ROBLEDAL

Durante las semanas pasadas hemos estado considerando la importancia del conocimiento propio y cómo, antes de que pueda haber acción alguna, antes de que pueda haber un recto pensar, es esencial que uno se conozca a sí mismo, que conozca no sólo la mente superficial, consciente, sino también las capas ocultas, inconscientes. Y aquéllos de ustedes que han probado y experimentado con lo que hemos estado discutiendo, deben haber dado, mientras experimentaban, con algo muy curioso: que a través del conocimiento propio uno acentúa el egocentrismo. Es decir, uno se interesa más en su propia persona. Casi todos quedamos atrapados en esto y no parecemos capaces de ir más allá. Y esta tarde me gustaría discutir por qué la mayoría de nosotros se refrena, se limita deteniéndose en la conciencia egocéntrica y no es capaz de ir más allá. Porque en esto hay muchísimas cosas que requieren más explicación y discusión, pero antes de que investiguemos esto, quisiera señalar una o dos cosas.

Ante todo, tengan la bondad de no tomar fotografías. Vean, todo esto de que uno está hablando es muy serio, al menos lo es para mí. No es para cazadores de autógrafos. Ustedes no estarían pensando en tomar fotografías y en pedir autógrafos si fueran de veras muy, muy serios. Y, si mi permiten decirlo, eso es también

El conocimiento de uno mismo

sumamente infantil, inmaduro. Y la otra cosa que quisiera señalar es que, como ya lo he dicho antes, ustedes y yo estamos tratando aquí de experimentar juntos, de tantear nuestro camino en el problema al que nos enfrentamos. Y esto es imposible si están ansiosamente interesados en tomar notas de lo que estoy diciendo. Deberían ser capaces de habérselas directamente con el problema, no de reflexionar sobre él más tarde, porque cuando realmente experimentan algo, no toman notas. Toman notas cuando no piensan ni sienten ni experimentan de veras lo que se dice. Pero, si lo experimentan realmente, si siguen lo que se está diciendo, no tienen tiempo ni ocasión de tomar notas. El experimentar no surge, ciertamente, por obra de las palabras. Eso es tan sólo fomentar la sensación; pero hay un experimentar si podemos penetrar más y más profundamente e inmediatamente en lo que se está expresando. Sería bueno, pues, que cada uno de nosotros fuera lo bastante serio como para experimentar con esto y no se limitara a posponerlo ni se distrajera de la cuestión central.

Como estaba diciendo, en la búsqueda del conocimiento propio, en su exploración, uno queda aprisionado en el egocentrismo porque acentúa, pone más y más énfasis en el "yo". ¿Cómo ocurre esto? Hemos visto, durante todas estas charlas, lo importante que es la libertad respecto del "yo" y lo "mío", ya que un hombre que desconoce todo el proceso y contenido del "sí mismo" es incapaz de pensar apropiadamente, lo cual es un hecho incontrovertible. Sin embargo, nosotros rehuimos, evitamos la comprensión del "yo", y creemos que eludiéndola seremos capaces de habérnoslas con él o de olvidarlo más fácilmente, mientras que, si somos capaces de mirarlo con más intensidad, con más atención, existe el peligro de volvernos cada vez más egocéntricos. ¿Es posible ir más allá de todo esto?

Y bien, para comprenderlo debemos investigar el problema de la sinceridad. La sencillez no es sinceridad. Aquél que es sincero jamás puede ser sencillo, porque el que trata de ser sincero, siempre lo hace con el deseo de amoldarse o aproximarse a una idea.

Decimotercera charla en El Robledal

Y, para comprendernos a nosotros mismos, necesitamos una sencillez extraordinaria, la sencillez que adviene cuando no hay deseo de obtener, alcanzar o lograr algo; tan pronto deseamos ganar algo mediante el conocimiento propio, hay egocentrismo en el que quedamos aprisionados; esto es un hecho.

Si ustedes no se limitan a examinar lo que los numerosos psicólogos y santos han dicho, sino que experimentan consigo mismos, llegarán a un punto en donde verán que, a menos que haya completa sencillez –no sinceridad–, no podrán proseguir. El egocentrismo sólo surge cuando hay deseo de lograr algo: la felicidad, la realidad, o incluso la comprensión, por medio del conocimiento propio. En otras palabras, cuando existe el deseo de realizarse mediante el conocimiento propio, hay egocentrismo, el cual impide seguir investigando el problema. Y como casi todos, en espacial aquéllos que se llaman a sí mismos religiosos, tratan de ser sinceros, tenemos que comprender esta cuestión, esta palabra *sinceridad*. Porque la sinceridad desarrolla la voluntad, y la voluntad es esencialmente deseo. Ustedes tienen que ser sinceros a fin de aproximarse a una idea; en consecuencia, el modelo y el llevar a la práctica este modelo se vuelven lo más importante. Para cumplir con un modelo previo, uno debe tener voluntad, la cual niega la sencillez. La sencillez sólo nace cuando estamos libres del deseo de realizarnos en lo personal y dispuestos a investigar el conocimiento propio sin que haya ningún objetivo a la vista. Y pienso que es de veras importante reflexionar sobre esto. Lo que se requiere no es sinceridad, no es el ejercicio de la voluntad para ser o para no ser determinada cosa, sino comprendernos espontáneamente de instante en instante, a medida que las cosas se presentan. ¿Cómo puede uno ser espontáneo cuando trata de aproximarse a un modelo?

¿Cuándo descubrimos algo en nosotros mismos? Sólo en momentos inesperados, cuando no estamos moldeando conscientemente, deliberadamente, nuestros pensamientos y sentimientos; sólo cuando hay una respuesta espontánea a la vida. Entonces, de

El conocimiento de uno mismo

acuerdo con estas respuestas, descubrimos. Pero un hombre que trata de ser sincero respecto de una idea, jamás puede ser sencillo; por lo tanto, jamás puede haber un conocimiento propio pleno, completo. Y el conocimiento propio sólo puede ser descubierto más plenamente, más profunda y ampliamente, cuando hay una percepción pasiva, la cual no consiste en el ejercicio de la voluntad. La voluntad y la sinceridad marchan juntas, así como son compañeras la sencillez y la percepción pasiva. Porque, cuando uno está pasiva, profundamente alerta, hay una posibilidad de comprensión inmediata. Como ya lo discutimos, cuando uno desea comprender algo, si está todo el tiempo consumido por el deseo de comprenderlo, si se esfuerza por comprenderlo, es natural que no haya comprensión. Pero si hay una percepción alerta y pasiva, existe la posibilidad de comprender.

De igual manera, para comprenderse uno mismo más profunda y ampliamente, tiene que haber percepción pasiva, lo cual es extremadamente difícil, porque casi todos nosotros justificamos o condenamos. Jamás miramos nada pasivamente. Nos proyectamos a nosotros mismos sobre el asunto –una pintura, un poema o cualquier otra cosa–, especialmente cuando ello nos concierne. Somos incapaces de mirarnos sin condena ni justificación alguna, y esto es esencial si hemos de comprender cada vez con mayor profundidad y extensión. Como casi todos nosotros, en la búsqueda del conocimiento propio, quedamos atrapados en el egocentrismo, el peligro radica en que, al estar atrapados, hacemos, de eso en lo que nos hallamos atrapados, lo más importante. Para ir más allá de la conciencia egocéntrica debemos liberarnos del deseo de alcanzar un resultado porque, después de todo, la obtención de un resultado es lo que la mente desea; desea estar segura, a salvo. Por lo tanto, a causa de su propio impulso, proyecta una imagen, una idea en la que se refugia. Sólo cuando no deseamos un resultado, cuando estamos viviendo de instante en instante, es posible evitar todas las ilusiones que la mente crea y no quedar aprisionados en ellas.

Decimotercera charla en El Robledal

Pregunta: ¿Tendría usted la bondad de explicar qué entiende por morir diariamente?

KRISHNAMURTI: ¿Por qué nos atemoriza tanto la muerte? La muerte es lo desconocido. No sabemos qué va a suceder mañana; realmente no sabemos qué va a suceder. Aunque construyamos para el mañana, en realidad, de hecho, no lo sabemos; por eso está siempre ahí el miedo al mañana. En consecuencia, el miedo es el factor que nos guía, y esto ocurre por nuestra incapacidad de enfrentarnos a lo desconocido; por lo tanto, continuamos transportando el hoy hacia el mañana. Esto es lo que hacemos, ¿verdad? Damos continuidad a nuestra idiosincrasia, a nuestros celos, a nuestras estupideces, a nuestros recuerdos; dondequiera que estemos, los transportamos de un día al otro. ¿No hacemos esto? Y así no hay un morir, sólo nos aseguramos la continuidad. Esto es un hecho. Nuestros nombres, nuestras acciones, las cosas que hacemos, nuestra propiedad, el deseo de ser... todas estas cosas confieren una continuidad.

Ahora bien, aquello que continúa no puede renovarse, es obvio. Sólo puede haber renovación únicamente cuando hay un final. Si mañana usted es el mismo que era hoy, ¿cómo puede haber renovación? Es decir, si está atado a una idea, a una experiencia que ha tenido ayer y cuya continuación desea mañana, no hay renovación; hay una continuidad basada en el recuerdo de la sensación de esa experiencia, pero la experiencia en sí está muerta. Lo que usted desea que continúe es la sensación de aquella experiencia. Y donde hay continuidad es evidente que no hay renovación. No obstante, esto es lo que casi todos deseamos: deseamos continuar. Deseamos continuar con nuestras preocupaciones, con nuestros placeres, con nuestros recuerdos; por esto muy pocos de nosotros somos creativos. No hay posibilidad alguna de un renacimiento, de una renovación, mientras que, si muriéramos cada día, si al terminar el día acabáramos con todas nuestras preocupaciones, con todos nuestros celos, con todas nues-

El conocimiento de uno mismo

tras idioteces y vanidades, con nuestra cruel murmuración –ustedes ya conocen todo el asunto–, si cada día hubiera una terminación de todo eso y no lo transportáramos hacia el mañana, entonces existiría una posibilidad de renovación, ¿no es así?

¿Por qué acumulamos, pues? ¿Y qué es lo que acumulamos, aparte de los muebles y unas cuantas cosas más? ¿Qué es lo que acumulamos? Ideas, palabras y recuerdos, ¿no es así? Y con estas cosas vivimos, somos estas cosas. Con ellas queremos vivir, con ellas queremos continuar. Si no continuáramos, sería posible una nueva comprensión, una apertura nueva. Esto no es metafísico, no es algo fantástico. Experimente usted mismo con ello y verá que ocurre algo extraordinario. ¡Cómo se atormenta la mente con un problema, una y otra y otra vez, día tras día! Una mente así es incapaz de ver algo nuevo, ¿verdad? Estamos aprisionados en nuestras creencias –religiosas, sociológicas, o cualquier otra forma de creencia–, y estas creencias somos nosotros mismos. Las creencias son palabras, y la palabra se vuelve importante; y así vivimos, atrapados en una sensación y deseando que ésta continúe. Por lo tanto, no hay renovación posible.

Pero si uno no da continuidad a una sensación, sino que la examina a fondo, la investiga plenamente y la disuelve, entonces la mente está fresca para enfrentarse a otra cosa de un modo nuevo. La dificultad es que la mayoría de nosotros vive en el pasado –en los recuerdos del pasado– o en el futuro –en esperanzas futuras, en anhelos futuros–, lo cual indica que el presente no es significativo; por eso vivimos en el ayer y en el mañana, y damos continuidad a ambos. Si uno experimenta realmente con esto, si de veras muere cada día, cada minuto, a todo lo que ha acumulado, entonces la inmortalidad es posible. Ésta no es continuidad, la cual es tiempo; sólo hay continuidad para la memoria, para las ideas, los recuerdos. Pero cuando estamos libres de la continuidad hay un estado intemporal que no puede ser comprendido si uno es tan sólo el resultado de la continuidad. Por lo tanto es esencial morir a cada instante y volver a nacer, no como uno era an-

Decimotercera charla en El Robledal

tes. Si investigáramos esto seriamente, veríamos que es de veras muy importante, porque en ello hay una posibilidad de creación, de transformación. Y nuestras vidas, en su mayoría, son tan desdichadas porque no sabemos cómo renovarnos; estamos agotados, destruidos por el ayer, por los recuerdos del ayer, los contratiempos, la infelicidad, los incidentes, los fracasos. El ayer agobia nuestras mentes y nuestros corazones, y con esta carga queremos comprender algo que no puede ser comprendido dentro de los límites del tiempo. Por eso, si uno quiere ser creativo en el profundo sentido de esa palabra, es esencial que haya muerte para todas las acumulaciones de cada minuto. Esto no es fantástico, no se trata de alguna experiencia mística. Uno puede experimentarlo de manera directa, simple, cuando comprende todo el significado de cómo el tiempo, o sea, la continuidad, es un obstáculo para lo creativo.

Pregunta: ¿De qué modo una verdad, según usted ha dicho, al ser repetida se convierte en una mentira? ¿Qué es, en realidad, una mentira? ¿Por qué está mal mentir? ¿No es éste un problema profundo y sutil en todos los niveles de nuestra existencia?

KRISHNAMURTI: Hay dos preguntas contenidas en ésta, de modo que examinemos la primera: «¿de qué modo, cuando una verdad se repite, se convierte en una mentira?» ¿Qué es lo que repetimos? ¿Puede usted repetir una comprensión? Si comprendo algo, ¿puedo repetir eso? Puedo comunicarlo con palabras; pero no es, por cierto, la experiencia lo que se repite, sino que quedamos atrapados en la palabra y perdemos la significación de la experiencia. Si usted tuvo una experiencia, ¿puede repetirla? Puede tener el deseo de que se repita, de repetir la sensación de esa experiencia, pero una vez que hemos experimentado algo, eso se acabó, no puede repetirse. Lo que puede repetirse es la sensación y la palabra correspondiente que da vida a esa sensación. Y como, por desgracia, casi todos somos propagandistas, estamos atrapados en la repetición de la palabra. Vivimos, pues, a base de palabras, y así negamos la verdad.

Tomemos, por ejemplo, el sentimiento del amor. ¿Puede usted repetirlo? Cuando oye decir: «ama a tu prójimo», ¿eso es una verdad para usted? Es una verdad únicamente cuando ama a su prójimo, y ese amor no puede ser repetido, sólo puede serlo la palabra. Sin embargo, la mayoría de nosotros se contenta con la repetición: «ama a tu prójimo», o «no seas codicioso». De modo que la verdad de otro, o una verdadera experiencia que uno ha tenido, no se convierte en una realidad mediante la mera repetición. Por el contrario, la repetición impide la realidad. El mero repetir ciertas ideas no es la realidad.

Ahora bien, la dificultad en esto es comprender el problema sin pensar en función del opuesto. Una mentira no es algo opuesto a la verdad. Uno puede ver la verdad de lo que se está diciendo, no en oposición o en contraste –como mentira o verdad–, sino viendo simplemente que la mayoría de nosotros repite sin comprender. Por ejemplo, hemos estado considerando el "no nombrar". Muchos de ustedes lo repetirán, estoy seguro, pensando que eso es "la verdad". Uno jamás repetirá una experiencia si es una experiencia directa. Podrá comunicarla, pero cuando se trata de una experiencia real, las sensaciones que hubo tras ella han desaparecido, el contenido emocional tras las palabras se ha disipado por completo.

Tomemos, por ejemplo, la cuestión que discutimos hace varias semanas, de que el pensador y el pensamiento son una sola cosa. Quizá sea una verdad para usted porque la ha experimentado directamente. Pero si yo la repito, no será verdadera (*verdadera*, no como opuesto a lo falso, por favor). No será real, será tan sólo repetitiva y, por lo tanto, carecerá de significación alguna. Pero ya lo ve, mediante la repetición creamos un dogma, construimos una iglesia, y en eso encontramos refugio. La palabra, no la verdad, se convierte en la "verdad". La palabra no es la cosa. Pero para nosotros, la cosa es la palabra, y por eso uno debe

Decimotercera charla en El Robledal

ser tan extremadamente cuidadoso en no repetir algo que no comprende realmente. Y si comprende algo, puede comunicarlo, pero las palabras y el recuerdo ha perdido su significado emocional. Por esto nuestra perspectiva, nuestro vocabulario, cambian en la conversación corriente.

Por lo tanto, como estamos buscando la verdad mediante el conocimiento propio y no somos meros propagandistas, es importante que esto se comprenda. Porque, por culpa de la repetición, uno se hipnotiza a sí mismo con palabras o con sensaciones, y así queda aprisionado en la ilusión. Para liberarse de esto es imperativo experimentar directamente. Y, para experimentar directamente, uno debe estar alerta a sí mismo en el proceso de la repetición, de los hábitos, de las palabras y las sensaciones. Esta percepción alerta le da a uno una libertad extraordinaria, de modo que puede haber una renovación, un constante experimentar, un estado en el que todo es nuevo.

Y está la otra parte de la pregunta: «¿qué es, en realidad, una mentira?, ¿por qué está mal mentir?, ¿no es éste un problema profundo y sutil en todos los niveles de nuestra existencia?» ¿Qué es una mentira? Una contradicción, ¿verdad?, una autocontradicción. Uno puede contradecirse deliberada, conscientemente o inconscientemente; la contradicción puede ser muy, muy sutil, o muy obvia. Y cuando la grieta en la contradicción es muy profunda, o bien uno se desequilibra mentalmente, o se da cuenta de la grieta y empieza a repararla. Ahora bien, para comprender este problema –qué es una mentira y por qué mentimos–, uno tiene que examinarlo sin pensar desde el punto de vista de un opuesto. ¿Podemos considerar este problema de nuestra contradicción interna sin tratar de no ser contradictorios? No sé si me expreso con claridad. Nuestra dificultad al examinar esta cuestión consiste en que condenamos tan prontamente una mentira, ¿no es así?; pero, para comprenderla, ¿podemos reflexionar sobre ella, no en función de verdad y falsedad, sino de lo que *es* la contradicción? ¿Por qué nos contradecimos? ¿Por qué hay contradicción en nosotros? ¿No existe un intento de vivir a la altura de un modelo, de una norma, una constante aproximación a un patrón de conducta, un esfuerzo constante para ser algo, ya sea a los ojos de otra persona o a nuestros propios ojos? Hay un deseo de ajustarnos a un modelo y, cuando no vivimos a la altura de este modelo, hay una contradicción.

Y bien, ¿por qué tenemos una norma, un modelo, una aproximación, una idea a la altura de la cual procuramos vivir? ¿Por qué? Obviamente, para sentirnos seguros, a salvo, para ser populares, para tener una buena opinión de nosotros mismos, y así sucesivamente. Allí está la semilla de la contradicción. En tanto nos aproximemos a algo, tratemos de ser algo, tiene que haber contradicción; en consecuencia, tendrá que existir esta grieta entre lo falso y lo verdadero. Creo que esto es importante, si lo investigan serenamente. No es que no existan lo falso y lo verdadero, pero ¿por qué esta contradicción dentro de nosotros? ¿No es, acaso, porque intentamos ser alguna cosa: ser nobles, buenos, virtuosos, creativos, felices, etc.? Y, en el deseo mismo de ser algo, está la contradicción de no querer ser otra cosa que ésta. Y esta contradicción es muy destructiva. Si uno es capaz de identificarse por completo con algo, con esto o aquello, la contradicción deja de existir; pero cuando nos identificamos tan completamente, hay autoencierro, resistencia, lo cual genera desequilibrio; esto es un hecho evidente.

Entonces, ¿por qué hay contradicción en nosotros? He dicho algo, y no deseo que esto se descubra; he pensado algo que no es enteramente satisfactorio para mí, y ello me pone en un estado de contradicción que no me agrada. Por lo tanto, donde hay aproximación a un modelo tiene que haber miedo, y este miedo genera contradicción, mientras que, si no hay un devenir ni intento de ser alguna otra cosa, entonces no hay sentido alguno de miedo, no hay contradicción, no hay en nosotros mentira en ningún nivel, consciente o inconsciente: no hay nada para ser reprimido, nada para ser mostrado. Y como nuestras vidas son, en su mayo-

Decimotercera charla en El Robledal

ría, una cuestión de estados de ánimo y poses, posamos según nuestro estado de ánimo, lo cual es una contradicción. Cuando el estado de ánimo desaparece, somos lo que somos. Lo realmente importante es esta contradicción, no si usted dice o no dice una cortés mentira de circunstancias.

En tanto exista esta contradicción tiene que haber una existencia superficial y, por ende, temores superficiales que es necesario proteger; de aquí las mentiras de circunstancias y todo lo que sigue, usted sabe. Podemos considerar esta cuestión, no preguntando qué es una mentira y qué es la verdad, sino investigando el problema de nuestra contradicción interna, pero sin tomar en cuenta los opuestos, lo cual es sumamente difícil. Porque, como dependemos tanto de las sensaciones, nuestras vidas son, en su mayor parte, contradictorias. Dependemos de los recuerdos, de las opiniones, y tenemos numerosos temores que queremos disimular; todas estas cosas crean contradicción dentro de nosotros y, cuando esa contradicción se vuelve insoportable, nos trastornamos. Deseamos la paz, y todo lo que hacemos genera guerra, no sólo en la familia, sino afuera. Y, en vez de comprender lo que crea conflicto, sólo tratamos de ser una cosa o la otra –lo opuesto–, originando, de tal modo, una grieta aún más grande.

¿Es posible, pues, comprender por qué hay contradicción en nosotros, no sólo superficialmente sino mucho más en lo profundo, psicológicamente? Ante todo, ¿nos damos cuenta de que vivimos una vida contradictoria? Queremos paz, y somos nacionalistas; queremos evitar la desdicha social y, no obstante, cada uno de nosotros es individualista, limitado, está encerrado en sí mismo. De modo que vivimos constantemente en contradicción. ¿Por qué? ¿No es, acaso, porque somos esclavos de la sensación? Esto no es para que lo rechacen o lo acepten. Requiere que se comprendan a fondo las implicaciones de la sensación, que son los deseos. Deseamos muchísimas cosas, todas en contradicción unas con otras. Somos múltiples máscaras conflictivas; nos ponemos una máscara cuando nos conviene y la negamos cuando algo diferente resulta más provechoso, más placentero. Éste es el estado de contradicción que da origen a la mentira. Y, en oposición a eso, creamos la "verdad". Pero la verdad no es, por cierto, el opuesto de la mentira. Lo que tiene opuesto no es la verdad. El opuesto contiene su propio su propio opuesto; por lo tanto, no es la verdad, y para comprender bien a fondo este problema, debemos darnos cuenta de todas las contradicciones en que vivimos.

Cuando digo a alguien: «te amo», ello va acompañado de celos, envidia, ansiedad, miedo, lo cual implica una contradicción. Esta contradicción es la que debemos comprender, y sólo podemos comprenderla cuando nos damos cuenta de ella cuando la percibimos sin condenarla ni justificarla, simplemente mirándola. Y, para mirarla pasivamente, uno tiene que comprender todos los procesos de justificación y condena. No es un problema fácil mirar pasivamente algo, pero, al comprender esto, empezamos a comprender todas las modalidades de nuestro propio pensar y sentir. Y cuando nos damos cuenta del pleno significado que tiene nuestra contradicción interna, ello trae consigo un cambio extraordinario; entonces, uno es lo que es, no algo que uno trata de ser. Ya no está siguiendo más un ideal, ya no está buscando la felicidad. Es lo que es y, a partir de allí, puede proseguir. Entonces resulta imposible la contradicción.

Pregunta: Siento sinceramente que deseo ayudar a las personas, y creo que puedo ayudarlas; pero cualquier cosa que digo o hago en relación con otro, se interpreta como una interferencia y un deseo de tiranizar. Así que me veo bloqueado por los otros y esto hace que me sienta frustrado. ¿Por qué me ocurre esto?

KRISHNAMURTI: Cuando decimos que queremos ayudar a otro, ¿qué entendemos por esa palabra "ayudar"? Tal como la palabra "servicio", ¿qué significa? Usted llega con su automóvil a la estación de servicio, el empleado le atiende y usted le paga, pero él usa la palabra "servir", como la usan todos los comerciantes.

Decimotercera charla en El Robledal

Ahora bien, aquellas personas que desean servir, ¿no lo hacen, acaso, con el mismo espíritu? Desean ayudar si uno también les da algo; es decir, desean ayudar a fin de realizarse ellas. Y cuando uno se resiste, cuando comienza a mostrarse crítico, se sienten frustradas. En otras palabras, de hecho no le están ayudando a uno. Por medio de la ayuda, del servicio, se están realizando a sí mismas. O sea, están buscando la autorrealización bajo el pretexto de la ayuda y el servicio a los demás, el cual, cuando se ve bloqueado, da lugar a la ira, a la murmuración, y esas personas se atormentan, se derrumban. Esto es un hecho evidente, ¿no es así?

¿Puede usted ayudar y servir a otro sin pedir nada a cambio? Esto no es nada fácil, es sumamente difícil; uno no puede limitarse a decir: «puede hacerse». Cuando usted le da algo a alguien, unos cientos de dólares, ¿no hay algo en usted que queda atado? ¿No se ata a sí mismo con esos cientos de dólares? ¿No trae cola eso? ¿Puede usted darlos y olvidarse? Este dar desde el corazón es generosidad. Pero la generosidad de la mano tiene siempre algo que retener y lo retiene. De igual manera, los que desean ayudar, cuando por distintas razones se ven impedidos de hacerlo, se sienten frustrados, perdidos; no tolerarán la crítica, dirán que lo que hacen es tergiversado, mal interpretado; mediante su ansiedad por ayudarle a uno, ellos satisfacen su propia necesidad de realizarse.

Por lo tanto, el problema es si existe tal cosa como la autorrealización, ¿verdad? Ésta es la pregunta siguiente: ¿Existe la autorrealización? Esta palabra "autorrealización", ¿no es una contradicción? Cuando usted quiere realizarse en algo, ¿qué es ese algo en el que usted se está realizando? ¿No es, acaso, una autoproyección? Digamos que yo quiero ayudarle. Uso la palabra "ayuda", que encubre mi deseo de autorrealización. ¿Qué ocurre cuando tengo un deseo semejante? Ni le ayudo a usted ni me realizo. Porque, para la mayoría de nosotros, realizarse significa obtener placer haciendo algo que nos gratifica. En otras palabras, la autorrealización es gratificación, ¿no es así? Busco gratificación, superficial o permanente, y la llamo autorrealización. Pero, ¿la gratificación puede ser permanente? Obviamente, no. Por cierto, cuando hablamos de autorrealización, nos referimos a una gratificación más intensa, más profunda que la satisfacción superficial, pero ¿la gratificación puede ser permanente alguna vez? Como no puede serlo jamás, cambiamos la índole de nuestra autorrealización: en un período es esto, más tarde es aquello, y finalmente decimos: «mi realización debe serlo en Dios, en la realidad», lo cual quiere decir que hacemos de la realidad una gratificación permanente.

En otras palabras, cuando hablamos de autorrealización, lo que buscamos es gratificarnos. Y, en vez de decir: «quiero ayudarle a fin de gratificarme», lo cual sería demasiado crudo y somos demasiado sutiles para eso, decimos: «quiero servirle, quiero ayudarle.» Y cuando se nos impide hacerlo, nos sentimos perdidos, frustrados, irritados, furiosos. Bajo el pretexto de la ayuda y el servicio hacemos un montón de monstruosidades: engaños, ilusiones. En consecuencia, palabras como "autorrealización", "ayuda", "servicio", necesitan ser examinadas. Y cuando de veras las comprendemos, no sólo verbalmente, sino profundamente, a fondo, entonces ayudaremos sin esperar nada a cambio. Una ayuda así jamás será tergiversada, y, aunque lo fuera, esto carecería de importancia. Entonces no hay sentido alguno de frustración, no hay ira, críticas ni murmuraciones.

Pregunta: ¿Qué es la soledad creativa? ¿Es un estado místico? ¿No implica liberarnos de la relación? Esa soledad, ¿es una vía de comprensión o es una forma de escapar de los conflictos externos y de las presiones internas?

KRISHNAMURTI: ¿No tratamos, casi todos nosotros, de aislarnos en la relación? Tratamos de poseer a las personas, de dominarlas, lo cual es una forma de aislamiento, ¿verdad? Nuestras creencias, nuestras ideas, son una forma de aislamiento. Cuando

Decimotercera charla en El Robledal

nos apartamos, cuando renunciamos, esto es una forma de aislamiento. Las presiones internas y los conflictos externos nos obligan a autoprotegernos, a encerrarnos en nosotros mismos. Ésta es una forma de aislamiento, ¿no es así? Y a través del aislamiento, ¿puede haber comprensión alguna? ¿Yo le comprendo si le resisto, si me encierro en mis propias ideas, en mis prejuicios, en mis críticas a su persona, etc.? Sólo puedo comprenderle cuando no estoy aislado, cuando no hay ninguna barrera entre nosotros, ni la barrera verbal ni la de los estados psicológicos ni la de los humores cambiantes o de las respectivas idiosincrasias. Pero, para comprender, tengo que estar solo, ¿no es así? Solo en el sentido de no estar encerrado en mis propios pensamientos, de hallarme libre de toda influencia. Creativamente solo.

Casi todos nosotros somos seres compuestos; estamos compuestos de recuerdos, de idiosincrasias, prejuicios, innumerables influencias. Y, a través de todo esto tratamos de comprender algo. ¿Cómo puede haber comprensión cuando somos un producto, cuando estamos compuestos de tantas cosas? Cuando nos liberamos de todo esto existe un estado de soledad que no es un escape. Por el contrario, consiste en la comprensión de todas estas cosas, la cual da origen a una soledad con la que nos enfrentamos a la vida directamente. Siendo una masa de opiniones, de creencias, estando compuesto de todo esto, uno piensa que es un ser integrado, o trata de buscar la integración con todas estas cargas. Por cierto, la integración puede ser completa de principio a fin y no limitada al nivel superficial, únicamente cuando, gracias a la comprensión, nos liberamos de todas las influencias que impactan constantemente sobre nosotros: creencias, recuerdos, idiosincrasias, etc.; uno no puede limitarse a desecharlas. Entonces, cuando comenzamos a comprenderla, hay una soledad que no es contradicción, que no se opone ni a lo colectivo ni a lo individual.

Cuando uno quiere comprender algo, ¿acaso no está solo? En ese momento, ¿no está completamente integrado? ¿No está concediendo su atención total? ¿Puede haber comprensión alguna si

El conocimiento de uno mismo

uno se aísla, si resiste? Cuando uno renuncia a algo, ¿trae comprensión eso? La comprensión no llega, ciertamente, por obra de la resistencia ni del aislamiento ni de la renuncia. Sólo cuando comprendemos el pleno significado de un problema, el problema desaparece; no tenemos que renunciar a él. No tenemos que renunciar a la riqueza, a ciertas avideces muy obvias. Cuando somos capaces de mirarlas directamente, sin juicio crítico alguno, pasivamente alerta a ellas, se desprenden por sí mismas de nosotros. Y, en ese estado de pasiva percepción alerta, ¿no hay, acaso, atención completa? –no como un opuesto o una concentración excluyente. Es un estado de percepción inteligente exento de contradicciones; por lo tanto desaparece esa otra soledad, la soledad del aislamiento. Casi todos nosotros somos seres aislados, solitarios; no hay profundidad, llegamos al fin rápidamente. Esta soledad es la que da origen a los retiros solitarios, a los escapes, a las simulaciones. Si queremos comprender esta soledad, debemos descartar todos estos encubrimientos y permanecer con ella. Ese ser es el que está creativamente solo. No se halla influido ni atrapado en estados de ánimo cambiantes; y es esencial estar así, creativamente solo, cosa que teme la mayoría de nosotros. Difícilmente salimos alguna vez solos; siempre tenemos la radio, las revistas, los diarios, los libros, y si no tenemos estas cosas, estamos ocupados con nuestros propios pensamientos. La mente jamás se halla quieta. Esta quietud es soledad creativa, la cual no es inducida, no es algo compuesto. Cuando hay muchísimo ruido y uno se halla en silencio, está solo, ¿no es así? Y es indispensable estar solo.

Cuando uno tiene éxito, entonces hay algo que, obviamente, está mal. La mayoría de nosotros busca el éxito, y esto es porque jamás estamos creativamente solos; estamos aislados, nos sentimos solos, pero jamás existe este estado de madura soledad; sólo en este estado podemos dar con aquello que es verdadero, que carece de toda comparación posible. Y, como casi todos tenemos miedo de estar solos, construimos diversos refugios, diversas sal-

Decimotercera charla en El Robledal

vaguardas que nos ofrecen escapes maravillosos, y les damos nombres altisonantes. Pero todas son ilusiones, nada significan. Únicamente cuando vemos que nada significan –cuando lo vemos de hecho, no verbalmente–, sólo entonces estamos creativamente solos y de veras podemos comprender. Esto quiere decir que debemos despojarnos de todas las experiencias pasadas, de los recuerdos, de las sensaciones que con tanta diligencia hemos cultivado y que protegemos tan cuidadosamente. Por cierto, sólo una mente no condicionada puede comprender lo que no es condicionado: la realidad. Y, para liberar a la mente de su condicionamiento, uno no sólo debe enfrentarse al doloroso sentimiento de soledad, sino que debe ir más allá; no debe aferrarse a los recuerdos que se agolpan en su mente, porque los recuerdos son meras palabras, palabras que contienen sensaciones. Sólo cuando la mente está por completo quieta, libre de influencias, puede realizarse aquello que *es*.

27 de agosto de 1949

DECIMOCUARTA CHARLA EN EL ROBLEDAL

Esta mañana contestaré primero algunas de las preguntas, y después finalizaré con una charla. Son muchas las preguntas que hasta ahora me han entregado y, por desgracia, no ha sido posible contestarlas todas. De modo que he seleccionado aquéllas que son representativas, tratando de contestar tantas como fuera posible. Además, al contestar las preguntas, uno no puede, naturalmente, entrar en todos los detalles, porque llevaría demasiado tiempo; por lo tanto, sólo es posible abordar las cosas fundamentales; los detalles deberán ser completados por ustedes mismos. Aquéllos que han estado viniendo regularmente, si no se llevan de aquí tan sólo un recuerdo de las palabras y las gratas sensaciones de escuchar sentados bajo los árboles, de distraerse con los pájaros, las cámaras fotográficas, las notas y las diversas cosas que entretienen a la mente, si viven no sólo de las palabras, sino que viven y experimentan de veras estas cosas que hemos considerado, encontrarán que, habiendo comprendido el esbozo de las respuestas, que en cierto modo han sido breves y sucintas, podrán completar los detalles.

Pregunta: Es cierto que las ideas separan, pero las ideas también unen a las personas. Esto que hace posible la vida comunal, ¿no es la expresión del amor?

Decimocuarta charla en El Robledal

KRISHNAMURTI: Cuando usted formula una pregunta semejante, no sé si se da cuenta de que las creencias, las opiniones, separan a la gente, que las ideologías dividen, que las ideas inevitablemente fragmentan. Las ideas no unen a las personas, aunque usted pueda tratar de unirlas perteneciendo a ideologías que difieren entre sí y se oponen unas a otras. Las ideas jamás podrán unir a la gente, es obvio, porque las ideas siempre pueden ser combatidas y destruidas a través del conflicto. Al fin y al cabo, las ideas son imágenes, sensaciones, palabras. ¿Pueden las palabras, las sensaciones, los pensamientos, unir a las personas? ¿O para unirlas se requiere algo por completo diferente? Uno ve que el odio, el miedo y el nacionalismo unen a las personas. Un miedo común, un odio común, a veces unen a las personas en oposición a otras, tal como el nacionalismo une a personas dentro de grupos contrarios. Por cierto, éstas son ideas. Y el amor, ¿es una idea? ¿Puede usted pensar acerca del amor. Puede pensar en la persona a la que ama o en el grupo de personas a las que ama. Pero ¿es amor eso? Cuando hay pensamiento acerca del amor, ¿es eso amor? Y, desde luego, sólo el amor puede unir verdaderamente a las personas, no así el pensamiento, no un grupo en oposición a otro grupo. Donde hay amor no hay grupo, ni clase, ni nacionalidad. Así, pues, debemos averiguar qué entendemos por amor.

Sabemos lo que entendemos por ideas, opiniones, creencias; esto lo hemos discutido bastante durante las semanas pasadas. Entonces, ¿qué entendemos por amor? Es una cosa de la mente cuando las cosas de la mente llenan el corazón. Y con la mayoría de nosotros, esto es lo que ocurre. Hemos llenado nuestro corazón con las cosas de la mente, que son las opiniones, las ideas, las sensaciones, las creencias; y en torno a ellas y en función de ellas vivimos y amamos. Pero, ¿es amor esto? ¿Podemos pensar acerca del amor? Cuando uno ama, ¿está funcionando el pensamiento? El amor y el pensamiento no se oponen el uno al otro; no los dividamos como opuestos. Cuando uno ama, ¿hay allí sentido de separación, de unir a las personas, o de dispersarlas, de apartarlas? Por cierto, este estado de amor sólo puede experimentarse cuando el proceso del pensamiento no está operando, lo cual no implica que uno haya de volverse loco, desequilibrado. Por el contrario; ir más allá del pensamiento requiere la más elevada forma de pensar.

Así, pues, el amor no es algo de la mente. Sólo cuando la mente está de varas quieta, cuando ya no espera ni pregunta, ni exige ni busca ni posee, cuando ya no siente celos ni miedo ni ansias, cuando está realmente en silencio, cuando ya no se proyecta a sí misma, cuando no persigue sus particulares sensaciones, requerimientos e impulsos, sus miedos ocultos, cuando no busca su propia realización y no se halla atrapada en la esclavitud de la creencia, sólo entonces es posible el amor. Pero la mayoría de nosotros piensa que el amor puede ir acompañado de los celos, de la ambición, que puede marchar junto con la persecución de los deseos personales. Desde luego, cuando existen estas cosas no hay amor. Por lo tanto, no tenemos que ocuparnos del amor, el cual adviene de manera espontánea sin que lo busquemos expresamente, sino que debemos interesarnos en las cosas que impiden el amor, en las cosas de la mente que se proyectan a sí mismas y crean una barrera.

Por eso, antes de que podamos saber qué es el amor, resulta esencial que conozcamos el proceso de la mente, donde tiene su morada el "yo". De modo que es importante profundizar cada vez más en la cuestión del conocimiento propio, no limitarse a decir: «debo amar», o «el amor une a las personas», o «las ideas fragmentan», lo cual sería una mera repetición de lo que oído y, por ende, completamente inútil. Las palabras lo embrollan todo. Pero si podemos comprender en su totalidad lo que significan las modalidades de nuestro propio pensamiento, de nuestros deseos con sus búsquedas y sus ambiciones, entonces hay una posibilidad de que comprendamos y experimentemos aquello que es el amor. Pero esto requiere una comprensión extraordinaria respec-

Decimocuarta charla en El Robledal

to de nosotros mismos. Cuando hay abnegación, olvido de uno mismo –no intencional sino espontáneo, no como resultado de una serie de prácticas y disciplinas que sólo limitan–, entonces es posible el amor. Este estado de abnegación se manifiesta cuando comprendemos todo el proceso del "yo", tanto el consciente como el inconsciente, tanto en las horas de vigilia como en las de sueño. Entonces, el proceso total de la mente se comprende tal como tiene lugar en la relación, en cada incidente, en la respuesta a cada reto que debemos afrontar. Al comprender esto y, en consecuencia, al liberar a la mente del proceso que ella misma genera y con el cual se limita, hay una posibilidad de amor.

El amor no es sentimentalismo, no es romanticismo, no depende de cosa alguna, y este estado es extremadamente arduo y difícil de comprender o de alcanzar. Porque nuestras mentes siempre están interfiriendo, limitando, usurpando su funcionamiento; por lo tanto es esencial comprender primero la mente y las maneras como actúa; de lo contrario quedaremos aprisionados en ilusiones, sensaciones y palabras con muy poco significado. Y como, para la mayoría de la gente, las ideas actúan tan sólo como un refugio, un escape –ideas que se han convertido en creencias–, es natural que impidan un vivir completo, una acción total, un recto pensar. Pensar rectamente, vivir libre e inteligentemente, sólo es posible cuando existe un conocimiento cada vez más amplio y profundo de nosotros mismos.

Pregunta: ¿Tendría usted la bondad de explicar la distinción que hace entre memoria factual y memoria psicológica?

KRISHNAMURTI: No nos preocupemos por el momento de la distinción entre memoria factual y memoria psicológica. Consideremos la memoria. ¿Por qué vivimos de recuerdos? Los recuerdos, ¿están separados de nosotros? ¿Es usted diferente de la memoria? ¿Qué entendemos por memoria? Es el residuo de ciertos incidentes, de ciertas experiencias y sensaciones, ¿no es así?

El conocimiento de uno mismo

Hemos tenido una experiencia ayer; ésta ha dejado cierta huella, cierta sensación. Esta sensación es lo que llamamos memoria, recuerdo, ya sea que lo verbalicemos o no; y somos la suma total de estos recuerdos, de estos residuos. Por cierto, uno no es diferente de su recuerdo. Hay recuerdos tanto conscientes como inconscientes. Los recuerdos conscientes responden de una manera fácil, espontánea; y los inconscientes son muy hondos, están ocultos, inmóviles, aguardando, vigilando. Todo eso somos, indudablemente usted y yo: lo racial, el grupo, lo particular; usted y yo somos todo esto, todos estos recuerdos. Usted no es diferente de sus recuerdos. Elimine sus recuerdos y ¿dónde está usted? Si los elimina, terminará en un asilo.

Pero, ¿por qué la mente se aferra al pasado? Ésta es la pregunta, ¿verdad? ¿Por qué la mente, el pensador –que es el producto de los recuerdos, del pasado, la consecuencia del ayer, de múltiples ayeres–, por qué se aferra al ayer? Los recuerdos sin ningún contenido emocional tienen su importancia; pero nosotros les agregamos un contenido emocional de agrado o desagrado: «conservaré esto, no conservaré aquello», «pensaré acerca de esto, y sobre aquello medité en mi vejez o seguiré haciéndolo en mi vida futura». ¿Por qué hacemos eso? Por cierto, éste es el problema, ¿verdad? No es que debamos olvidar los recuerdos factuales o psicológicos, porque todas las impresiones, todas las respuestas, todo está ahí, inconscientemente: todos los incidentes, todos los pensamientos, todas las sensaciones que hemos vivido están ahí; ocultos, tapados, pero están ahí. Y, a medida que vamos envejeciendo, volvemos a estos recuerdos y vivimos en el pasado, o en el futuro, según sea nuestro condicionamiento. Recordamos los momentos gratos de nuestra juventud, o pensamos en el "futuro", en lo que vamos a ser.

Vivimos, pues, en estos recuerdos. ¿Por qué? Vivimos como si fuéramos diferentes de estos recuerdos. Éste es el problema, ¿no? Por recuerdos entendemos palabras, imágenes, símbolos, que no son nada más que una serie de sensaciones, y vivimos a

Decimocuarta charla en El Robledal

base de estas sensaciones. Por consiguiente, nos separamos de las sensaciones y decimos: «deseo experimentar estas sensaciones», lo cual implica que el "yo", habiéndose separado de los recuerdos, se adjudica permanencia a sí mismo. Pero no es permanente. Se trata de una permanencia ficticia.

Ahora bien, todo este proceso del "yo" separándose de la memoria y dando vida a esta memoria en respuesta al presente, la totalidad de este proceso, impide nuestro contacto directo con el presente, ¿no es así? Si quiero comprender algo, comprenderlo no de manera teórica, verbal, abstracta, sino de hecho, debo concederle toda mi atención. No puedo concederle la plenitud de mi atención si estoy distraído por mis recuerdos, mis creencias, mis opiniones, mis experiencias de ayer. Debo, pues, responder plenamente, adecuadamente, al reto. Pero este "yo" que se ha separado de la memoria dándose de ese modo permanencia, este "yo" mira el presente –mira el acontecimiento, la experiencia– y deriva del presente lo que le permite su condicionamiento pasado; esto es todo muy simple y claro si lo examinan. La memoria del ayer, de las posesiones, de los celos, la ira, la contradicción, la ambición, de lo que uno debe o no debe ser, todas estas cosas son las que componen el "yo"; y el "yo" no es diferente de la memoria. La cualidad no puede ser separada de la cosa.

Así, pues, la memoria es el "yo". La memoria es la palabra, palabra que simboliza la sensación, tanto la física como la psicológica, y a eso nos aferramos. Nos aferramos a la sensación, no a la experiencia, porque en el instante de la experiencia no existen ni el experimentador ni lo experimentado; sólo hay un experimentar. Cuando no estamos experimentando, nos apegamos a la memoria, como tantas personas lo hacen, especialmente cuando envejecen. Obsérvense a sí mismos y lo verán. Vivimos en el pasado o en el futuro, y usamos el presente como un mero pasaje del pasado al futuro; en consecuencia, el presente carece de significación. Todos los políticos se complacen en esto, todos los

El conocimiento de uno mismo

ideólogos, todos los idealistas: siempre miran hacia el futuro o hacia el pasado.

Por lo tanto, si uno comprende todo el significado de la memoria, no desecha los recuerdos ni los destruye ni intenta librarse de ellos, sino que comprende cómo la mente se apega a la memoria y, de tal modo, fortalece el "yo". El "yo", después de todo, es sensación, un haz de sensaciones. Es lo conocido, y desde lo conocido queremos comprender lo desconocido. Pero lo conocido tiene que ser, por fuerza, un impedimento para lo desconocido porque, para comprender la realidad, tiene que haber en la mente un estado de novedad, de frescura, no la carga de lo conocido.

Dios, o la realidad, o como quieran llamarlo, no puede ser imaginado, no puede ser descrito, puesto en palabras; y, si lo hacemos, eso que ponemos en palabras no es la realidad; es tan sólo la sensación de un recuerdo, la reacción a un condicionamiento y, por lo tanto, no es real. Si uno quiere comprender, pues, aquello que es eterno, intemporal, tiene que llegar a su fin la mente como haz de recuerdos. Ya no puede seguir aferrándose a lo conocido; en consecuencia debe ser capaz de recibir lo desconocido. Uno no puede recibir lo desconocido si la mente está agobiada de recuerdos, cargada con lo conocido, con el pasado, de modo que la mente ha de estar por completo silenciosa, lo cual es muy difícil, porque siempre está proyectando, siempre divagando, elaborando, engendrando; y este proceso tiene que comprenderse en relación con la memoria. Entonces la distinción entre memoria psicológica y memoria factual es simple y obvia. Así, pues, al comprender la memoria, uno comprende el proceso del pensar; y esto es, al fin y al cabo, conocimiento propio. Para ir más allá de los límites de la mente debemos estar libres del deseo de ser, de lograr, de obtener.

Pregunta: La vida, ¿no es creación genuina? ¿No estamos, en realidad, buscando la felicidad, y acaso no hay serenidad en la

Decimocuarta charla en El Robledal

vida misma? ¿No se encuentra allí ese ser verdadero del que usted habla?

Krishnamurti: Al contestar esta pregunta, para comprenderla de manera plena y significativa, ¿no deberíamos, quizá, comprender primero esta idea de buscar? ¿Por qué buscamos la felicidad? ¿Por qué esta incesante búsqueda de ser felices, alegres, de ser alguien? ¿Por qué este inmenso esfuerzo que hacemos para encontrar? Si podemos comprender esto y examinarlo a fondo, cosa que haré dentro de poco, tal vez sabremos qué es la felicidad sin tener que buscarla. Porque, después de todo, la felicidad es un derivado, tiene una importancia secundaria. No es un fin en sí misma; si lo es, no tiene sentido. ¿Qué significa ser feliz? El hombre que toma un trago es feliz. El que arroja una bomba sobre un gran número de personas, se regocija y dice que es feliz y que Dios está con él. Sensaciones momentáneas que desaparecen, producen ese sentimiento de ser feliz. Por cierto, hay una cualidad diferente que es esencial para la felicidad. Porque la felicidad no es un objetivo, tal como no lo es la virtud. La virtud no es un fin en sí misma; nos da libertad, y en esa libertad hay descubrimiento. Por lo tanto, la virtud es esencial, mientras que una persona no virtuosa es esclava, desordenada, en todas partes se siente perdida, confusa. Pero tratar a la virtud como un fin en sí misma tiene muy poco sentido, igual que tratar a la felicidad como un fin en sí misma. De modo, pues, que la felicidad no es un fin; es una cuestión secundaria, una consecuencia que se manifestará si comprendemos otra cosa. Lo esencial no es la mera búsqueda de la felicidad, sino comprender esto otro.

Y bien, ¿por qué buscamos? ¿Qué significa hacer un esfuerzo? Nosotros hacemos un esfuerzo; ¿por qué? ¿Cuál es el significado del esfuerzo? Decimos que hacemos un esfuerzo con el objetivo de encontrar algo, de transformarnos, de ser alguien; que si no nos esforzáramos nos desintegraríamos, o nos demoraríamos, o retrocederíamos. ¿Es así? Por favor, es muy importante que investiguemos esto a fondo, y esta mañana trataré de hacerlo tanto como me sea posible. Si no hiciéramos un esfuerzo, ¿qué ocurriría? ¿Nos estancaríamos? ¿Por qué hacemos esfuerzos? Esfuerzo para cambiar, esfuerzo para ser internamente distintos, para ser más felices, más bellos, más virtuosos... una lucha y un esfuerzo constantes. Si podemos comprender esto, entonces quizá comprenderemos más profundamente otros problemas.

¿Por qué buscan ustedes? ¿Esa búsqueda es impulsada por la enfermedad, la mala salud, las disposiciones de ánimo? ¿Hacen un esfuerzo porque son desdichados y quieren ser felices? ¿Buscan porque van a morir y, por eso, anhelan encontrar? ¿Buscan porque no se han realizado en el mundo y, en consecuencia, quieren realizarse aquí? ¿Son desdichados y, abrigando la esperanza de ser felices, buscan, investigan, tratan de descubrir? Así, pues, uno debe comprender el motivo de su búsqueda, ¿no es así? ¿Cuál es el motivo para esta eterna búsqueda de ustedes, si es que realmente buscan, cosa que pongo en duda? Lo que desean es sustituir: «como esto no me ha hecho feliz, quizás aquello lo hará». Por lo tanto, lo que busco en realidad no es la verdad, la felicidad, sino una sustitución que habrá de darme felicidad, que resultará provechosa, segura, gratificante. No hay duda de que, si fuéramos más claros y sinceros internamente, veríamos que esto es lo que estamos buscando, pero cubrimos nuestra búsqueda de gratificación con palabras como "Dios", "amor", etc.

Ahora bien, ¿por qué no abordamos esta cuestión de una manera diferente? ¿Por qué no comprendemos *lo que es*? ¿Por qué no somos capaces de mirar la cosa exactamente "como es"? O sea, si sufrimos, vivamos con eso, mirémoslo, no tratemos de transformarlo en otra cosa. Si soy desdichado, no sólo físicamente sino, y en especial, psicológicamente, ¿cómo he de comprenderlo? Por cierto, no deseando que eso sea distinto. En primer lugar, tengo que mirarlo, vivir con ello, examinarlo; no debo condenarlo ni compararlo ni desear que sea otra cosa. Debo estar totalmente con ello, ¿no es así?, lo cual es sumamente arduo,

Decimocuarta charla en El Robledal

porque la mente rehúsa mirarlo. Quiere escaparse por una tangente; dice: «busquemos una respuesta, una solución; tiene que haber una».

En otras palabras, la mente escapa de *lo que es*. Y este escape, que tiene lugar con la mayoría de nosotros, es lo que llamamos búsqueda: búsqueda del Maestro, búsqueda de la verdad, búsqueda del amor, búsqueda de Dios; ustedes conocen los distintos vocablos que usamos para escapar de lo que exactamente ocurre. Y, para comprender lo que ocurre, ¿tenemos que hacer un esfuerzo? El esfuerzo tenemos que hacerlo para escapar de ello cuando lo deseamos. Pero cuando está ahí, ¿es preciso que hagamos un esfuerzo para comprenderlo? Obviamente, hemos hecho un esfuerzo para escapar de *lo que es*, para eludirlo, para ocultarlo, y, con la misma mentalidad –la de hacer un esfuerzo para eludir, para escapar– abordamos *lo que es*. ¿Comprenden ustedes *lo que es*, por medio de un esfuerzo? ¿O para comprender *lo que es* no debe haber esfuerzo alguno? Éste es, por lo tanto, uno de los problemas, ¿verdad? Este constante esfuerzo para eludir la comprensión de *lo que es* se ha vuelto habitual en la mayoría de nosotros, y con esta mentalidad de hacer un esfuerzo para escapar decimos: «muy bien, abandonaré todos los escapes y me esforzaré por comprender *lo que es*.» Por medio del esfuerzo, ¿comprendemos de manera real, significativa, profunda, algo que tenga un sentido? Para comprender algo, ¿no debe haber en la mente un estado de alerta y, no obstante, de pasividad? Por favor, usted no puede llegar a esta pasividad alerta de la mente por medio del esfuerzo, ¿no es así? Si hace un esfuerzo para mantenerse pasivo, deja de estar pasivo. Si comprende realmente eso, el significado de eso, si ve su verdad, entonces estará pasivo. No tendrá que hacer esfuerzo alguno.

Así, pues, cuando buscamos, lo hacemos ya sea con el motivo de escapar, o con el de procurar ser algo más que *lo que es*, o si no, decimos: «soy todas estas cosas, debo huir de ellas», lo cual es desequilibrio, locura. Por cierto, la búsqueda de la ver-

El conocimiento de uno mismo

dad, del Maestro, es un estado de locura cuando la cosa que está ahí impulsando la búsqueda debe ser comprendida antes de que podamos avanzar más. No hacerlo así engendra ilusión, ignorancia. En consecuencia, primero uno debe descubrir qué está buscando y por qué. Casi todos conocemos lo que estamos buscando y, por lo tanto, eso es una proyección, es irreal, algo de fabricación propia. De modo que no es la verdad. Y, en la comprensión de este proceso de búsqueda, de este esfuerzo constante por ser, por disciplinarnos, por negar, por afirmar, uno debe investigar la cuestión de lo que es el pensador. Aquél que hace el esfuerzo, ¿está separado de la cosa que él quiere ser? Lo siento, puede resultar un poco difícil seguir esto, pero espero que no les importe. Ustedes han formulado la pregunta y yo voy a tratar de contestarla.

El que hace el esfuerzo, ¿es diferente del objeto por el cual se esfuerza? Esto es realmente muy importante, porque si podemos descubrir la verdad al respecto, veremos que adviene una transformación inmediata, la que es esencial para la comprensión o, más bien, es la comprensión, porque, en tanto haya una entidad separada que se esfuerza, una entidad separada como el experimentador, el pensador diferente del pensamiento, diferente del objeto, de la experiencia, siempre existirá este problema del buscar, del disciplinarse para llenar el abismo entre el pensamiento y el pensador, etc., mientras que, si podemos descubrir la verdad de este asunto – si el pensador está separado del pensamiento–, operará un proceso por completo diferente. Por lo tanto, tenemos que averiguar, antes de buscar, antes de descubrir el objeto de nuestra búsqueda –ya sea que se trate del Maestro, de un cine, o de cualquier otra excitación; están todas en el mismo nivel–, tenemos que averiguar si el buscador es diferente del objeto de su búsqueda, y por qué es diferente. ¿Por qué el que hace el esfuerzo es diferente de aquello que él quiere ser? Y, ¿es diferente?

Expresémoslo de otro modo: uno tiene pensamientos, y uno es también el pensador. Dice: «yo pienso», «yo soy esto

Decimocuarta charla en El Robledal

y debo ser aquello», «yo soy codicioso, o mezquino, o envidioso, o irascible», «yo tengo ciertos hábitos y debo romper con ellos». Ahora bien, ¿el pensador es diferente del pensamiento? Si es diferente, entonces tiene que existir todo el proceso del esfuerzo para llenar el vacío, del esfuerzo que hace el pensador tratando de alertar al pensamiento, tratando de concentrarse, de evitar, de resistir las invasiones de otros pensamientos. Pero si él no es diferente, entonces hay una transformación completa del modo como uno vive. Así, pues, tendremos que investigar esto muy cuidadosamente y descubrir al respecto, no en el nivel verbal sino, de ser posible, por experiencia directa, a medida que avancemos en ello esta mañana. Lo cual implica que no deben sentirse hipnotizados por lo que estoy diciendo, ni aceptarlo –eso no tiene sentido–, sino que de veras deben experimentar por sí mismos si esta división es verdadera y por qué existe.

Ciertamente, los recuerdos no son distintos del "yo" que piensa en ellos. Yo soy esos recuerdos. El recuerdo del camino al lugar donde vivo, el recuerdo de mi juventud, los recuerdos de los deseos satisfechos y de los insatisfechos, los recuerdos de los agravios, de los resentimientos, de las ambiciones... todo eso soy yo; no estoy separado de eso. Se trata, sin duda, de un hecho obvio, ¿verdad? El "yo" no está separado, aun cuando uno pueda creer que lo está. Puesto que uno puede pensar en él, el "yo" sigue formando parte del pensamiento, y el pensamiento es el producto del pasado. Por lo tanto, el "yo" permanece dentro de la red del pensamiento, el cual es memoria.

Así, pues, la división entre el hacedor del esfuerzo, el buscador, el pensador, y el pensamiento, es artificial, ficticia; y la división ha sido hecha porque vemos que los pensamientos son efímeros, vienen y se van. En sí mismos carecen de sustancia y, por eso, el pensador se separa para otorgarse permanencia; él subsiste mientras los pensamientos cambian. Es una seguridad falsa, y si uno ve su falsedad, si la experimenta de hecho, entonces sólo hay pensamientos, no pensador y pensamiento. Entonces, si ésa es una verdadera experiencia –no tan sólo una afirmación verbal o un entretenimiento, un pasatiempo– descubriremos que hay una revolución completa en nuestro pensar, una verdadera transformación, porque ya no buscamos más la quietud o la soledad creativa y sólo nos interesamos en lo que es el pensar, en lo que es el pensamiento. Entonces, si esta transformación ocurre, veremos también que ha llegado a su fin todo esfuerzo y sólo hay una extraordinaria pasividad alerta en la que comprendemos cada relación, cada incidente apenas surge; en consecuencia, la mente está siempre fresca para encarar las cosas de un modo nuevo. De aquí que el silencio, que resulta tan esencial, no sea algo que pueda cultivarse, sino que adviene naturalmente cuando comprendemos este hecho fundamental: que el pensador es el pensamiento y que, por lo tanto, el "yo" es efímero, carece de permanencia y no es una entidad espiritual. Aunque uno pueda pensar que el "yo" es algo espiritual, eterno, es, no obstante, el productor del pensamiento y, por ende, de lo conocido; en consecuencia, no es verdadero.

Resulta, pues, verdaderamente importante, esencial, comprender, tener este sentido de completa integración –que no puede ser forzado– entre el pensador y el pensamiento. Es como una experiencia profunda que no puede ser invitada; no podemos estar pensando conscientemente en esto. Debe ser vista inmediatamente, y no la vemos porque nos aferramos a las creencias del pasado, al condicionamiento, a lo que hemos aprendido: que el "yo" es algo espiritual, que es más que todos los pensamientos. Por cierto, es muy obvio que cualquier cosa que pensemos es el producto del pasado, de nuestros recuerdos, de palabras, sensaciones, de nuestro condicionamiento. No podemos pensar en lo desconocido; no podemos conocer lo desconocido y, por lo tanto, no podemos pensar en ello. Aquello en que podemos pensar es lo conocido. Por consiguiente, es una proyección del pasado.

Decimocuarta charla en El Robledal

Uno debe captar el significado de todo esto, y entonces podrá experimentar esta integración entre el pensador y el pensamiento. La división ha sido artificialmente creada por razones de autoprotección y, en consecuencia, es irreal. Una vez que experimentamos esa integración, hay una transformación completa respecto de nuestro pensar y sentir, de nuestra perspectiva de la vida. Entonces sólo existe un estado de experimentar, y no el experimentador que se separa de lo experimentado para alterarlo, modificarlo, cambiarlo. Existe únicamente un estado de constante experimentar; no el núcleo, el centro, el "yo", la memoria experimentando, sino sólo un estado de experimentar. Esto lo hacemos en ciertas ocasiones, cuando el "yo" está ausente por completo.

No sé si han notado que, cuando hay un profundo experimentar de algo, no existe ni la sensación del experimentador ni la de la experiencia, sino sólo un estado de experimentar, una completa integración. Cuando uno está violentamente furioso no es consciente de sí mismo como el experimentador. Más tarde, a medida que se debilita la experiencia de la furia, uno se vuelve consciente de que está furioso. Entonces hace algo respecto de esa furia, ya sea para negarla, justificarla o tolerarla, ya conocen las diversas formas de intentar que desaparezca. Pero, si no existe la entidad que está furiosa, sino sólo ese estado de experimentar, lo que hay es una completa transformación.

Si quieren experimentar con esto, verán que esta transformación radical es una verdadera revolución. Entonces la mente está quieta; no ha sido disciplinada, obligada a aquietarse; una quietud así es estancamiento, muerte. Una mente aquietada por medio de la disciplina, de la coacción, del miedo, es una mente muerta. Pero, cuando existe el experimentar de aquello que es vital, esencial, verdadero, y que constituye el comienzo de la transformación, entonces la mente está quieta sin coacción alguna. Y cuando la mente está quieta de este modo, es capaz de recibir, porque uno ya no emplea sus esfuerzos en resistir, en erigir

El conocimiento de uno mismo

barreras entre uno mismo y la realidad, sea lo que fuere esta realidad.

Todo cuanto uno ha leído acerca de la realidad no es la realidad. La realidad no puede ser descrita y, si se la describe, esto no es lo real. Y, para que la mente sea nueva, capaz de recibir lo desconocido, debe estar vacía. La mente sólo puede estar vacía cuando comprendemos la totalidad de su contenido. Para comprender el contenido de la mente uno debe estar alerta, atento a cada movimiento, a cada incidente, a cada sensación. Por eso es esencial el conocimiento propio. Pero, si uno busca realizarse por medio del conocimiento propio, entonces el conocimiento propio vuelve a conducir al egocentrismo, y ahí queda uno atascado; y es extraordinariamente difícil librarse de esta red una vez que quedamos atrapados en ella. Para no quedar atrapados, debemos comprender el proceso del deseo, el anhelo de ser algo o alguien; no el deseo de alimento, ropa y vivienda, que es por completo diferente, sino el anhelo psicológico de ser alguien, de alcanzar un resultado, de tener fama, posición, de ser poderoso, o de ser humilde. Por cierto, sólo cuando la mente está vacía puede ser útil. Pero una mente atestada de temores, de recuerdos acerca de lo que ha ocurrido en el pasado, de sensaciones de experiencias pasadas, una mente así es por completo inútil, ¿verdad?, es incapaz de saber qué es ser creativa.

Sin duda todos debemos haber experimentado estos instantes cuando la mente está quieta y de pronto surge un destello de júbilo, una idea luminosa, una gran bienaventuranza. ¿Cómo ocurre esto? Ocurre cuando el "yo" está ausente, cuando el proceso de las preocupaciones, de los pensamientos, los recuerdos, las búsquedas, se halla inactivo. En consecuencia, la creación sólo puede tener lugar cuando la mente, por obra del conocimiento propio, ha llegado a esa condición en que está desnuda por completo. Todo esto significa ardua atención, no complacerse meramente en sensaciones verbales, en búsquedas, en ir de un gurú a otro, de un instructor a otro, en practicar absurdos e inúti-

Decimocuarta charla en El Robledal

les rituales, en repetir palabras, en buscar Maestros... Son todo ilusiones, no tienen sentido. Son pasatiempos. La verdadera religión consiste en investigar esta cuestión del conocimiento propio sin quedar atrapados en el egocentrismo, y así poder penetrar cada vez más intensa y profundamente dentro de nosotros mismos, de modo tal que la mente esté quieta por completo. Esto es verdadera religión. Entonces la mente es capaz de recibir aquello que es eterno.

28 de agosto de 1949

SUMARIO

Primera charla en El Robledal, California,
EE.UU. (16 de julio de 1949) 7
Segunda charla en El Robledal, California,
EE.UU. (17 de julio de 1949) 20
Tercera charla en El Robledal, California,
EE.UU. (23 de julio de 1949) 37
Cuarta charla en El Robledal, California,
EE.UU. (24 de julio de 1949) 52
Quinta charla en El Robledal, California,
EE.UU. (30 de julio de 1949) 69
Sexta charla en El Robledal, California,
EE.UU. (31 de julio de 1949) 90
Séptima charla en El Robledal, California,
EE.UU. (6 de agosto de 1949) 106
Octava charla en El Robledal, California,
EE.UU. (7 de agosto de 1949) 122
Novena charla en El Robledal, California,
EE.UU. (13 de agosto de 1949) 139
Décima charla en El Robledal, California,
EE.UU. (14 de agosto de 1949) 154
Undécima charla en El Robledal, California,
EE.UU. (20 de agosto de 1949) 170

Sumario

Duodécima charla en El Robledal, California,
EE.UU. (21 de agosto de 1949) 184
Decimotercera charla en El Robledal, California,
EE.UU. (27 de agosto de 1949) 201
Decimocuarta charla en El Robledal, California,
EE.UU. (28 de agosto de 1949) 218

Fundaciones

El legado que Jiddu Krishnamurti dejó en sus *enseñanzas* forma parte de la responsabilidad de las fundaciones creadas como iguales por él, con el propósito de preservar la integridad de lo que él expresó durante muchos años y en diferentes lugares del mundo.

Las siguientes fundaciones creadas por Krishnamurti son las únicas instituciones responsables de la preservación y difusión de sus enseñanzas:

Krishnamurti Foundation Trust
KFT (www.kfoundation.org; kft@brockwood.org.uk)

Krishnamurti Foundation of America
KFA (www.kfa.org; kfa@kfa.org)

Krishnamurti Foundation India
KFI (www.kfionline.org; info@kfionline.org)

Fundación Krishnamurti Latinoamericana
FKL (www.fkla.org; fkl@fkla.org)

Estas fundaciones se responsabilizan y garantizan la autenticidad e integridad de los contenidos de todas las publicaciones realizadas por ellas: libros, vídeos, DVD, etc. Para cualquier duda o consulta, rogamos contacten con cualquiera de estas fundaciones. Para la lectura de charlas y diálogos de Krishnamurti, pueden consultar de forma gratuita la nueva web www.jkrishnamurti.org, proyecto común de las cuatro fundaciones, donde podrán encontrar mucho material de libre acceso para lectura de textos, visualización de vídeos, etc.